体育院校通用教材

游泳运动教程

陈武山　主编

全国体育院校教材委员会　审定

人民体育出版社

图书在版编目（CIP）数据

游泳运动教程 / 陈武山主编. -- 北京：人民体育出版社, 2006（2025.3重印）

体育院校通用教材
ISBN 978-7-5009-3053-2

Ⅰ. ①游… Ⅱ. ①陈… Ⅲ. ①游泳－高等学校－教材 Ⅳ. ①G861.1

中国版本图书馆CIP数据核字(2006)第102140号

*

人民体育出版社出版发行
三河兴达印务有限公司印刷
新 华 书 店 经 销

*

787×960 16开本 21.5印张 358千字
2007年6月第1版 2025年3月第17次印刷
印数：60,501—64,000册

*

ISBN 978-7-5009-3053-2
定价：48.00元

社址：北京市东城区体育馆路8号（天坛公园东门）
电话：67151482（发行部） 邮编：100061
传真：67151483 邮购：67118491
网址：www.psphpress.com
（购买本社图书，如遇有缺损页可与邮购部联系）

前　　言

游泳既是一项体育运动项目，又是一种人类生活、生存的技能。随着社会的发展，游泳的功能得到进一步的扩大，成为集健身、娱乐、竞赛、休闲、实用、挑战极限于一身的运动。

游泳课程是体育院校学生的一门专业技术课，也是目前开设不多的水上运动项目之一。通过游泳课程的学习，使学生体验水上运动的乐趣，认识水上运动的特性、特点、功能和价值，掌握水上运动的基本知识、技术和技能，提高水上运动的能力，增强适应自然的能力。

本教材以2001年全国体育院校通用教材《游泳运动》为基础，参考了近几年国内外游泳运动在理论、技术、教学与训练、竞赛与科研等方面的最新成果。根据学校体育健康课程改革的精神和方向，结合游泳普修课程的特点，在章节结构和内容上进行了调整和删节，使其更加符合培养目标的需要。

本教材由广州体育学院主持，游泳教研室组织编写，上海体育学院马吉光老师参加了编写工作。陈武山为主编。参加编写工作的有（按章节顺序）吴河海（第一章、第六章）、陈武山（第二章、第五章）、何碧妍（第三章第一、四节，第七章第三节）、李仲明（第三章第二、三节）、迟爱光（第三章第五、六节）、刘刚（第四章第一、二、三、四节）、何香容（第四章第五节）、马吉光（第七章第一、二、四节）、李红兵（第八章）、黄薇薇（第九章）。编写过程中，编写组对书稿进行了认真的讨论与修改。吴河海教授对教材主要章节进行了修改，全书由陈武山串编定稿。

由于编写时间紧，并受水平之限，不足之处在所难免，敬请读者提出宝贵意见。

〔说明：正文中说明成绩时，用“:”和“.”分别表示“分（钟）”和“秒（钟）”。〕

目　　录

第一章 概 述

内容提要：

本章主要阐述游泳的意义、分类和游泳安全卫生常识，介绍游泳的起源、古代游泳、现代奥运会游泳和我国游泳运动的发展概况。本章的教学目的是使学生对游泳的意义、起源、发展、分类、项目、安全卫生常识有一个总体概念和认识，为以后的教学打基础。

游泳是一种凭借自身肢体动作与水相互作用，使身体在水中活动或游进的技能活动。人类的游泳是一种有意识的活动，一直与人类的生存、生产、生活紧密联系，是人类在同大自然斗争中为求生存而产生，随着人类社会的发展而发展，逐渐成为体育运动的重要项目。

现代游泳运动的发展，广泛应用了运动解剖学、运动生理学、运动医学、流体力学、运动生物力学、运动生物化学、运动心理学、教育学、训练学等方面的科学理论，已成为体育科学的专业理论和技术，是体育院（校）、系一门重要的专业课程，也是大、中、小学体育课教学的一项重要内容。通过教学，使学生掌握游泳的基本理论、基本技术、基本技能，提高学生游泳教学、训练、竞赛、裁判、救护和游泳锻炼与休闲的组织与指导等能力，达到培养目标的要求。

第一节 游泳运动的意义

游泳是在水环境中进行的运动项目，是水浴、空气浴、日光浴三者结合，对人体十分有益的运动，也是生活、生产、竞赛和军事活动中十分有价值的一种技能。学会游泳并经常进行游泳锻炼对强身健体具有重要的意义。

一、保障生命安全

地球上布满江河湖海，人类在生活中不可避免地要与水打交道。不论是主动地下水游泳、玩耍或进行水上生产作业，还是被动地失足落水或乘船发生意外，假如不会游泳，生命安全就会受到威胁。如果会游泳，自身的生存就会有保障，不但可以自救，还可以救助他人。因此，会游泳成了保证生存的重要手段之一，是人类的一种基本生存技能。世界上不少国家将游泳列为青少年学生必修的运动项目，要求从小掌握游泳技能，这是非常必要的。

二、强身健体

游泳时，由于水的压力、阻力、浮力和较低水温的作用，使人体的各部分器官都得到锻炼。水的导热能力比空气大 25 倍左右，据测定，人体在 12℃的水中停留 4 分钟所放散的热量，相当于人在陆地上 1 小时所放散的热量。经常进行游泳锻炼能改善体温调节能力，以适应外界气温变化的需要。加之游泳时肌肉活动所耗热量必须尽快补充，从而促进了体内新陈代谢。游泳时消耗热量大，能有效地消耗身体的脂肪，长时间游泳还是减肥的一种好方法。

游泳运动对于提高人的心肺功能有显著作用。人体在水中受到水的压力，水深每增加 1 米，每平方厘米体表面积所受的压力要增加 0.1 个大气压。人站在齐胸深的水中，感觉呼吸比在陆上费力，是因为胸腔和腹腔受到水的压力，这就迫使呼吸肌必须用更大的力量来完成呼吸动作。经常进行游泳锻炼，可增强呼吸系统的机能，扩大胸部活动幅度，增大肺的容量。游泳运动员的呼吸差可达 14～16 厘米，而一般人只有 6～8 厘米；肺活量可达 4000～6000 毫升，个别优秀运动员还可达 7000 毫升，而一般人只有 3000～4000 毫升。

游泳时，由于人体处于平卧姿势，以及水对皮肤的压力和按摩作用，肢体的血液易于回流心脏，加之游泳时心跳频率加快，心血输出量大大增加。长期从事游泳锻炼，心脏体积呈现明显的运动性增大，收缩更加有力，血管壁增厚，弹性加大，安静时心率徐缓。游泳运动员安静时心率一般为每分钟 40～60 次，比一般人（70～80 次）慢而有力。游泳还能刺激血液中运输氧气的血红蛋白量的增加，从而提高人体摄氧能力。

据测定，在26℃和一个大气压条件下，水的密度比空气大844倍。水的阻力比空气阻力大得多，在水中向前游进要用较大的力量。游泳是周期性动作，动力性工作。因此，坚持游泳锻炼，还能提高肌肉的力量、速度、耐力和关节灵活性，使身体得到协调全面发展，体型匀称健美，肌肉富有弹性。

三、防病治病

经常进行游泳锻炼能有效地增强体质，因而游泳也是防病治病的手段。游泳时，由于冷水的刺激，长期锻炼能增强机体适应外界环境变化的能力，抵御寒冷，预防疾病，所以经常游泳者不易感冒；由于水的浮力作用和身体平卧水面，脊柱充分伸展，所以对预防和治疗脊柱侧弯颇有益处；由于水流和波浪对全身体表产生特殊的按摩功效，所以游泳能帮助和促进功能恢复，对瘫痪病人和残疾人的康复很有帮助。据报道，经常游泳，对于身体瘦弱者和许多慢性病患者，如慢性肠胃病、神经衰弱、习惯性便秘、慢性支气管炎、哮喘等有明显疗效。很多康复中心，都将水中运动当做治疗慢性病和身体恢复的重要医疗体育手段。

四、锻炼意志，培养勇敢顽强精神

初学游泳时，要克服怕水心理。要长期坚持游泳，就要克服怕苦、怕累、怕冷心理。尤其是在大风大浪的江河湖海中游泳和进行冬泳，没有勇敢顽强的精神和坚强的意志是坚持不下去的。因此，长期的游泳锻炼可锻炼意志，培养勇敢顽强、吃苦耐劳、不怕困难的品质。

五、休闲娱乐，促进身心健康

大众游泳活动，可以不拘形式与内容，不受年龄、性别限制，是一项“休闲体育”。在盛夏，人们以家庭或以团体或与亲朋好友到泳池、水上游乐处或海滩进行游泳、游戏、纳凉消暑，不但能使肌肉得到放松，而且能使紧张的神经得以松弛，心情舒畅，促进身心健康。

六、为生产、国防服务

游泳在生产建设上有很高的实用价值，许多水上作业，如水利建设、防洪抢险、渔业、水产养殖等等，都要掌握游泳技能才能克服水的障碍，更好地完成生产建设任务。

在国防建设上，游泳是军事训练重要项目之一，练就一套过硬的游泳本领以提高水中作战能力，在战时能顺利地克服天然险阻，能更好地保存自己和出其不意地打击敌人，保卫祖国。

七、创造优异成绩，为国争光

游泳是国际体育比赛不可缺少的项目，在奥运会游泳比赛中设有32个项目，金牌之多，仅次于田径。在综合运动会中，素有“得田径游泳者得天下”之说。把游泳作为奥运会战略重点项目大力开展，加速提高运动技术水平，在比赛中取得优异成绩，为国争光，促进我国走向体育强国具有重要的意义。游泳也是进行国际文化交流、增进与各国人民的相互了解和友谊的有效手段。

游泳能强身健体，防病治病，健美体型，娱乐身心，锻炼意志，有很强的竞技、欣赏功能和实用价值，为越来越多的人所喜爱。因此，游泳运动被誉为“21世纪最受欢迎的体育运动项目”之一。

第二节　游泳的起源与发展

一、游泳的起源与我国古代社会的游泳活动

人类的游泳活动源远流长。从地球上出现最早的人类开始，人们就在布满江河湖海的地球上生活。为了生存，人们依山打猎，傍水捕鱼。为了捕捉水中的鱼虾和采捞可供食用的植物，人们需要到水中活动；为了追猎动物和躲避猛兽的侵袭，经常需要跋山涉水；当洪水泛滥时，更是要与水作斗争。人们就这样在为生活、生存与大自然作斗争的过程中逐渐学会了游泳，并使

游泳得到发展。开始时，人们只是模仿水栖动物姿势与动作在水中移动，久而久之，便积累了在水中行动的技能，学会了漂浮、游动和潜水，逐步产生了各种游泳姿势。

据史料记载，在五千多年前的中国古代陶器上，可以看到雕刻着人类潜入水中猎取水鸟及类似爬泳的图案。在四千多年前，就有夏禹治水的功绩。相传当时人们在与洪水的斗争中已掌握不少泅水方法。

约在二千五百年前，我国第一部诗歌集《诗经》就有关于游泳活动的记载。《诗经·邶风·谷风》中“就其深矣，方之舟之。就其浅矣，泳之游之”的诗句，说明那时人们早就懂得游泳，能利用游泳技术来克服江河的天然屏障。随着生产力的发展、阶级的产生和阶级矛盾的激化，出现了战争。这时，游泳由单纯的生活技能又逐步成为一种军事技能。

从古代绘画雕塑艺术中，也可看到不少反映游泳的场景，如保存至今的战国时期的铜壶饰纹上的水陆攻战图（图 1－1）上的游泳姿势，形象栩栩如生。

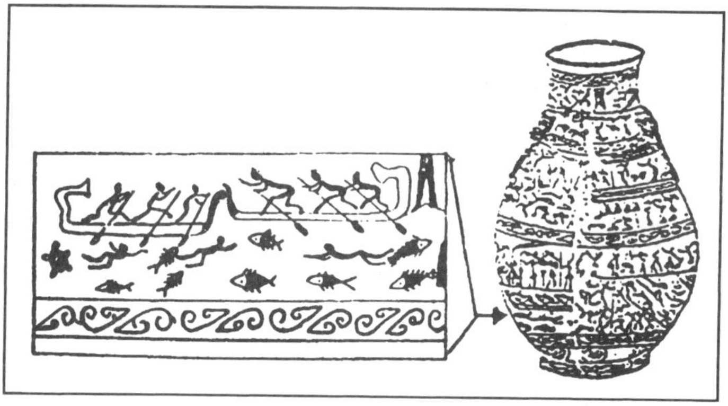

图 1－1 战国时期铜壶饰纹上的水陆攻战图（四川成都出土）

游泳活动得以不断发展，除生产劳动和军事上的原因外，游泳本身的娱乐功能也是重要的原因。人们从沐浴开始，继而在水中嬉戏，逐渐形成各种水中娱乐活动。我国春秋时期的“天池”、汉代的“太液池”等都是当时贵族常去玩乐的游泳场所。隋唐时期，宫廷专门设立了可以进行跳水、游泳、抛水球的“水殿”。北宋文学家苏子瞻（东坡）在《日喻》中说：“南方多没人，日与水居也，七岁而能涉，十岁而能浮，十五而能没矣。……日与水居，则十五而得其道；生不识水，则虽壮见舟而畏之。”可见，当时南方人多熟识水性并掌握了泅水之道。

我国古代的游泳可概括为三种形式，即涉——在浅水中行走，浮——在水中漂浮，没——在水下潜泳。后来，劳动人民在长期的实践中，创造和发展了不少的泅水方法和游泳技术，如狗爬式、寒鸭浮水、扎猛子（潜水）、大爬式、扁担浮（踩水）等等，至今尚在民间流传。

二、现代奥运会游泳发展概况

1888年，法国教育家皮埃尔·德·顾拜旦提出了恢复奥林匹克运动会的建议后，得到了很多人和国家的支持，1894年6月在法国巴黎召开了国际体育会议，决定1896年在希腊举行第1届奥林匹克运动会并成立奥林匹克委员会，决定每四年举行一次奥林匹克运动会。

在举行第1届奥林匹克运动会时，游泳就被列为竞赛项目之一。当时设有男子100米、500米、1200米自由泳三个比赛项目。第2届增设了仰泳、障碍泳和潜泳比赛。第3届取消了障碍泳和潜泳，比赛距离以“码”为单位。

1908年，在英国伦敦举行第4届奥运会时，成立了国际业余游泳联合会（简称国际游联），审定了各项游泳世界纪录，并制定了国际游泳比赛规则，规定比赛距离单位统一用“米”。比赛项目，自由泳设100米、400米、1500米和4×200米接力，仰泳设100米，增设蛙泳项目（200米）。第5届奥运会，开始把女子游泳列入比赛项目，并设有100米自由泳和4×100米自由泳接力。

1952年第15届奥运会时，国际游联决定增设蝶泳项目比赛。从此，竞技游泳发展成四种泳式。以后比赛项目逐渐增加，从1996年第26届奥运会开始，游泳比赛项目达到32项。

每届奥运会，都集中了世界各国的优秀游泳选手进行比赛，大大促进了游泳运动技术水平的提高，世界纪录不断被刷新。第27届奥运会创造了13项游泳世界纪录，第28届创造了7项。从近几届奥运会成绩看，美国、澳大利亚以绝对优势占据前两位，荷兰、日本、乌克兰、罗马尼亚、意大利等国的实力也较强。各项目的最新世界纪录见附录一。

随着游泳运动的不断发展，国际游联认为四年一度的奥运会游泳比赛相隔时间太长，决定在两届奥运会之间增添世界游泳锦标赛。从1973年起举办世界游泳锦标赛。继后，为了大力促进世界游泳的迅速发展，国际游联从1990年开始举办世界杯短池游泳系列赛，从1993年起又增加了世界短池游泳锦标赛。

三、我国游泳运动发展概况

在我国，游泳在各个历史时期都有一定的发展，但在过去的历史条件下，它不可能作为一个运动项目发展起来，只能是民间流传的那些“涉”“浮”“没”及其派生出来的水上漂、寒鸭浮水、扎猛子、狗刨等姿势的水上活动。游泳作为一个体育运动项目开展并成为竞技游泳，那还是近代才逐步形成的。

我国近代游泳运动是19世纪中叶，由欧美传入并逐渐流行起来，开始在香港及沿海各省，如广东、福建、上海、青岛、旅顺、大连等地，而后传及内地。1887年，广州沙面修建了25码室内游泳池，以后逐渐有了竞技游泳比赛。

旧中国自1910年10月至1948年5月，共举行7届全国运动会。据资料记载，自1924年第3届全运会起均设有游泳项目。旧中国规模比较大的游泳比赛还有华北运动会游泳比赛。这些比赛推动了各地游泳运动的开展，但发展缓慢，比赛的水平处于发展中的开始阶段。1948年的全国纪录相当于现在的二级运动员水平。

新中国成立后，在党和人民政府的领导与关怀下，全国广大的城市乡村，群众性游泳活动发展很快。很多的塘堰水库、江河湖海，为群众性游泳活动提供了条件。有条件的省市积极地修复了一些旧游泳池馆，同时也很快开始建造一些新的游泳池。随着群众性游泳活动的开展，游泳技术水平迅速提高。1952年9月在广州市举行了五大行政区（华北、东北、中南、华东、西南区）、解放军及铁路工会共7个单位参加的新中国首次全国游泳竞赛大会。到了1954年，旧中国的游泳最高纪录全被刷新。

由1952年起，每年举办一次全国性比赛。同时，我国运动员已经频繁地参加国际性比赛，运动成绩得到大幅度的提高，给祖国争得了荣誉。如1953年在第1届国际青年友谊运动会上，我国优秀运动员吴传玉获得男子100米仰泳冠军，新中国的五星红旗第一次在国际运动场上空飘扬。1957年至1960年间，我国著名游泳运动员戚烈云、穆祥雄、莫国雄3人，先后5次打破男子100米蛙泳世界纪录。我国男子100米自由泳、100米蝶泳、200米蛙泳也先后达到相当于世界前10名成绩的水平。

为了更好地推动普及和提高，国家从1959年起举办全国运动会，四年一届，在每届的比赛中，游泳运动水平都有显著的提高。

1966—1972年，由于“文化大革命”的原因，游泳训练处于停滞状态，使我国游泳技术水平与世界先进国家相比，差距拉大了。1982年12月国家体委在河北保定召开了全国游泳训练工作会议，提出了发展我国游泳运动的设想，确定了一批游泳训练基地，积极开展建设“游泳之乡”“游泳之城”和“先进池馆”的活动。为鼓励运动员刻苦锻炼，努力提高运动技术水平，国家体委制定并颁布了《游泳运动技术等级标准》，以后曾多次修订，最近的《游泳运动员技术等级标准》是2001年颁布的（详见附录二）。为逐步完善游泳比赛制度，1985年起举办全国青少年运动会游泳比赛，1988年起把每年春秋两季的全国比赛改为全国冠军赛和全国锦标赛，并开始举办全国城市运动会游泳比赛和全国短池游泳锦标赛。在竞技游泳提高的同时，群众性游泳也进一步得到普及和发展，1998年国家体育总局推出《全民健身游泳锻炼标准》，成立“中国游泳协会成人委员会”，并在广州举办了首届“全国成人分龄游泳比赛”。以上措施都有效地促进了我国游泳运动的发展和技术水平的迅速提高。

在亚运会游泳比赛中，我国的首要目标是赶超日本。我国运动员在1982年的第9届亚运会游泳比赛中夺得3枚金牌，实现游泳金牌“零”的突破。在1986年第10届亚运会上夺得10枚金牌。在1990年第11届亚运会上一举夺得23枚金牌，第一次超过了日本。

1988年，在广州举行的第3届亚洲游泳锦标赛上，我国夺得24枚金牌，女运动员杨文意在50米自由泳决赛中，以24.98的成绩创女子世界纪录。同年，在汉城举行的第24届奥运会上，中国女选手实现了奖牌“零”的突破，并取得3枚银牌、1枚铜牌的优异成绩，进入女子团体前3名。

1991年在珀斯举行的第6届世界游泳锦标赛中，中国获得4枚金牌、1枚银牌、1枚铜牌，女子团体居第二位。

1992年在巴塞罗那举行的第25届奥运会游泳比赛中，中国获4枚金牌、5枚银牌，并破两项世界纪录。其中林莉夺得女子200米个人混合泳金牌，创世界纪录；杨文意获女子50米自由泳金牌，创世界纪录；庄泳获女子100米自由泳金牌；钱红获女子100米蝶泳金牌。这是我国首次在奥运会上获得游泳金牌。

1994 年 9 月，在罗马举行的第 7 届世界游泳锦标赛的比赛中，中国获得 12 枚金牌，破 5 项世界纪录，女子团体居第一位。这一成绩震惊了世界泳坛。在比赛中，乐靖宜获女子 50 米和 100 米自由泳冠军，并创该两项世界纪录；贺慈红在女子 100 米仰泳和 200 米仰泳中夺得金牌，100 米仰泳创世界纪录。

1994 年 10 月在广岛举行的第 12 届亚运会比赛中，中国队获得 23 枚金牌，但由于有 7 名运动员在亚运会期间尿样呈阳性，于赛后被中国游泳协会宣布取消成绩（其中金牌 8 枚）并作出禁赛两年的处罚。

自广岛亚运会后，中国游泳陆续出了一些兴奋剂问题，在国内外造成恶劣影响，对整个中国游泳造成了很大冲击和损害。兴奋剂的干扰，严重影响了正常的科学训练和比赛，致使自 1995 年以来的几年，中国游泳成绩下滑。为杜绝这些违纪行为，为游泳事业的纯洁、公正和健康，中国游泳协会已多次召开反兴奋剂大会，制定了严厉措施，加大检测和处罚力度，加强宣传教育，以排除兴奋剂干扰。

1996 年，在亚特兰大举行的第 26 届奥运会游泳比赛中，中国队夺得 1 枚金牌、3 枚银牌、2 枚铜牌。1998 年在珀斯举行的第 8 届世界游泳锦标赛中，中国获 3 枚金牌（陈妍女子 400 米自由泳和 400 米个人混合泳，吴艳艳女子 200 米个人混合泳）、2 枚银牌、3 枚铜牌。曾启亮获男子 100 米蛙泳第二名，成为在世界锦标赛上第一位获得奖牌的中国男选手。同年，在曼谷举行的第 13 届亚运会上，中国队获 13 枚金牌。金牌数以 13∶15 输给了日本。在 2000 年第 27 届奥运会上，中国游泳队与奖牌无缘。

在 2001 年第 9 届世界游泳锦标赛上，罗雪娟获女子 50 米蛙泳和 100 米蛙泳 2 枚金牌，成绩有所回升。在 2002 年第 14 届亚运会比赛中，中国游泳队获 20 枚金牌，金牌数 20∶11 胜日本。在 2004 年第 28 届奥运会上，中国队获 1 枚金牌，1 枚银牌。2006 年 12 月在多哈举行的第 15 届亚运会游泳比赛中，中国游泳队获金牌 16 枚，与日本队齐平，但奖牌数却输给了日本。

第三节 游泳运动的分类

在现代奥运会游泳比赛中，有游泳、跳水、水球和花样游泳四个大项的竞技项目比赛。这四个项目统归在国际游联管理之下。中国游泳协会也分管这四个运动项目。随着各运动项目的发展，游泳、跳水、水球和花样游泳四大类项目，实际上早已各自发展成为独立的四个竞赛项目，并有各自的理论方法体系。因此，本教材所研究的游泳（或游泳运动）是指单纯的游泳，不包括跳水、水球、花样游泳。

随着人类社会的发展和需求的变化，游泳运动的形式、姿势和功能也发展变化为多种多样，如根据目的和功能来分，游泳运动可分成竞技游泳、实用游泳、大众游泳三类（表1－1）。

表1－1　游泳运动分类表

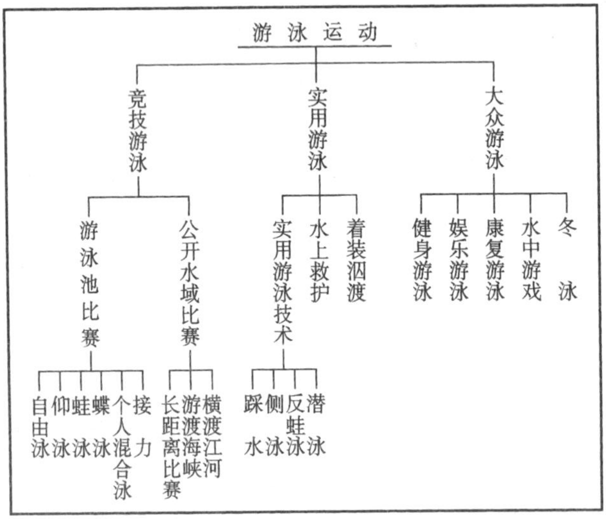

一、竞技游泳

竞技游泳是指有特定技术要求，按游泳竞赛规则规定进行竞赛的运动项目。随着游泳运动的发展，竞技游泳的内容不断充实和丰富。目前竞技游泳分为游泳池比赛和公开水域比赛两大类别。在游泳池比赛的竞技游泳包括自由泳、仰泳、蛙泳、蝶泳四种泳式和由这四种泳式组成的个人混合泳以及接力比赛。按国际游联规定在50米池比赛，列为游泳世界纪录的项目，男、女共40项。奥运会游泳比赛只设其中的32项（表1－2）。在25米池比赛，国际游联承认的有男、女共42项世界纪录（增加男、女100米个人混合泳）。

表 1－2 竞技游泳比赛项目表

泳 式	比赛距离（米）		备 注
	50 米池	25 米池	
自由泳	50、100、200 400、800、1500	50、100、200 400、800、1500	1．男、女项目相同 2．奥运会游泳比赛在 50 米池进行，男子不设 800 米自由泳，女子不设 1500 米自由泳。男女都不设 50 米仰泳、蛙泳和蝶泳项目
仰 泳	50、100、200	50、100、200	
蛙 泳	50、100、200	50、100、200	
蝶 泳	50、100、200	50、100、400	
个人混合泳	200、400	100、200、400	
自由泳接力	4×100、4×200	4×50、4×100、 4×200	
混合泳接力	4×100	4×50、4×100	

在我国，根据中国游泳协会 2003 年审定的游泳竞赛规则，50 米池全国纪录与世界纪录项目相同，男、女共 40 项，全运会游泳比赛项目与奥运会项目相同；25 米池比赛全国纪录比世界纪录增加 4×50 米自由泳接力和 4×50 米混合泳接力，男、女共 46 项。

各种比赛，包括基层的游泳比赛、少年儿童比赛、成人游泳比赛和残疾人游泳比赛等，可根据比赛目的、对象情况及时间长短的不同，设置各自的竞赛项目。

公开水域比赛，是指在江河湖海这些天然水域进行的游泳比赛，如游渡海峡、横渡江河、长距离游泳比赛等。这类比赛各有特定的规则要求，但没有严格的游泳泳式要求，运动员多采用爬泳参赛。

游渡海峡活动历史悠久，从 1810 年著名诗人拜伦横渡了赫勒斯湾海峡，揭开了近代横渡海峡史的篇章后，世界上许多海峡都被人类征服。横渡海峡已成为世界性的游泳活动，如横渡英吉利海峡（直线距离 20.51 海里），第一个被公认的纪录是英国的韦布 1875 年创造的，成绩是 21 小时 45 分钟。从 20 世纪 50 年代起，横渡海峡引起越来越多人的兴趣。目前，横渡海峡的活动不但是男子参加，许多女子也加入了这个队伍。在我国也已组织过多次游渡海峡的活动，如游渡琼州海峡和渤海海峡等。北京体育大学教师张健于 2000 年 8 月，以 50 小时 22 分钟游了 123.58 公里，成功地横渡了渤海海峡。

公开水域长距离游泳比赛，在江河湖海等天然水域进行，不限姿势，按天然的条件确定比赛距离，很受人们的喜爱，已成为一项世界性的比赛项目。在1998年第8届世界游泳锦标赛的比赛项目中，就增加了男、女5公里和25公里公开水域长距离比赛，以及3×5公里和3×25公里接力比赛。比赛距离超过10英里或相当于16公里以上的比赛称为“马拉松游泳”，国际马拉松游泳锦标赛每四年举行一次。此外，也有不限地点而以游的时间长或游的距离远而获胜的比赛。我国首届成人公开水域游泳比赛于1998年9月在福建古田县翠屏湖进行，有17支队伍320名运动员参加。以后，每年都举行公开水域比赛，使我国公开水域游泳活动得到不断发展。

横渡江河，也和其他公开水域比赛一样，既是竞技游泳活动，也是一种有广泛群众基础的大众体育活动。例如我国的横渡长江活动，由于毛泽东主席的倡导，群众性横渡长江活动蓬勃发展。

二、实用游泳

实用游泳是指直接为生产、军事、生活服务的游泳活动，包括踩水、侧泳、反蛙泳、潜泳、水上救护、着装泅渡等非竞技游泳技术。竞技游泳技术虽不包括在实用游泳技术中，但在泅渡、水上救护、运物和水上作积极性休息时，常采用蛙泳、仰泳。在快速救护时，常用爬泳。

三、大众游泳

随着人类社会的发展、生产力的提高、社会物质财富的不断丰富，人们对物质、文化、娱乐生活的质量要求也相应提高。一种以增强体质为宗旨，以丰富人们文化生活为目的的大众游泳活动，如娱乐游泳、水中游戏、康复游泳、健身游泳等，已在世界各地蓬勃地发展，成为游泳运动的重要组成部分。这种以健身、实用、娱乐为目的的游泳项目，由于它不追求严格的技术和速度，形式简便、多样，已越来越被人们重视，发展相当迅速。国家体育总局推出的《全民游泳锻炼等级标准》、举办的成人分龄游泳赛和水中健身教练员培训班等，既是大众游泳的范畴，又是促进大众游泳的有效措施。

冬泳是指人们在冬季里的游泳活动，是大众游泳中的一项重要内容，包括在人工游泳池和自然水域的低温水中游泳。冬泳深受广大群众喜爱，在我国各省市都成立了冬泳协会或俱乐部，更有效地促进了冬泳的开展。

第四节 游泳的安全卫生常识

游泳是一项深受人们喜爱的体育活动。人民群众随着生活水平的不断提高，对健身强体和文化娱乐活动的追求更为强烈，参加游泳活动的人越来越多。游泳是在水这种特殊环境中的活动，如果不注意安全和卫生，就有可能发生各种伤病，损害身体健康，甚至会发生溺水死亡事故。因此，每位游泳者和游泳教学（活动）的组织者，都应高度重视安全卫生问题，必须了解游泳安全和卫生知识，落实安全卫生措施，遵守游泳安全和卫生守则，防止发生意外事故和传染疾病。

一、确立安全第一的思想，落实安全措施

俗话说："人命关天""水火无情""欺山莫欺水"。游泳是与水打交道的运动，切记安全第一，不能麻痹大意，必须慎之又慎。

对于游泳安全必须反复地进行宣传教育，游泳教师在每次上课时都要强调，并且在备课时要备安全教育和安全措施，学生必须切实遵守安全规定。游泳场（馆）必须加强安全管理，按规定配备合格的救生员和救生器材与设施，认真制定安全制度（规定）并严格执行。

游泳活动，最好是有组织地进行，或三五人结伴前往，不要独自行动，尤其是在天然水域更不能独自游泳。在游泳时要互相关心互相照顾，同去同返，中途离开时应有所交代。上游泳课或集体游泳活动，教师须严密组织，经常检查人数，安全措施必须落实（游泳课的安全组织工作见本教材第四章第二节）。

二、选择安全卫生的游泳场所

人工游泳场馆的管理比较规范，池水经常消毒、排污和过滤，清晰度较高，深水和浅水有明显标志，有救生设施，应成为游泳的首选场所。

如果到自然水域游泳或上课，一定要预先进行考察，选择水质较好、无污染，水温、水深适宜，水底平坦、无淤泥、无障碍物和水流平缓的水域。如在海边游泳，则要了解潮汐规律，摸清涨潮、退潮时间，尽量不要远离海边。选择好场所后，要进行必要的布置，如用绳子将场地围起来，标明深浅区，备有救生圈和绳子等救生器材与必要的药品。

三、游泳前进行体检

游泳前进行身体检查，主要是防止患病者游泳时发生事故，同时也避免疾病的相互传染。凡患有心脏病、高血压、癫痫、活动性肺结核、传染性肝炎、皮肤病、红眼病、精神病、中耳炎、感冒、发烧、开放性创伤者，都不宜游泳。妇女月经期游泳要采取卫生措施，未采用措施不宜下水。

四、饮酒、饱食后和饥饿、过度疲劳时不能游泳

饮酒能刺激中枢神经系统使之处于过度兴奋或抑制状态，酒后游泳容易发生溺水事故。饱食后游泳会减少消化器官的血液供应，使消化器官功能降低，影响食物的消化和吸收。另外，由于水的温度和压力会使胃肠的蠕动功能受到影响，容易引起胃痉挛，出现腹痛或呕吐。因此，饭后不要马上游泳，一般需相隔半小时到一小时后再下水。饥饿时游泳也不好，因为空腹时人体血糖含量下降，游泳时易发生头晕或四肢无力现象，甚至有昏厥的可能。在剧烈运动或大强度体力劳动后，身体已经感觉疲劳，肌肉的收缩及反应减弱，动作不易协调，如果马上游泳就会造成疲劳的积累，容易引起抽筋，发生溺水事故。因此，在剧烈运动和强体力劳动后，应休息一会儿，待体力恢复正常后再游泳。

五、游泳前要做好准备活动

准备活动可提高神经系统的兴奋性，增强心血管系统和呼吸系统的功能，加快血液循环和新陈代谢，可使肌肉的力量和弹性增加，身体各关节的活动范围相应加大，灵活性也有所提高。这些变化，有利于身体更好更快地适应游泳运动的需要，同时，对防止抽筋、拉伤也有积极的作用。

游泳前的准备活动，一般可做广播操、跑步、游泳模仿动作及各种拉长肌肉和韧带的练习。特别要活动颈、肩、腰、髋、膝、踝、腕各部位的关节。

准备活动后稍事休息，然后淋浴。这既是保持游泳池水质清洁的措施，也是为了使游泳者在下水前先适应冷水刺激，以避免突然下水遭意外。

六、游泳时量力而行不逞能

下水游泳时，初学者应在浅水区域活动。已会游泳者也要量力而行，不要好胜逞能，应合理安排运动量，当自感身体有异常反应，如头晕、头痛、胃痛、恶心或呕吐时，应立即上岸，擦干身体，休息到恢复后再下水。如过高估计自己的体力和技术，因而远游，结果无力返回，容易造成溺水事故。

在游泳时要避免一切危险动作，如在浅水区跳水、互相打闹、过长时间地憋气潜水，以及在湿滑的池边奔跑追逐等，均应避免。

七、遇意外时镇定自救和呼救

游泳时，如发生抽筋等意外时，应保持冷静，不要慌张，应立即上岸或在水中自我缓解抽筋部位（方法见本教材第八章第二节中的“三、自我救护”），与此同时，也可呼救，以便周围的人及时来帮助、救护。如发现他人抽筋或溺水时，应迅速过去救护（救护方法见本教材第八章的“第二节水上救护”），并同时大声呼救，让周围的人能来与你一起抢救。

八、注意个人和公共卫生，文明游泳

游泳时应讲文明，要穿干净的不透明的游泳衣裤，自觉遵守泳场守则和维护公共卫生，下水前应先淋浴，从头到脚冲洗干净。不随处吐痰、擤鼻涕，不准在泳池中排便和抛弃杂物，以免污染水质，损害自身和他人的健康。游泳出水后，应及时冲洗身体，然后擦干，穿上衣服，以防感冒。

九、预防眼、耳疾病

由于水中有杂质和细菌，游泳者容易产生眼、耳疾病。要预防眼病，除要选择干净的游泳场所进行游泳外，还要注意维护公共卫生，经常进行游泳池水净化处理和水质检验。游泳后要向眼中点氯霉素眼药水或金霉素眼药膏，切勿用脏手乱擦眼睛，以防损伤结膜或使细菌进入眼内。

游泳时如果有水进入耳内，常常有刺痒、耳鸣等不适感，这时切勿用手指挖耳，以免擦破耳道，招致污水感染，引起中耳炎。水进入耳内时，可把头偏向进水耳朵一侧，并用同侧的脚连续震跳，使水从耳朵内流出来；也可将头偏向进水耳朵一侧，用手掌紧压耳廓，屏住呼吸，然后迅速提起手掌，反复几次后，就可以吸出水来。实在倒不出水时，也不要着急，应及时请医生诊治，排出耳中积水。

思考题：

1．游泳的定义是什么？

2．游泳运动有什么意义？

3．游泳运动分为几大类？

4．什么叫竞技游泳？50米池比赛世界纪录设置了多少个项目，与奥运会比赛项目有什么不同？

5．什么是实用游泳？什么是大众游泳？

6．人类的游泳是怎样起源的？我国古代的游泳可概括为哪三种形式？

7．奥运会从第几届开始设游泳比赛？从第26届开始游泳比赛设置了哪些项目？

8．新中国成立后，游泳取得了什么突出成绩？创造过多少项次世界纪录（运动员姓名、项目）？

9．试述游泳安全的重要性。

10．游泳安全卫生常识有哪些？

第二章　游泳运动原理

内容提要：

本章运用水的自然特性、流体力学和生物学等理论，讨论与分析了人体沉浮与平衡的基本条件；游泳时所受阻力的成因与减小阻力的方法；影响游泳推进力的因素及增大推进力的途径；提出了合理游泳技术的基本要素。通过本章学习，使学生掌握游泳技术的基本理论知识，提高分析、诊断和评价游泳技术的能力。

第一节　游泳技术的力学基础

游泳是一项人在水环境中运动的体育项目。水具有压力、密度、黏滞性、难以压缩性和流动性的自然特性，人游进时推动的是水，而不是固体物质，获得的推进力比陆上小；水的密度比空气大八百多倍，身体在水中运动时所受水的阻力比空气阻力大，所以游泳的运动效率比陆上运动要低得多。因此，游泳时要充分利用水的自然特性提高技术效率。

一、人体在水中平浮的条件

（一）人体在水中沉浮的现象

人体的比重介于0.96～1.05之间。根据人体不同的比重，可分为天然漂浮体、受呼吸制约的漂浮体和天然的下沉体。天然漂浮体指无论是吸气、呼气、胸廓扩张与否均不影响其在水面的漂浮；受呼吸制约的漂浮体则指吸气时胸廓扩张身体才能漂浮，呼气时则下沉；天然的下沉体指不管呼吸与否均下沉。人体浮力对游泳速度影响较大，是选材的重要指标之一。

影响人体浮力的因素主要是身体密度、浸水面积和呼吸。身体密度决定于体脂百分比，体脂百分比高则浮力好，反之则浮力差。女子和肥胖者体脂百分比高，身体密度小于水，故浮力较好；而肌肉骨骼发达的青年男性则浮力较差。

人体自身的浮力可以通过呼吸和增减浸水面积进行调节。深吸气时，胸腔体积扩大，排开的水量增加，所受静水浮力增大；呼气时，胸腔体积缩小，排开的水量减少，所受静水浮力减小。浸水面积对浮力的影响是游泳的一个技术问题。从严格意义上讲，人体浮力大小是人体完全浸泡在水中的结果，但实际上游泳过程中，身体不可能完全浸泡在水中，约1/15的身体表面是在水面上，加上必要的技术动作如移臂，使部分肢体露出水面，就更加减小了身体的浸水面积。身体质量不变而浸水面积变化也会使浮力发生变化，浸水面积减小则浮力也减小。

优秀游泳选手游进时身体位置高，除了自身浮力好之外，主要是游泳技术好的原因。正确的游泳技术使运动员游进速度快，身体纵轴与水面所构成的适宜的迎角使身体位置升高。正确的游泳技术还体现在掌握正确的呼吸节奏（快吸、暂憋、慢呼）和呼吸动作；尽可能地避免身体在游进过程中离开水的支撑（如抬头呼吸等），即便是移臂动作也应尽量减少空中滞留时间，这既防止了过分减小静水浮力，又有利于提高手臂动作频率；加快移臂动作必须做到手臂动作放松，以免造成身体其他部位的紧张和身体摆动。另外，在游泳教学与训练中，可利用增加或减小浮力设计练习手段，调节练习难度，提高练习效果。

（二）人体在水中平衡的条件

人体在水中的平衡取决于重心和浮心是否在一条垂直线上。由于身体结构上的原因，身体各部分的密度分布不均匀，身体的质量中心和浮力中心并不在同一点上，这就很难使人体在水中保持水平姿势。当人体成自然姿势平躺于水中时，下肢的密度大于上体，下肢就会下沉（图 2－1a），直到重心和浮心处在同一条垂直线上为止。而下肢下沉的速度取决于浮心与重心之间的水平距离，不同的人浮心和重心之间的水平距离不同，下肢下沉的速度也不同。

为了使身体在水中保持水平姿势，游泳选手可以将手臂置于头前，使重心向浮心靠近，达到身体在水中平衡（图 2－1b）。但手臂位置的调整也有其局限性，原因是对重心和浮心水平距离较大的人来说，还不足以保持身体平衡。为了弥补这一点，就必须依靠打腿保持身体成水平姿势。因此，平衡差的游泳选手更需要加强打腿练习，才能保持身体水平姿势。另外，注意使上体保持较低的姿势，也能提高腿部位置。

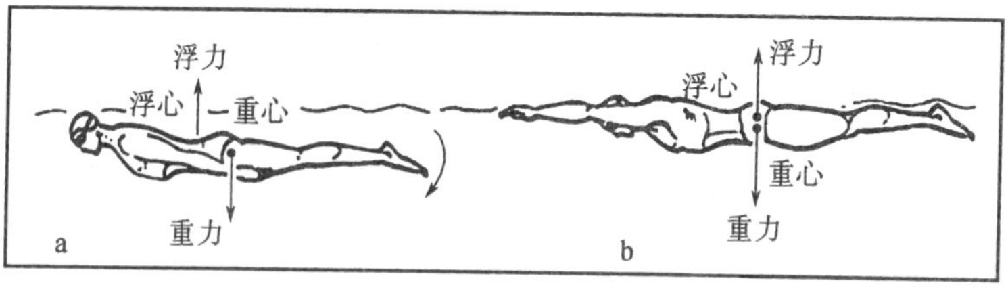

图2－1　人体不同姿势在水中平衡的状态

二、游泳时的阻力

游泳选手向前游进必须排开水流对身体的挤压并从水中穿过，其结果是破坏了水的层流而产生湍流，从而形成对身体游进的阻力。虽然无法避免湍流的产生，但可通过改进技术减小湍流的形成。游泳选手要向前游进，只能使所获得的推进力大于游进时所遇到的阻力，所以游进速度在不同动作周期的不同时间里的变化，取决于推进力和阻力相对值的关系。随着游泳速度的提高，水的阻力对运动的影响就更大，增大推进力和减小阻力成为游泳技术的核心。

（一）水流的特性

水阻力产生的原因，是水流过物体时从层流变成了湍流（图 2－2）。通

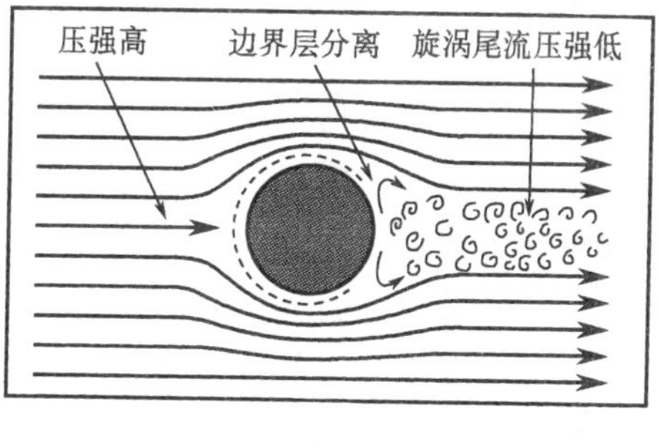

图2－2　水流过物体时的变化图

常水分子趋向于以平滑完整的水流形式存在，平滑的水流称为层流（片流），被扰乱的水流称为湍流。

在水中运动物体后面形成的水分子盘旋流动的现象，称为涡流。湍流区大，涡流区也大，涡流消失的时间也慢，对物体运动速度的影响也大；反之，湍流区小，涡流消失得快，对运动物体的影响也小。

游泳运动员在游进中所受阻力的大小，在一定程度上取决于产生湍流的大小，而影响湍流大小的因素是身体形状、运动姿势和游进速度。

（二）阻力的类型

游泳阻力主要有三类，即形状阻力、波浪阻力和摩擦阻力。

1. 形状阻力

形状阻力亦称压差阻力、外形姿态阻力或旋涡阻力，是指物体在水中运动时引起物体前后水流的改变，即物体前面是层流，而物体尾部形成湍流或涡流。当流体的流速增加时，流体内部的压强减小（伯努利定律），物体前面压力高于后面的压力，从而形成前后压力差（图 2－3），亦称压差阻力。由于运动物体形状和运动姿势与阻力的大小存在着对应关系，所以也称外形姿态阻力。

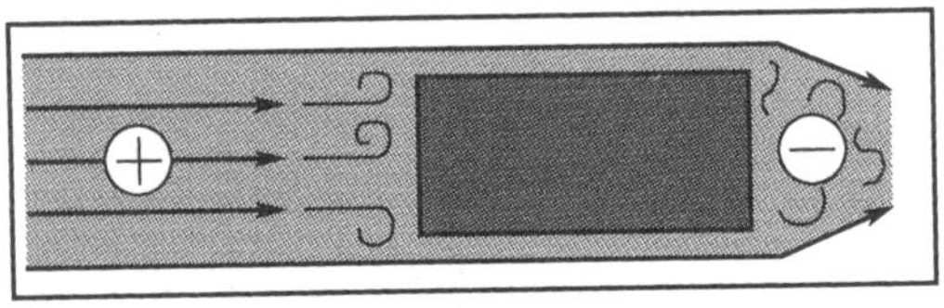

图 2－3　运动物体前后压差示意图

形状阻力的大小受物体的外形轮廓、运动姿态和运动速度的影响。

外形轮廓　物体外形轮廓决定了物体在水中所占的空间，其阻力大小受物体纵轴迎面相对水流所冲击的面积的影响，即迎水截面；也受到水流经物体表面所形成的水流速度非衡定变化并产生湍流程度的影响。减小形状阻力首先应减小迎水截面。由于人身体的迎水截面不可能改变，每个人身体的迎水面都有衡定的值，所以减小迎面阻力的关键在于游进过程中能否保持这个值或尽可能不要增加太大（关于这个问题将在运动姿态中详细讨论）。研究证明，迎水截面积相同而外形轮廓不同的物体，运动时所受水的阻力是不同的（表 2 - 1），其中流线型体阻力最小。

表 2 - 1　物体形状与阻力值

物体形状	阻力（倍数）
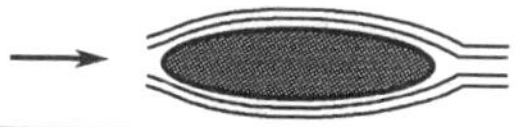	1
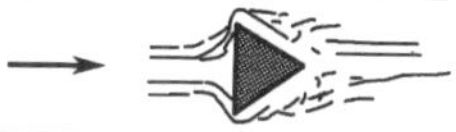	7 ~ 9
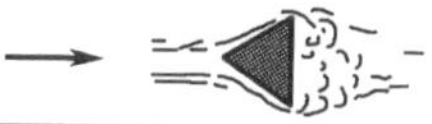	9 ~ 12
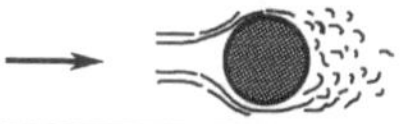	10 ~ 14
	24 ~ 27
	30 ~ 100

由此可见，阻力小的形状（亦称流线型）所具备的基本特征是：两头尖的流线型体，其阻力系数取决于长径与横径之比。在横径恒定的前提下，长径越长阻力越小，从而保持水流平稳地流向运动物体后面。值得注意的另外一个方面是，运动物体尾部的形状，尾部形状与运动物体尾部形成的涡流大小有极密切的关系。

手臂位置和姿势对身体形状的影响也大，不同的手臂位置改变着身体的形状，其阻力值也发生变化（图 2 - 4a）。而手臂前伸的不同姿势也同样影响阻力的大小（图 2 - 4b）。实验表明，人体最好的流线姿势是躯体伸展，脚尖绷直，手臂充分前伸，一只手压在另一只手上，两臂紧靠耳朵的滑行姿势。因为流线型的身体姿势前部使水分子的运动方向逐渐改变，这些逐渐改变方向的水分子只对邻近数量不多的水流造成影响，产生的湍流不多，水流经尾部时水分子能马上复原，使有限的涡流区立即消散（图 2 - 4c）。

运动姿态　即便是流线型物体，如果在水中不能保持水平的运动姿势，也会导致物体在水中迎水截面增大，受到的阻力也大。由此可见，运动物体只有好的外形轮廓是不够的，还应考虑物体运动时的姿态。不同的运动姿态其迎水截面不同，迎水截面小则阻力小。因此，物体运动姿势一定要保持尽可能小的迎水面，这样运动时的形状阻力才能减小。

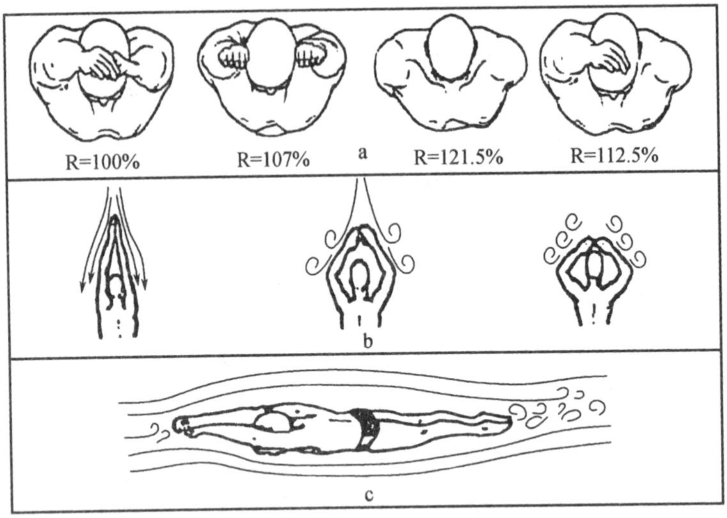

图2－4　不同手臂位置和姿势与阻力的关系

研究表明，身体俯卧姿势与水平面构成不同的角度时，所受阻力的大小是不一样的(表2－2)，身体某部分变化也会增大形状阻力，如头露出水比

表2－2　不同身体姿势的阻力值

身体姿势	牵引速度（米/秒）	阻力值（千克）
 与水面成0°夹角	2	12.8
 与水面成5°夹角	2	13.4
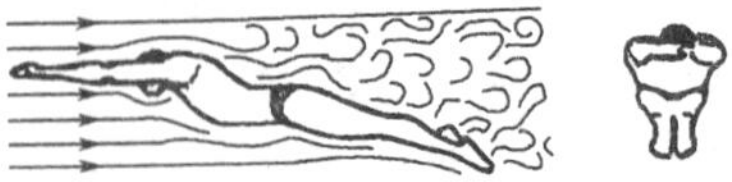 与水面成18°夹角	2	19.2
 蛙泳收腿结束姿势	2	24.0

头不露出水的阻力约大36%。当运动员身体在水中不能保持水平姿势（图2－5a），或身体在水中左右摆动幅度过大时（图2－5b），阻力会急剧加大。原因是身体迎水面积增大，占据了较大的空间，扰乱了较多的水流。

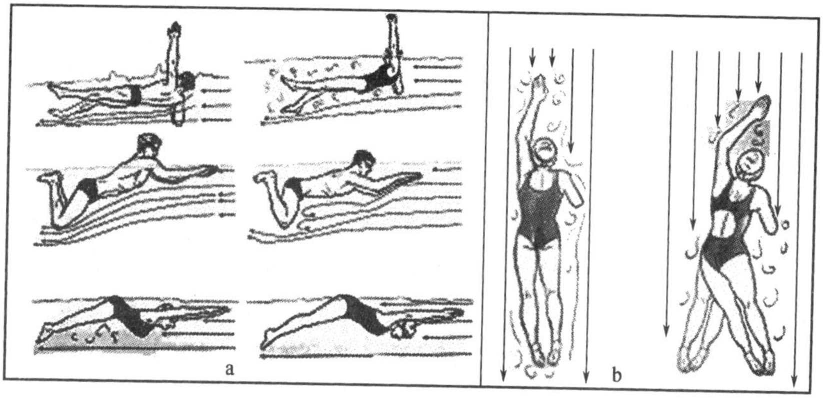

图2－5　不同身体姿势所造成的水流变化

为了减小形状阻力，游泳时应该调节自己的身体姿势，使身体形状和身体运动姿态处于最佳状态，即保持以最小的迎水截面对水，占据尽量小的空间的流线型体身体姿势。具体要求是：第一，在出发和转身后的滑行阶段，身体应成两头尖的流线型体，运动姿势平直，以保持滑行速度和增加滑行距离；在游进过程中，防止手臂在体侧停留，而使肩部暴露，导致形状阻力增大；蛙泳收腿和向前伸臂时，要尽可能减小动作过程的迎水面，伸臂和蹬腿动作结束时，手臂和腿要伸直并拢；爬泳、仰泳和蝶泳时手臂入水的动作和打腿动作都要控制在肩宽以内，腿部上下打水动作应采用小幅度的技术，避免增大形状阻力。第二，在不影响推进力的前提下，尽量使身体保持水平姿势。第三，尽管身体牵引试验证明俯卧姿势受到的形状阻力小，但实际上运动员在游进中，很难保持平卧的身体姿势。由于产生推进力的需要，在每个动作周期中，身体姿势需要不断变化，使相对于水流的形状也不断地变化，这都会使潜在的对抗阻力增加，为了在减小阻力和增大推进力之间寻求平衡，爬泳和仰泳通过身体的滚动，而蛙泳和蝶泳则通过身体的小波浪动作，降低身体因臂腿动作产生推进力的过程而形成的阻力；而正确的臂腿动作，在产生推进力的同时也能控制着身体直线游进。在这一点上，优秀运动员快速游进时身体保持流线型姿势的能力比一般运动员强。

运动速度 物体静止在水中时只受到重力与浮力的平衡影响，因为四周水流没有改变，一旦物体运动，即破坏了层流产生湍流和旋涡，则阻力随之呈比例增大，阻力与运动速度的平方成正比（$F = -1/2SC\rho V^2$）。虽然游泳速度越快阻力越大，但不能为了降低阻力而降低速度。不论是健身游泳还是竞技游泳，都是通过速度提高锻炼强度或夺取比赛胜利的。因此，游泳只能是在不断提高速度的前提下，尽最大可能地实现技术最优化而减小阻力。

2．波浪阻力

物体在水与空气的共界面上运动时，由于两种流体密度不同，物体运动时破坏了水的平衡，并使水向空中涌起，形成了波浪（水面湍流）。人体游进时同样产生波浪，如肩、臀部以及当头和躯干做水平和垂直运动时，就产生波浪。波浪是身体做功的结果，因此，在产生波浪的过程中就消耗了能量。消耗的能量表现为波浪产生，称为波浪阻力。波浪阻力在人游进速度不快时阻力的作用不大，但在高速游进时，运动员头部和肩部前面的波浪就会变得很大，形成弓形波或梯形扩散波，成为运动员快速游进的最大阻力。

波浪的大小与运动速度、身体姿势和技术动作有着密切的关系，因此，把游进过程中波浪形成的大小，作为鉴别游泳技术优劣的一项重要指标。游泳时，最常见的是头前浪（图 2－6），游进时头部向侧摆动或身体上下起伏都可使头前浪增大。这就要求游泳选手在游进中保持身体呈流线型姿势，速度均匀，身体平稳；移臂动作放松，向前性好，手臂入水时应以手掌侧先入水，减小手掌入水时的挡水面；出发转身后的滑行宜在水下 30 厘米深处，可有效减小波浪阻力的形成。

在训练、比赛中，尾随另一运动员游进可节省体力，因为在前一运动员

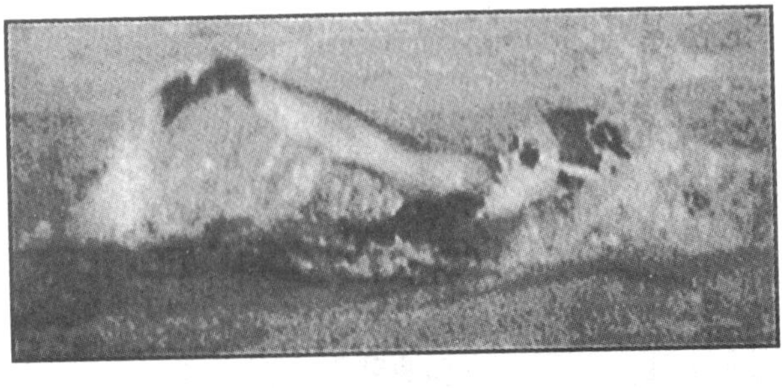

图 2－6　仰泳游进时头前的波浪

涡流中游进无须付出很多体力就可以保持一定的游速。

3. 摩擦阻力

物体在水中运动时，由于水具有黏滞性的特点，使一部分水黏附在物体表面随物体游进，并引起与其相邻层流的摩擦现象，这种状况在层层水流之间持续不断，直到距离物体一定距离后，摩擦作用约束力才消失。物体所受摩擦制动力的总和，称为摩擦阻力。紧贴物体表面，并与其一同游进的水流称为边界层。

影响体表摩擦阻力大小的主要因素有体表面积、体表的光滑程度和运动速度。尽管摩擦阻力对游泳速度的影响较小，但在激烈的游泳竞赛中，往往百分之一秒便决定了胜负。因此，摩擦阻力的存在仍然不可忽视。为了尽可能地减小摩擦阻力的影响，目前主要是从两个方面着手解决：一是游泳服装（泳帽）的革新，主要体现为游泳服装的面料和游泳服装的设计，选择薄而光滑的面料制作紧身舒服的泳装。2000 年悉尼奥运会游泳比赛中出现的鲨鱼皮游泳服装，便是这两者结合的高科技成果，为运动员创造优异成绩提供了保证。二是剃光头、刮体毛和涂减阻油，也都在一定程度上减小了摩擦阻力。

4. 游进时的流体总阻力

理论上认为，人体在被拖时的流体总阻力是摩擦、波浪和形状阻力之和。

$$F_{总} = F_{摩擦} + F_{波浪} + F_{形状}$$

研究证明，三大阻力与游速的比例关系是不同的，摩擦阻力与游速呈线性关系，形状阻力与游速的平方成比例关系，而波浪阻力则随游速的 3 次方变化。由于人体不是完美的流体力学体系，在不同的拖速下三大阻力值对总阻力的贡献率是不同的（表 2－3）。摩擦阻力是沿着人体表面，在层流时它的总阻力贡献率较大，随着速度提高，沿人体表面的层流转变湍流，摩擦阻力对总阻力作用减小。而波浪阻力，则随游速的增加而增大。在游速为 2.0 米/秒或以上时，波浪阻力可能达到最大值，其增幅也最大。由于波浪阻力随游速的 3 次方变化，而成为影响流体总阻力的不可忽略的成分。但绝大多数研究发现，游体总阻力与游速的平方成正比，说明在游泳中形状阻力仍然是最大的阻力。

在游进过程的每一个动作周期里，游进阻力与推进力的相互制衡始终都在起作用。表现在游泳者的每个动作的实际速度上，都是由起动—加速—降速这种非匀速的位移构成的。而且个体的重力与浮力的差异，对形状阻力和波浪阻力的系数变化的影响作用，也以隐蔽的方式参与了游进阻力与推进力相互作用和相互制衡的全过程。

表 2-3　三大阻力在不同速度下的变化

比值　速度 数据种类（千克）	0.6 米/秒		1.6 米/秒		2.027 米/秒		增长值	
	阻值	%	阻值	%	阻值	%	阻值	%
总阻值	1.01		7.4		13.4		12.39	13.267
摩擦阻力	0.173	17.13	1.001	13.53	1.53	11.42	1.357	8.843
形状阻力	0.813	80.5	4.705	63.58	7.191	53.66	6.378	8.845
波浪阻力	0.024	2.376	1.694	22.89	4.678	34.91	4.654	194.91

5．静态阻力与动态阻力

在游泳中，人体运动受阻力影响的形式有两种，即静态阻力和动态阻力。静态阻力指采用固定的速度牵引人体时所产生的阻力，亦称被动阻力；动态阻力是指人体在水中游进时所产生的阻力，亦称主动阻力。要使静态阻力减小应保持身体的流线型，而要使动态阻力减小则要复杂得多。研究证明：身体形状对于动态阻力的影响基本没有，动态阻力主要受身体运动的生物力学系统的影响，即受运动速度和动作的内部结构、节奏等因素的影响。人体在水中运动时是不可能完全匀速的，实际上是时快时慢。速度变化越大，动态阻力就越大；体重越大，动态阻力也越大。在用同一速度游泳时，增加或减小动态阻力的值同改变技术有关。合理的技术体现在游进阻力小、推进力大和能量消耗节省化三个方面。

如蛙泳的收腿是蹬腿的准备动作，没有收腿动作就蹬不了腿，收腿时所产生的阻力即为动态阻力，为了不使动态阻力过分增大，对蛙泳收腿动作就有较多的技术要求；爬泳和仰泳游进时常出现左右摆动的身体姿势，这也是动态阻力增加的一种现象，这种游进的身体姿势比身体滚动的直线游进的阻力要大得多。前者说明正确技术也会产生动态阻力，但这种动态阻力是为了获得推进力的同时而伴随产生的，在处理推进力与阻力两者关系时，应着眼于追求净推进力的最大化；后者是由于错误动作而导致动态阻力的增大，应依靠不断改进技术，提高技术质量和增强技术控制能力加以克服和避免，从而将动态阻力降低到最小。

由此可知，用力大并不一定会提高速度。游泳速度的提高在于增大推进力减小阻力，其关键是提高技术效率，而不是追求最大功率值。如蝶泳与蛙泳动作周期中最大速度与最小速度之差的大小是形成动态阻力的主要因素，所以蝶泳和蛙泳速度的提高应着眼于在一个动作周期中尽可能地降低速度下降值，而不是单纯追求最大速度。

在研究优秀游泳选手之间游进速度时发现，浮力和力量之间的差异很小，对成绩的影响也小。导致他们之间游泳速度差异的主要因素是游进时所受阻力大小明显不同，也就是说，在减小阻力方面的能力存在差异。游泳速度的提高取决于技术和体能两个方面。就这两个方面来说，改进技术提高动作效率，是提高游泳速度最经济的途径。

三、游泳的推进力

（一）游泳推进力的理论

关于游泳推进力最初的观点认为，推动人体游进的动力是牛顿第三定律，即作用力与反作用力。为了获得水的反作用力，手臂应直线向后划水以产生推进力（图 2－7a、b）。随后通过水下摄影发现，运动员手臂划水时，手并不是在身体中线下直接向后划水，而是采用屈臂和伸臂交替，划水路线呈 S 形的方式划水，继而提出了划“静水”的观点，认为水具有流动性的特性，曲线划水是为了划到相对静止的水或流速较慢的水，这比直线向后划流动的水更省力、更有效，同时延长了划水路线。这一观点直到 1971 年美国康西尔曼博士通过在黑暗游泳池，拍摄运动员水下划水时的手指光点轨迹，发现运动员的划水路线与以前所看到的完全不同，运动员在水平和垂直方向上所做的曲线划水运动比向后运动多时才得以改变（图 2－7c）。游泳选手在水下的划水动作是由水平和垂直方向的运动构成，这就使得人们对牛顿的作用力—反作用力定律是人类游泳推进力的主要机制产生怀疑。在解释曲线划水产生推进力的过程中，提出了升力推进理论。康西尔曼和布朗认为，人体手的形状与机翼近似，所以手掌能以类似机翼产生推进力的方式来产生升力，游泳的推进力也许来自伯努利定律的应用（图2－8a、b）。根据伯努利定律，游泳划手时，手背部的水流速快，手掌部的水流速慢，这样就造成手背和手掌的压力差，产生了一个升力（图 2-8c）。这个升力与手受到的阻力形成了推动身体前进的合力。

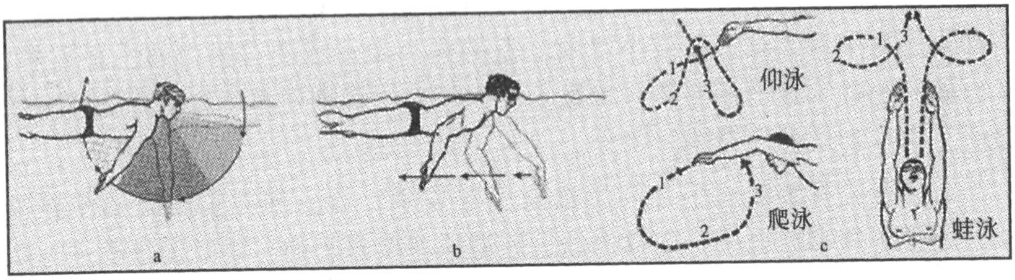

图 2-7　游泳三种划水方式轨迹

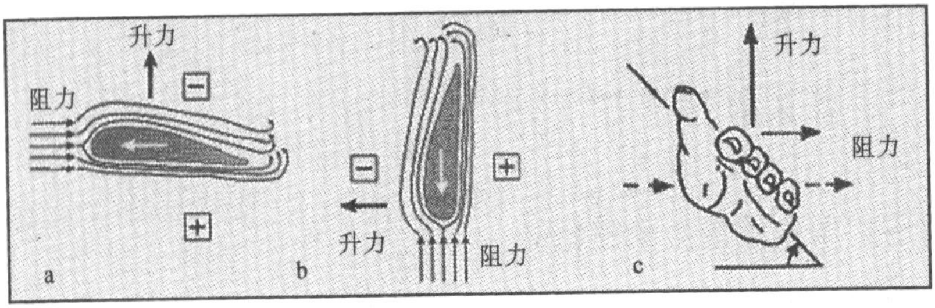

图 2-8　手掌划水的升力效应

20 世纪 90 年代开始，人们在游泳实践中逐渐发觉，解释游泳推进力存在着偏重伯努利定律而忽略了牛顿第三定律的现象。其中，人们忽略了通过手臂对水方向的变化，进行斜向的划水和打、蹬腿动作，以对角线方向用力，同样可使水转向后流，获得有效的反作用力。为了进一步解答游泳推进力中升力推进与阻力推进的关系，研究者进行了多项实验研究，根据实验结果提出了以下观点：

攻角是由手掌与其运动方向所形成的倾斜角度。根据伯努利定律，攻角对增加手的上下方的压差（产生升力）起着重要的作用。然而近十几年来的一些实验研究发现：手掌的形状并不像描述的那样是一个升力面，水从手的上方经过时，水流湍急以至于水边界层无法维持原始状态而产生分离，边界层分离现象的存在，说明游泳选手的手不能像机翼那样产生升力，手掌表面更容易产生阻力推进；手掌在 40～90°的攻角下，产生的阻力系数和阻力值都远大于升力系数和升力值，只有在 10～30°时升力系数和升力值大于阻力系数和阻力值（图 2 - 9a），而游泳选手实际划水过程攻角的变化在 40 ~ 70°之间（图 2 - 9b）。这些研究使人们更加深信，牛顿第三定律为人类游泳推进力提供了可靠的解释。

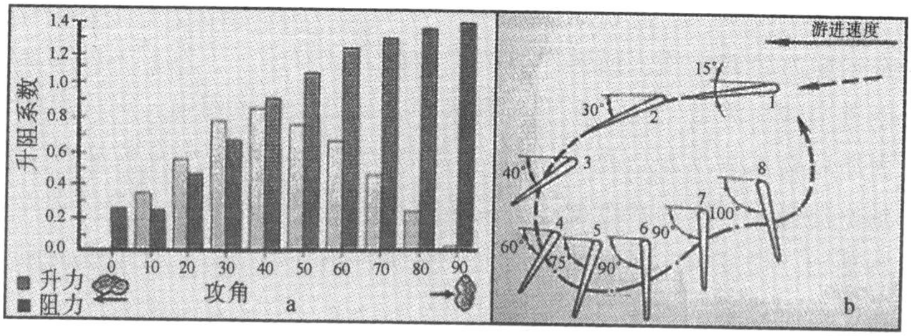

图 2 - 9　各种攻角的升阻系数与爬泳划水时的角度变化

美国游泳专家马格利索博士也认为，牛顿第三定律在解释游泳推进力方面的作用比伯努利定律更大一些。以曲线运动使水向后移动推进身体前进的概念，相对来说比较容易理解，而且更加准确地描述了推进力的产生机制与划桨推动船只的方式比较相似。游泳选手在划水过程中仅靠尽力划水是不够的，相反，在整个划水过程中，手臂必须是灵活地改变其运动方向，使得“流体反作用力”的矢量尽可能接近游泳方向。划水过程改变划水方向的另一个目的是，为了划动相对静止的水或流动速度较慢的水，从而获得水更大的“流体反作用力”。一旦运动员将水推到后面，就获得了动量，此时应加快手的划水动作速度，使手能够继续推住水。运动员在一段划水中获得足够的推进力后，就会改变手臂的方向，去推动另外那些尚未被扰乱的水分子。这样划水至少有两个好处：一是不必用很大的力量使手臂动作加速，因为推动的是相对静止的水；二是可以延长推进力阶段。

当前，关于游泳推进理论还存在争论，除了“阻力推进理论”和“升力推进理论”外，还提出了“涡流推进理论”，说明人们对游泳技术力学问题的认识仍受到科学技术发展水平的限制，随着科学技术的进步，人们对游泳技术原理的探索和认识会更加深入。

（二）增大游泳推进力的途径

阻力与推进力是两个方向不同、性质一样的力，增大游泳推进力应增加手臂划水和打（蹬）腿的阻力（作用力），从而获得水所给予的“流体反作用力”。由于水不能像陆地那样给予人体运动以固定的支撑，所以我们讨论推进力时，就必须研究水的自然特性，提高游泳技术效率。

1．动作对水面

根据阻力公式，挡水面大产生的阻力就大。游泳选手为了尽可能地使阻力对推进力的贡献最大化，在手臂划水和打（蹬）腿过程中，以尽可能大的对水面向后推水来实现（图 2－10）。因此，增大四肢划水面积是产生推进力的基本前提。手臂划水对推进力的贡献是最大的，手臂划水动作是以肩关节为转动轴，做复杂的弧形曲线运动。手掌距肩关节最远，且形状的阻力系数大，根据圆周运动中线速度的公式（$V = r \times w$）和阻力与速度的平方成正比原理（$F = kv^2$），手臂划水时反作用力的合力中心在高于手腕 5～7 厘米处。游泳选手的划水过程不仅仅是手掌在划水，而是整个手臂都在划水。有关研究认为，尽管前臂在划水中的运动速度比手慢，但它对手臂划水推进力的贡献在 15%～38%之间。由此可见，手掌和前臂所产生的推进力是最主要的，其次是上臂。但要保证这一点，还取决于肘关节的位置，只有保持肘关节高于手掌才能最大限度地使手臂挡水面增大。高肘屈臂动作（仰泳是低肘）是通过手和前臂以肘关节为轴的划水动作而逐渐形成的，高肘动作是游泳手臂划水动作的核心技术。高肘屈臂划水不仅仅增大了手臂划水面积，更为重要的是延长了有效划水路线。因此，增大手臂划水面积必须充分发挥手掌和前臂的作用。有关研究发现：近 20 年来，游泳运动成绩大幅度的提高与游泳技术的不断改进有着必然联系，其中一个因素是游泳选手手臂（包括手掌和前臂的对水面，以及上臂做内划时的面）划水的对水面有明显的增加。

a 游泳选手向后划水时手臂对水面

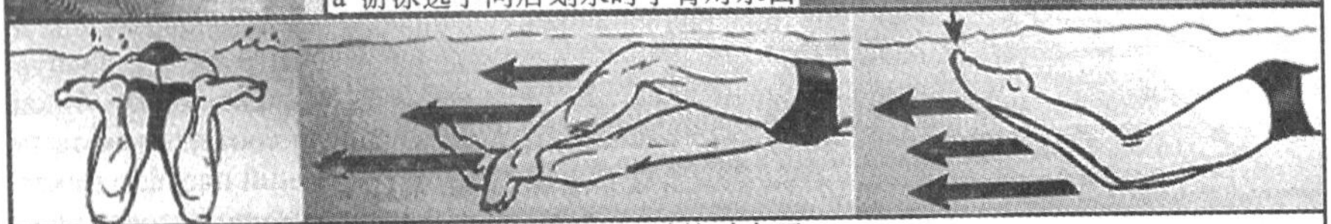
b 游泳选手打（蹬）腿时的对水面

图 2－10　不同泳式运动员臂腿动作的对水面

手臂在划水的整个过程，其对水面是有变化的，它在肩前划水是逐渐增大对水面，通过屈腕、屈肘动作，使手掌和前臂依次对水，划至肩下时屈肘最大，且对水面也最大。肩后的推水则是逐渐减小对水面的过程，通过伸肩、伸肘，最后伸手腕完成向后推水动作。在整个划水过程中，手臂各环节协调运动能使各环节依次达到最大速度。这样，可避免手臂肌肉过多的负荷，以更经济的方式做功，尤其是肘关节屈、伸变化的划水方式，使手臂划水过程的“流体反作用力”逐渐增加。

2．动作方向

手臂划水动作的轨迹分动作轨迹和运动轨迹。动作轨迹是手臂动作相对身体的运动路线，主要作为陆上示范动作，向学生展示不同泳式的划水路线。运动轨迹是游泳时手臂划水动作的实际路线，它真实地反映了手臂划水的动作方向。

最近研究表明，游泳时手臂划水的运动轨迹远没有传统理论所描述的划水运动轨迹弯曲，其原因首先是传统理论所描述的手臂划水时的运动轨迹是手指尖的运动轨迹，而手臂划水的压力中心在前臂中段高于手腕 5～7 厘米处，此处所获得的推进力比手的推进力更大。以手臂划水压力中心点的运动路线，作为手臂划水的运动轨迹就没有手指划水轨迹弯曲。其次是游泳时游泳选手随着身体转动控制着手臂划水路线，尽量减小侧向运动，使其更向后划水（图 2－11），这有利于使前臂的对水面积增大，产生更大的阻力推进力。正是对手臂划水运动轨迹的研究，促使人们重新认识游泳推进力。

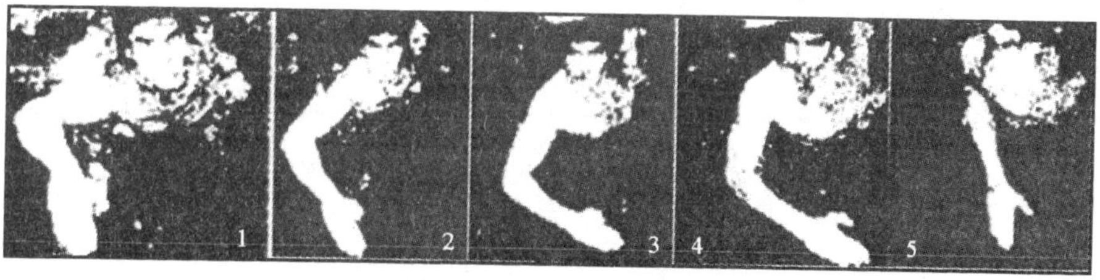

图 2－11　爬泳手臂划水前视图

水具有流动性的特点，因此，人在水中运动时难以获得固定的支撑，这就需要通过改变动作方向以求获得相对静止或流速较慢的水的支撑，提高推进效果。

在对游泳选手划水动作分析后发现，手臂划水动作像船桨一样向斜后方划水。游泳选手的斜向划水可以以较小的力，并在每个划水点上，手臂和腿与流速较慢的水相互作用。因此，游泳选手可以在较慢的频率下，通过推动一些缓慢的水，以较少的肌肉消耗获得更长的划步。虽然斜向划水产生分力，但与直接后划相比，在划水阶段会使大量的水向后流而肌肉消耗较少。实验证明，斜向划水在每一个划水周期，其推进力比直接后划所产生的推进力只降低一点（图 2－12）。然而斜向划水以其增加划步和降低频率来保存相当数量的能量的优势，足够补充那点损失的推进力。由于手臂做斜向向后划水过程中身体在手臂上方向前运动，因此，划水运动路线在显示手臂向后划水的轨迹就不明显（图 2－13）。

	划水角度（度）	攻角（度）	手臂划水推进力（M）
	0	90	65
	30	75	63
	45	60	57

图 2－12　手掌角度变化对推进力的影响

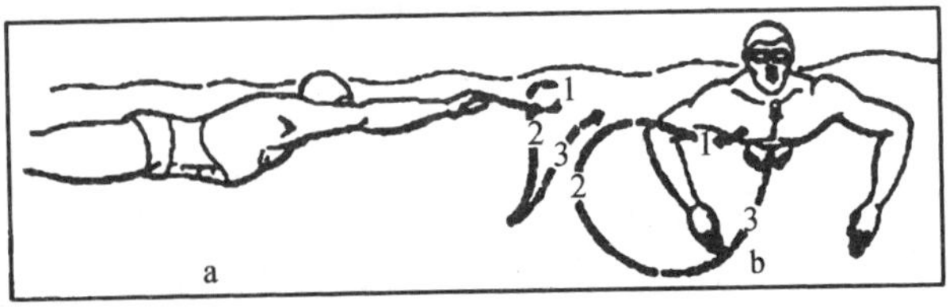

图 2－13　蛙泳划手侧视和前视图

游泳选手通过逐步改变运动方向来克服四肢的惯性，减少肌肉的消耗。根据惯性定律，在较长一段距离逐渐改变运动方向所需的力较小，而在一小段距离内迅速改变运动方向，则要施加额外的肌肉力量用来改变运动方向，这种突然改变划水方向极易产生扭矩作用于身体，从而导致身体摆动，破坏了身体的流线型，增加了游进阻力。

游泳肢体动作的轨迹呈三维曲线，不同泳式其肢体水下动作的运动轨迹不同。手臂划水动作的轨迹还存在个体差异，即不同的人手臂划水动作的轨迹是不同的，这取决于每个人的水感和技术风格。

3．划水攻角

游泳推进力是以阻力为主导，为了使划水过程阻力达到最大化，游泳选手本能地选择了划水方向的攻角，同时手臂如船桨那样向后划水。对优秀游泳选手手臂划水动作与速度的关系研究发现，在手臂划水产生推进力阶段，手的攻角较大（大多数游泳选手为50～70°）产生的阻力推进力也较大。

划水时手臂倾斜和向后划水的攻角与推力的生成有着必然关系。试验证实，当手臂向后划水攻角接近90°时可获得最大推进力，游泳选手也认为手划水时总是与划水方向垂直（图2－14左边的动作轨迹）。但从划水的运动

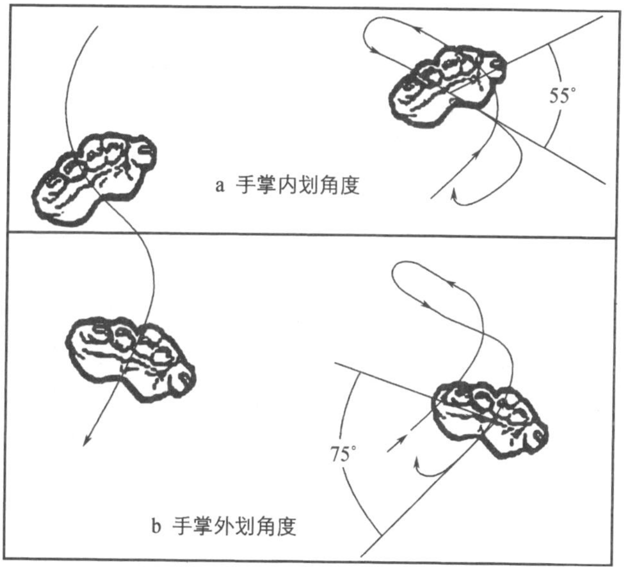

图2－14　爬泳右手划水时手掌角度变化

轨迹来看，手划水的真实攻角要小于90°（图2－14右边的运动轨迹），产生推进力阶段的手臂划水攻角在50～70°之间，因为这个范围的角度很好地利用了阻力推进。斜向划水的适宜攻角是为了把水尽量向后推，以便减少分力的影响。由于手臂划水路线是三维曲线，需要运动员在每次改变动作方向时都必须调整手臂的动作，使划水的每个阶段都能形成最有效的角度。

4．动作速度

根据阻力与速度的平方成正比的关系，游进时臂腿的动作速度是决定游泳推进力极为重要的因素之一。为了保证在每一划水点都获得推进力，在不影响合理的划水方向和角度的前提下，必须加速划水，并使划水动作速度超过被划的水的流速和身体游进的速度。手臂划水动作不是一个匀加速过程，运动员划水的动作速度从头到尾都不稳定，在划水的不同阶段和不同方向上的动作速度是变化的（图2－15），加速划水是对划水动作的总要求。动作速度的变化反映了手臂划水和打（蹬）腿动作的内部节奏的规律，在不同的划水阶段，由于手臂的对水面、角度不同，所遇到的阻力也不同，划水的动作速度也因之而变化。

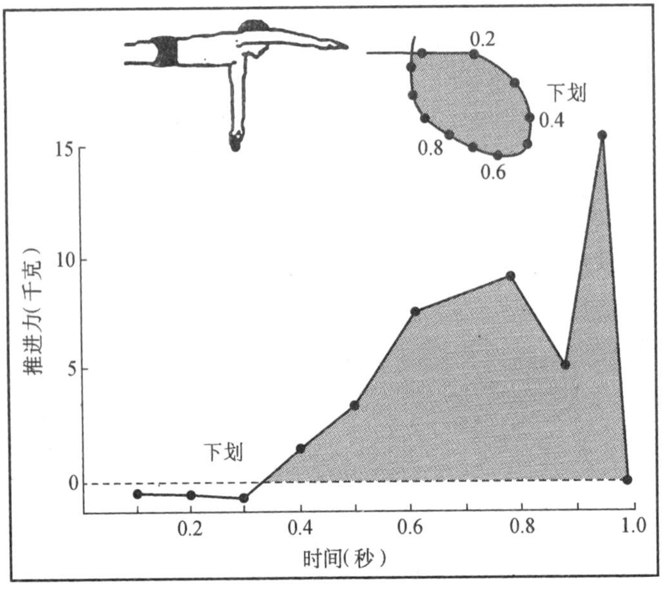

图2－15 爬泳划手动作速度变化

动作速度是动作频率的保证，加快了动作速度必然提高了动作频率。从对近几年游泳成绩提高的分析结果来看，竞技游泳成绩的提高主要体现在划水效果的改善和比赛各阶段技术的改进（如出发、转身等），而动作频率对成绩提高的贡献率不高。这种现象在一定程度上说明，动作速度的提高必须建立在不影响划水质量的前提下，而划水效果是提高游泳运动成绩的核心。

5．躯干和腿部动作产生推进力的机理

躯干和腿部动作产生推进力主要体现在两个方面：

第一，躯干和腿的动作直接产生推进力。蝶泳、仰泳和爬泳都是采用上下打腿的动作，向下打腿时虽然运动方向是向下（仰泳则是向上踢水），但由于膝关节受大腿的反向运动和水的压力的双重作用而弯曲，使小腿与水面形成一个攻角（图 2－16a），小腿前部的对水面在向下打腿时，能够将水推到后面，从而获得向前运动的推进力。蝶泳打腿除了腿部的作用外，躯干的波浪动作也能够产生推进力。这一动作过程实质上是人类模仿鱼类的摆动动作。蝶泳打腿时躯干动作通过沿身体纵轴由前向后传递的力使躯干和腿形成波浪式摆动，在摆动过程中像鱼在水中的波浪动作一样能够使水后流，获得向后流水的反作用力使身体向前游进（图 2－16b）。由于膝关节的结构限制，向上是直腿打水，那样就限制了打腿的推进作用，所以游泳打腿动作要产生向前的作用只能是向下打腿（仰泳是向上踢腿）。有关研究发现，蝶、仰、爬泳打腿产生推进力的阶段是向下（仰泳上打）打腿的前半段，此时身体前行较快，因此，打腿应避免动作幅度过大，以免增大身体的形状阻力。

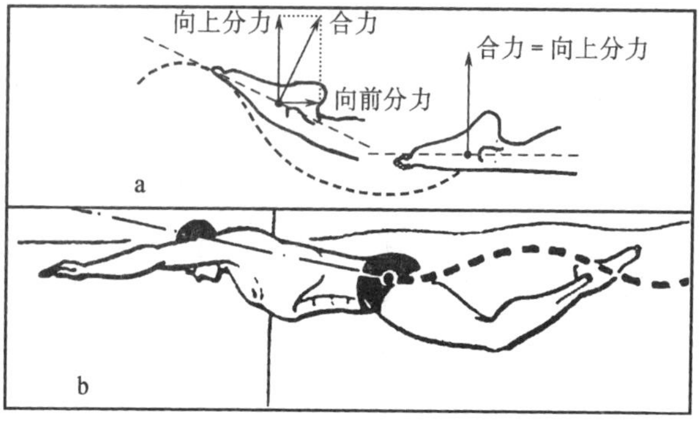

图 2－16 游泳打腿的力学效应

踝关节柔韧性和打腿动作肌肉放松程度影响打腿效果，踝关节柔韧性好容易形成良好的对水面，提高腿打水的效果。应尽量利用流体与柔软物体之间的作用的这一特性，提高踝关节的柔韧性，并使肌肉最大限度地放松，从而获得尽可能大的推进力。

蛙泳腿部动作是以蹬腿动作产生推进力。由于收腿产生阻力，蹬腿产生推进力，这就必须处理好两者的矛盾，才能获得尽可能大的净推进力。

第二，躯干在游泳中起固定肢体的划水和打腿动作的作用，从而保证了手臂划水和打腿所产生的力能有效地推进身体游进。游泳选手游进时，由于产生推进力的需要，身体并不是完全的俯卧姿势，而是通过躯干的配合动作提高臂腿动作的效果，如波浪式蛙泳重视游进时的躯干动作，旨在发挥腰腹力量，提高划臂和蹬腿的力量。再如爬泳、仰泳游进时身体绕纵轴左右滚动，对维持身体的流线型，使手臂划水能处在一个有利的位置，并方便移臂起重要作用。身体滚动所产生的扭力，对保持手臂在交替运动中身体姿势的稳定也起重要作用。

打腿对游泳的推进作用因人们观念的改变而越来越受到重视。研究发现，在完整配合泳中游泳选手臂腿动作对推进力的贡献也不相同。一些游泳选手在完整配合泳中，打（蹬）腿对推进力的贡献约占12%，另一些游泳选手在完整动作情况下游进时，腿部动作实际上是失去了推进力。

第二节　游泳运动的生物学基础

一、游泳时肌肉工作特点

人体骨骼肌包括两种肌纤维，即快肌纤维（FT）和慢肌纤维（ST），快肌纤维又分为FT_a、FT_b和FT_c三种。两种肌纤维在人体骨骼肌中的百分比例受遗传影响大（遗传度为96.5%）。慢肌纤维收缩慢，有较强的有氧供能能力，一般在低强度负荷中被募集使用，所以慢肌纤维比例高的运动员比较适合长距离游泳项目；而快肌纤维收缩快，但容易疲劳，因此，快肌纤维比例高的运动员适合于短距离游泳项目。然而这种优势并不大，运动员通过训练、改进技术、提高比赛能力，很容易取得更大的优势。

不同类型肌纤维的动员取决于动作的用力大小，而不是动作的速度。中枢神经系统根据游速的要求发出不同的冲动频率，动员相应类型的肌纤维参与工作。如中等和中等以下强度时，只需慢肌纤维参与工作，维持运动，此时快肌纤维不参与做功，强度继续加大使慢肌纤维参与工作的数量逐步增加；在接近极限负荷前（相当最大摄氧量负荷的80%～85%或极限负荷的70%～75%），主要由 FT_a 参与工作，随后 FT_b 型肌纤维参与工作，极限负荷时，所有类型肌纤维参与工作（不是所有肌纤维！）。游泳没有达到最大摄氧量之前，FT_b 型肌纤维不会全面参与工作。

虽然研究证明，训练能使相应的肌纤维增粗和酶活性增强，如短冲训练可提高慢肌纤维的收缩速度及收缩力量，长距离训练可提高快肌纤维的有氧能力，但这只是肌纤维自身能力的适应性提高，而不能增加其数量或转变成另一类型肌纤维。也有报道表明，训练能够造成肌纤维类型的转变，但多限于耐力训练后 FT_b 转变为 FT_a。多数认为训练使慢肌纤维转变为快肌纤维是不可能的。

游泳时通常是几块肌肉协作直接产生力量，并且还包括许多对固定身体有间接作用的其他肌肉，因此，神经系统在协调参与工作的肌群上起着极为重要的作用，神经调节的改善是决定肌肉力量大小的生理因素，使参与工作的肌群更加协调，能够动员更多的肌纤维参与工作。游泳主要是上肢用力，而下肢参与了打（蹬）腿、出发蹬台和转身蹬壁的用力；游泳划水动作的肌肉是克制性的动力工作，划水各阶段肌肉用力的大小却相差不大，动作速度的变化也不十分明显。由于游泳时动作过程中肌肉的力在强度和速度上所表现出的特点，游泳属于等动性肌肉工作性质。

游泳时，由于人体是在一个流动的环境里进行运动，腰腹力量能够使运动员在水中保持好的流线型，减小阻力，使技术的发挥更为有效，所以也有利于防止伤病。

虽然力量是决定游泳成绩的重要因素，但力量本身并不意味着会有较快的游泳速度，肌肉力量必须有效地应用在水中才能产生推进力。因此，在游泳专项力量训练中，应紧密结合专项技术特征和运动特征选择和设计练习手段与方法，提高力量的转化效率，这时力量才能成为决定游泳成绩的关键因素。

二、游泳的供能特点

ATP（三磷酸腺苷）是肌肉工作的直接能源，由于肌肉中 ATP 储存不多，仅能维持十余秒的运动时间，这对于游泳运动员来说，只能供全力游25米左右，因此，仅靠肌肉中的ATP是不能维持持续运动的，这就需要重新合成ATP供给肌肉运动。合成ATP有两大系统三个途径，即有氧供能系统和无氧供能系统，其中无氧供能系统又分糖酵解供能和磷酸肌酸供能。运动时动用什么供能系统取决于运动强度，不同运动强度（或运动距离）所依赖的主要供能途径不同（表2-4)。短距离游泳时肌肉消耗能量接近安静时的200倍，运动的维持主要依赖乳酸—ATP供能系统，其明显的标志就是乳酸急剧升高。通常，血液中乳酸急剧增多时的运动强度称为无氧阈。最近研究认为，无氧阈前后氧供应都是充足的，氧缺乏并不是乳酸增多的唯一原因，认为糖酵解过程中葡萄糖转变为ATP的限速步骤更为重要。当ATP需求增多而储备耗竭时，生成乳酸是产生更多ATP的一个较为快捷的方式，虽然这一过程中氧气没有直接参与，但如果没有氧的参与，乳酸的形成、糖酵解就会受到限制。

表2-4　不同距离全力游时的供能比例

竞赛距离	%ATP-CP	%无氧代谢	有氧代谢	
			%糖代谢	%脂肪代谢
50米	20	60	20	忽略不计
100米	10	55	35	忽略不计
200米	7	40	53	忽略不计
400米	忽略不计	35	65	忽略不计
800米	忽略不计	25	73	2
1500米	忽略不计	15	78	7

由于乳酸可以自由转换而不需要消耗能量，并且大量的乳酸被认为可以在以后的训练或训练之后被氧化，所以认为运动能力的下降并不是乳酸堆积所造成的，而是与H^+堆积造成的酸中毒有关。训练可以提高血液和组织内的碱储备（无氧能力的训练更有效），通过碱对酸的缓冲作用，可以提高在乳酸和自由基存在的情况下机体的工作能力。

有关研究发现，训练后肌糖元含量明显低于训练前水平，而这正是运动员训练后产生疲劳的关键方面，如果从训练开始尽早获取葡萄糖，对于机体糖元的再合成是很关键也是最有效的。

耐力项目最主要的供能系统是有氧供能，需要机体具备较强的向肌肉运送氧的能力。由于机体几乎不能储存氧，血液流经肺脏时吸收的氧可以看做有氧代谢所消耗氧的直接反映，通常最大摄氧量的值被看做是测量心肺耐力和有氧能力的最佳指标，因为它代表了心血管系统的最大能力和有氧系统供能潜力，可以通过测定摄氧量来精确估计有氧代谢的速率。

通常肌纤维内的糖元不足以提供数分钟或数小时的 ATP，这就必须依赖肝糖元分解成葡萄糖供给肌肉运动。随着运动持续时间的延长，脂肪代谢供能的比重随之加大，脂肪可以为长时间训练或中长距离游泳比赛提供能量。在以低于最大强度的有氧强度游泳时，脂肪可以提供 30% ~ 50% 的能量。由于脂肪代谢释放能量的速度很慢，就不能达到较快的游泳速度，所以在 1500 米距离比赛中，运动员供能主要依靠糖元的供能，脂肪代谢比例很小。但脂肪供能的意义在于：脂肪代谢在训练和锻炼中的主要任务是提供了再合成 ATP 的能量，维持中等速度长距离游泳的供能，减小肌糖元的使用比例。训练可以提高脂肪代谢产生的能量，从而减小肌糖元供能的需求。这一作用意味着经长时间游泳，运动员仍然保留可供快速游的肌糖元；脂肪代谢能力的提高还可以逐渐减少肌糖元的消耗，使运动员能够保持持续高强度训练达几天。蛋白质是机体的主要构成部分，并且有助于组织的修复，在较高无氧强度运动中还能够起到缓冲酸性物质的作用，控制肌纤维内的酸度。蛋白质也可以提供能量合成 ATP，但像脂肪一样，蛋白质供能的速度很慢。事实上蛋白质的供能是最慢、最不经济的一种。

游泳技能的提高可以减少能量的消耗，主要是通过减小了阻力，提高了技术效率实现的，所以说游泳运动员的成绩受技术影响程度超过了摄氧量。研究发现，以相同速度游四种泳式，其能量消耗不同（表 2－5），蛙泳的耗能量最大，爬泳最省。这一特征，成为各泳式训练的基本特点，也是设计训练中各泳式训练分量等的重要依据。

表 2－5 不同泳式能量消耗情况

姿势	速度	摄氧量（升/分）	心率（次/分）
蛙泳	1.0	3.42	162
蝶泳	1.0	2.85	150
仰泳	1.0	2.42	138
爬泳	1.0	1.83	125

心血管系统功能增强的一个明显的特征是，定量运动的节省化体现在心率降低。呼吸功能的增强加大了气体交换率，运动时需氧量的增加可以通过增加流经肌肉的血液量来满足。氧的运输和摄取取决于血液的氧含量、血流量和局部肌肉的环境。在以最大强度游泳时，以上这些因素都可能限制运输，使肌肉难以达到有氧代谢的条件。

游泳与跑、速度滑冰等陆上运动相比，相同距离运动的能耗大 4 倍左右，但无氧供能的比例却远低于陆上运动（图 2－17），说明游泳竞赛更加依赖有氧供能，提高运动员有氧供能能力在游泳训练中具有重要意义。

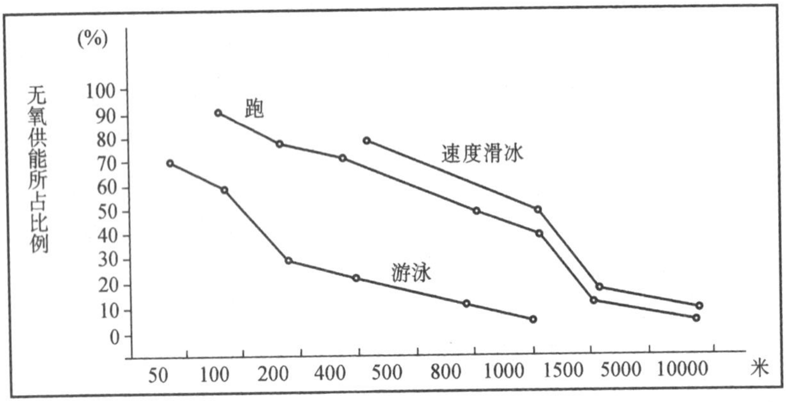

图 2－17　不同项目比赛距离供能比例示意

第三节　合理游泳技术的基本要求

技术是转换体能为运动效率的唯一途径，所以有人认为游泳是一项以技术驱动为主的运动项目。游泳技术的明显特点表现在既要符合人的生理和解剖特点，又要遵循水中运动的规律，充分发挥和利用人体运动潜力，而后者更是游泳技术的核心。

一、游泳技术术语

技术动作术语是技术的专业名称，是评定技术的标准术语。游泳技术术语标准化，有利于教学训练和科研规范与标准统一，有利于相互比较和评价。

（一）动作周期

动作周期是指一次完整的臂腿配合所做的动作的全过程，亦可指做一次臂或一次腿完整动作所需要的时间。不断重复一个动作周期的运动称为周期性的运动，游泳属于周期性运动项目。

（二）动作频率

动作频率是指单位时间内所完成的动作周期次数，亦称划频。根据教学训练和科研需要，也可选择划水、打腿或蹬腿动作的次数作为单个动作的频率。常用次/分表示。计算公式：

动作频率 = 动作次数/成绩（除出发和转身时间）

在游泳训练中，为了测量某游距段的频率或推测全程的动作频率，也有采用 5 次动作（爬泳和仰泳以单臂计算）的时间表示动作频率。

动作频率 = 5 次动作/5 个完整动作的时间（秒）

（三）动作节奏

动作节奏是指游泳时每一个动作周期内各技术组成部分的动作速度与时间的比例关系。动作节奏是评定技术的重要指标，是运动员个人技术风格的具体体现。

（四）动作次数

动作次数是指游完一定的距离所用的动作周期次数，亦称划水动作次数或划步。一定的划水次数反映了划水的效果，与划水距离直接相关。如 50 米用了 20 个动作周期，实质上也反映了每一次划水身体位移的距离为 2.5 米（划步、划距），划水距离的计算公式如下：

划水距离 = 游进距离（除出发和转身距离）/动作次数

但有一点值得注意，陆上周期性运动动作幅度与移动距离是一致的，可是水上运动有很大的区别，在大多数情况下，划水的动作幅度不能与身体的游进距离等同。

（五）出发时间

出发时间指出发信号发出后，运动员出发到达 15 米（也有采用 10 米）

处所用的时间。包括出发反应时、出发动作时间、腾空时间和水下滑行时间。出发时间是游泳比赛成绩的组成部分，是比赛全程技术的重要环节，其重要程度与比赛距离成反比，即距离越短出发越重要，距离越长其重要性降低。也是评定运动员比赛技术的重要指标之一。

（六）转身时间

转身时间是指运动员从转身前 7.5 米（也有采用 5 米）到转身后 7.5 米处所用时间。包括游近池壁和转身后的滑行。转身时间是评定运动员比赛技术的重要指标之一，是游泳比赛成绩的组成部分，是比赛全程技术的重要环节。转身时间对短池比赛和中长距离项目比赛成绩影响较大。

二、游泳技术要素

游泳技术最根本的问题是减小阻力增大推进力，因此，合理的游泳技术就必须符合流体力学原理，利用水的自然特性；必须符合生理和解剖学特征，发挥机体潜能；还必须符合游泳比赛规则的要求，这样才能提高游泳技术效率和游进速度。

（一）高而平的流线型身体姿势

躯干是形成游进阻力的主要部位，不同的身体姿势其阻力值不同。为了减小阻力，在游进时保持高而平的流线型身体姿势极为重要。良好的身体姿势取决于运动员在游进中保持身体姿势的能力，它受两方面因素的影响：其一是控制身体姿势的能力，如爬泳和仰泳身体绕纵轴的滚动和移臂动作都应防止身体的侧向摆动，爬泳眼看池底和仰泳目视正上方的头部动作，有利于保持高平直的身体姿势和位置；蝶泳的小波浪动作、波浪式或平式蛙泳的技术都力求减小游进阻力。其二是浮力和速度，浮力好身体位置高，速度快也能使身体位置升高。所以在游进过程中应尽可能地减小因技术动作而造成的浮力损失，减小游进阻力，增大推进力。

（二）协调而有节奏的动作

不同的泳式其动作周期内部的速度都有其自身的规律，又在一定程度上体现运动员个人的技术风格。合理的动作节奏可节省体能的消耗，通过调节大脑兴奋与抑制可使肌肉收缩与放松活动更加协调，并可获得动作的附加效果。

游泳动作的协调和有节奏，是运动员个别协调能力和节奏感的具体表现，综合地反映了运动员个体对技术动作的理解和控制能力，这种能力不仅体现在技术各部分配合的细节上，更突出地体现在运动员身体各部分动作协调一致的整体动作效果上。如爬泳和仰泳两臂动作与身体滚动动作和打腿动作的自然连贯的配合、蛙泳和蝶泳臂与腿及躯干动作的配合节奏等，说明身体整体动作的协调，更能实现游泳技术的效率。

（三）高肘屈臂划水

手臂划水是游泳产生推进力最主要的来源，在手臂划水过程中，手掌处于重要的位置，因此，手掌的形状影响划水效果。研究表明，在不同的手掌形状中，手指自然并拢或稍分的手掌形状所受阻力最大。屈臂高肘划水技术已为游泳界所共识，屈臂高肘动作是在手臂入水后，通过屈腕、屈肘逐步形成的，其中前臂内旋和“肘关节前顶”动作对手臂形成高肘姿势尤为重要。屈臂高肘划水不仅增加了手臂划水的挡水面，动员更多的肩带肌群参与划水，延长了有效划水路线，增加了划水动量，更重要的是在整个划水过程中，手臂各环节的协调运动使各环节依次达到最大速度，这可相应降低手臂划水过程的负荷，以更经济的方式划水。

（四）曲线划水

曲线划水是现代游泳技术特点之一。由于运动介质——水具有难以压缩和流动性的特性，使游泳推进力的产生与陆上运动有较大的区别，游泳推进力大小取决于与划水轨迹的倾斜度以及手水平运动速度。为了获得有效的“流体反作用力”，手臂划水过程就必须不断改变方向和调整划水角度，这一过程不仅吻合肩带肌群的肌拉力线方向，使更多的肌群参与手臂划水，提高了划水的肌肉力量，而且也使身体获得向前的冲量的持续时间增加，把更多的水向后推，从而有效地提高了划水效果。有关研究发现，在水下的推进力阶段，优秀运动员多采用沿对角线方向划水，并以 50 ~ 70°的攻角保持手臂向后的最大对水面，使阻力推进力的效力达到最大化。因此，有关专家认为，曲线划水轨迹是运动员手臂在划水过程，屈臂、伸臂、入水、出水和身体滚动等一系列整体运动的结果。由于运动员个体身体形态、技术风格和水感上的差异，导致划水轨迹和手的划水角度并不完全相同。然而，从整个划水周期看，划水路线的变化应满足两个条件：一是尽可能获得最大的“流体反作用力”，即在划水过程中，通过手臂改变划水方向支撑住更多的水，并将其向后推；二是必须避免使获得的“流体反作用力”所产生的有效力，明显偏离游进方向，从而提高有效推进力。

（五）加速划水

从阻力与速度的平方成正比关系来看，划水应该是加速进行才有利于增大推进力，但实际划水过程中，手臂划水并不是逐渐加速，这主要是受划水方向和攻角变化的影响。由于手臂划水路线是呈三维曲线，所以划水速度不仅体现在向后、向侧、向上、向下方向上，而且还反映在划水角度变化上，每当划水方向改变和角度变化时，划水速度也有节奏地加快或减慢。在实际测量中，游泳运动员手掌是有节奏地加速、减速，然后再加速划水，最后阶段划水速度最快，所以划水速度从整个划水过程上看是呈加速趋势。划水速度快慢与身体游进速度快慢的关系十分密切，在以最大速度游泳时，手相对于水流的绝对速度可达到 3～4 米/秒，但身体游进的最快速度却只有 2 米左右，说明划水速度快慢应建立在有效推进力的基础上。如果划水速度快慢与身体游进速度的快慢不成规律的变化，说明划水效果不好，划水速度也就没有实际意义。缩小划水速度与身体游进速度的差距，其根本的途径是不断改进技术，提高技术效率。

（六）适宜的划频与划步

游速取决于划频和划步，就游泳而言，划水效果是关键。对于每一位运动员来说，应寻求两者的最优化的比率。从理论上分析，划频和划步的比率不同都能获得相同的游速，但过高的划频不仅会导致划步的损失，且易使肌肉产生疲劳，而低划频高划步的比率，也使手臂在每次划水中不得不过度用力而降低工作能力。运动员应通过训练，并依赖个体神经系统和肌纤维组成特征，建立个体“适合的”，且相对稳定的划水频率，为不断提高划步奠定基础。而划步的提高依赖于技术、体能和个体的“水感”。因此，每位运动员都有自己最合适的动作频率，而这恰恰是建立在自己最有效的划水效果基础之上（表 2－6）。

表 2－6　优秀运动员不同项目的动作频率与动作效果

选手	项目	用时	平均速度（米/秒）	划频（次/分钟）	划步（米/次）	速率×划步
波波夫	50 自	21.99	2.27	53.00	2.45	5.25
北岛康介	100 蛙	59.78	1.67	47.04	2.02	3.17
克罗克	100 蝶	50.98	1.96	54.90	2.01	3.70
佩尔索	100 仰	53.61	1.87	52.19	2.04	3.61
波波夫	100 自	48.42	2.07	47.36	2.53	5.07

思考题：

1．人体在水中沉浮的条件及影响因素。
2．人体在水中平衡的条件与影响因素。
3．游泳时三大主要阻力的成因及减小阻力的方法。
4．游泳时如何减小阻力增大推进力？
5．“鲨鱼皮”泳装的出现说明了什么？
6．游蛙泳时身体姿势倾斜增大了什么阻力？为什么？
7．为什么蛙泳划臂和蹬腿结束后要求腿都要伸直并拢？
8．就自己身体形态结构而言，减小形状阻力的基本要求是什么？
9．为什么物体在水中运动要产生形状阻力？
10．在游泳比赛的整个过程中，什么时候没有波浪阻力？为什么？
11．在游泳过程中，随着速度的加快，三大阻力会发生什么变化？
12．为什么波浪会影响人游进的速度？
13．如何正确处理划步与划频的关系？
14．增大推进力的基本要求是什么？
15．为什么游泳划臂不能直线向后划水？
16．斜向划水的效果是怎样获得的？

第三章　竞技游泳技术

内容提要：

本章主要阐述四种竞技游泳姿势及竞技游泳出发、转身技术的发展概况和技术动作分析，从基本技术各环节到完整配合技术，进行了比较全面的论述，旨在使学生通过本章的学习，了解和掌握竞技游泳技术的基本知识，掌握四种竞技游泳姿势及出发、转身的动作要领，为学习游泳技术提供理论的指导。

第一节　爬　　泳

爬泳的名称来自它的动作外观特征。游进时，游泳者的身体在水中成俯卧姿势，两腿交替上下打腿，两臂轮流划水，动作类似于爬行，因此称为爬泳。1922 年美国运动员韦斯摩勒在总结前人爬泳技术的基础上，采用了流线型身体姿势，6 次打腿 2 次划臂的爬泳技术，多次在国际游泳比赛中赢得金牌，并以 58.6 的成绩成为世界上第一个突破 100 米爬泳 1 分钟大关的运动员，这种美国式爬泳奠定了现代爬泳技术的基础。在现代竞技游泳比赛中，设有“自由泳”项目，游泳竞赛规则允许运动员在自由泳项目的比赛中采用任何姿势游进，由于爬泳游进阻力小，臂腿动作连贯，在四种泳式中其游速最快，故在自由泳项目比赛中，运动员都采用爬泳参赛，因此爬泳亦称为自由泳。

在游泳教学和训练中，爬泳是最基础和最重要的泳式，学会了爬泳有利于学习仰泳和蝶泳技术。在游泳训练中，爬泳是训练的主要泳式。在奥运会的游泳比赛中，自由泳项目最多，因此爬泳在竞赛中有着重要的位置。由于爬泳速度快，在水上救生、游戏、娱乐等方面具有较高的实用价值。

20 世纪 80 年代，我国女子短距离自由泳项目迈进了世界高水平行列，杨文意于 1988 年在第 3 届亚洲游泳锦标赛上打破了女子 50 米自由泳世界纪录。1994 年乐靖宜在第 7 届世界游泳锦标赛上获女子 50 米、100 米自由泳金牌，并创造世界纪录。

爬泳技术动作由身体姿势和腿、臂、呼吸动作并由这些动作协调配合构成。

一、身体姿势

爬泳理想的身体姿势应该能使人体最大限度地减小身体迎水截面，形成流线型姿势，有利于提高四肢划水（打水）动作效果，增大推进力。游进时，爬泳的身体姿势有以下特点：

（一）身体位置高且平直

游爬泳时，身体俯卧水中，眼看池底，颈部自然伸直，头与水面平行，与躯干成一直线，身体尽量位于水面较高的位置，并保持正直的姿势，以减小阻力（图 3－1、2）。

（二）良好的流线型姿势

身体充分伸展，躯干保持适度的紧张。游进时，身体的所有部分都好像处于一个假想的通道内，这个通道略宽于两肩的距离，做臂、腿和呼吸动作时都应控制在这条通道之内。打腿时两腿不宜过于分开，划水动作应保持在身体截面内完成，吸气时应绕身体的中轴转动，不能有明显的侧向摆动，以保持流线型的姿势。

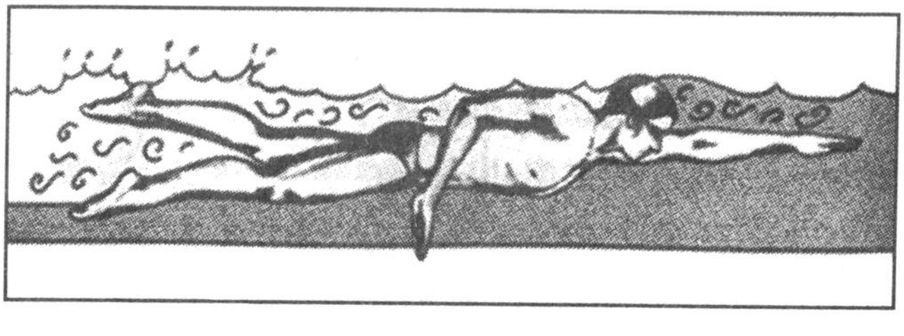

图 3－1　水平的身体姿势

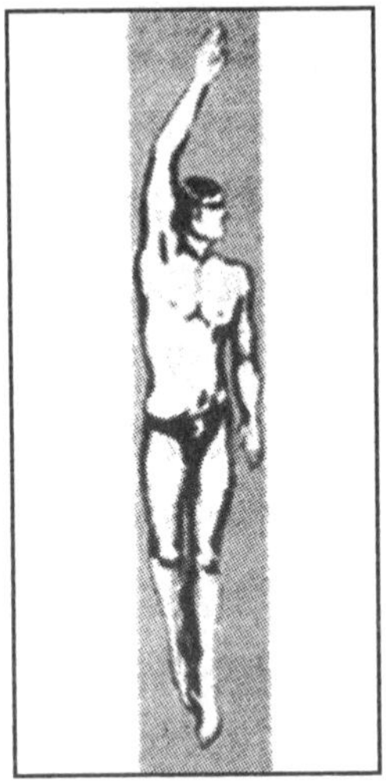

图3－2　身体的正直姿势

(三) 保持身体的合理转动

爬泳游进中，身体会随划水和呼吸动作而围绕纵轴有节奏地转动。这一转动是身体在保持一定紧张度的情况下，肩、髋和腿绕纵轴的整体转动，其转动的角度为40～50°，呼吸一侧转动稍大于非呼吸一侧（图3－3）。

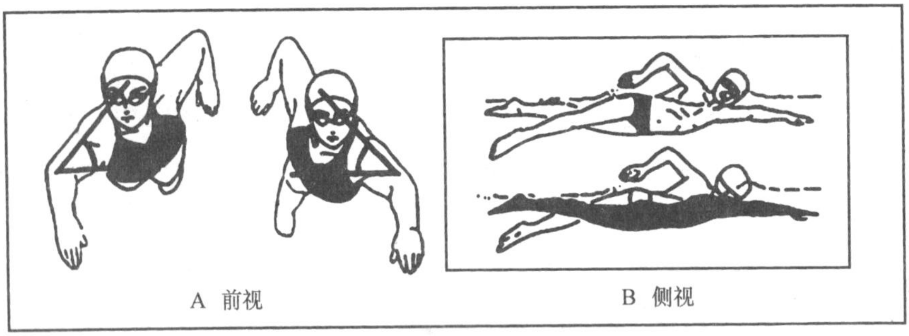

图3－3　身体围绕纵轴的转动

身体的合理转动有利于臂的出水和移动，便于头转出水面吸气，同时能较好地发挥上肢和肩带肌群的力量，有利于身体保持良好的流线型姿势，减小阻力。

二、腿部动作

爬泳腿部动作的主要作用是维持身体平衡，保持身体的水平位置，配合两臂的划水。同时，打腿也能产生部分的推进力。

爬泳打腿是以髋关节为轴，由髋部发力，传至大腿，带动小腿和脚做上下交替的鞭状打水。打腿时，两脚应稍内扣，踝关节自然放松。爬泳打腿分为向上打腿和向下打腿，两腿的打水动作是相对的，一脚处在最高点准备下打时，另一脚处在最低点准备上打，两脚间的距离为 30～40 厘米（图 3－4）。

图 3－4　爬泳打腿的幅度与路线

向上打水不产生推进力，动作应相对地放松；向下打水能产生推进力，动作应较为有力，速度较上打快。

（一）向上打水

向上打水时，大腿带动小腿直腿上摆（图 3－5 右腿）。当腿部摆至与水面基本平行时（图 3－5c），大腿停止上移，转入向下压水，这时小腿和脚由于惯性的作用继续向上摆动，使膝关节处于弯曲的状态，屈膝角度为140～160°，这时脚达到了最高点，在接近水面或略露出水面（图 3－5d）。若脚高出水面太多，容易失去部分浮力，并使脚在向下打水初期只能打到空气，得不到水的反作用力，而且会搅起大量的气泡，降低了向下打腿的效果。由于膝关节的弯曲，上打结束时，小腿的前侧和脚背是向着后下方，形成良好的对水截面，为向下打腿做好了准备。

（二）向下打水

小腿和脚向上打水结束后（图 3－5 左腿），在大腿的带动下开始向下打水（图 3－5a）。当大腿向下打水至最低点开始转为向上打水时，小腿和脚还未完成向下打腿，膝关节仍保持弯曲（图 3 - 5b），随着小腿和脚加速的向下鞭打动作，膝关节完全伸直，脚达到了最低点（图 3 - 5c、d）。向下打腿一结束，小腿和脚就随着大腿转入向上打水，开始下一次动作循环。

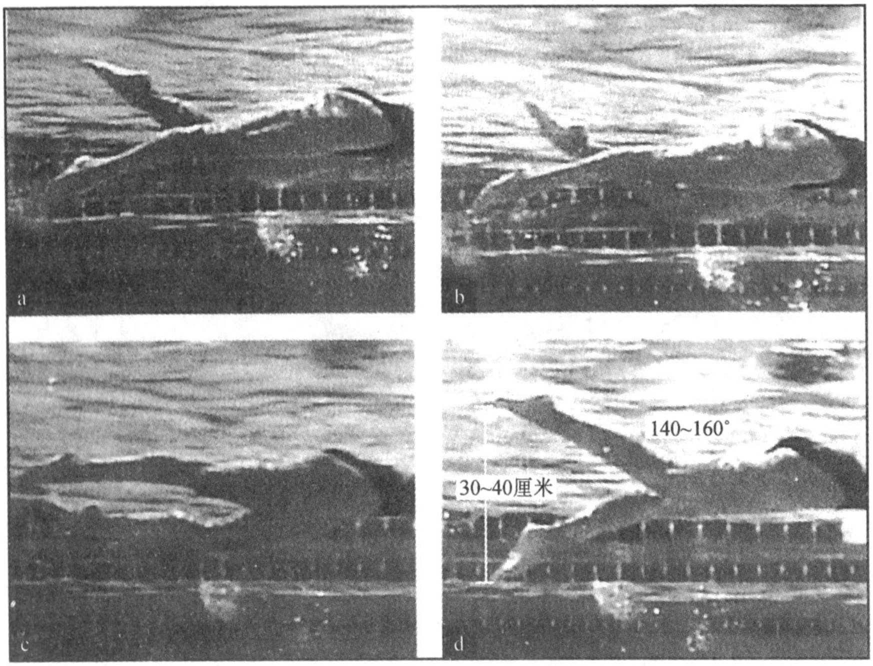

图 3 - 5　爬泳打腿动作连续图

爬泳向下打腿是从屈膝到伸膝的过程，脚背要自然伸直，腿部肌肉和踝关节要保持适度的放松。僵硬地直腿下打会使腿部的肌肉过于紧张，勾着脚背打水不但不能推动身体前进，反而会造成身体向后的反作用力，使身体后退（图 3 - 6）。

打腿技术的好坏取决于踝关节的柔韧性和腿部肌肉的力量，良好的爬泳

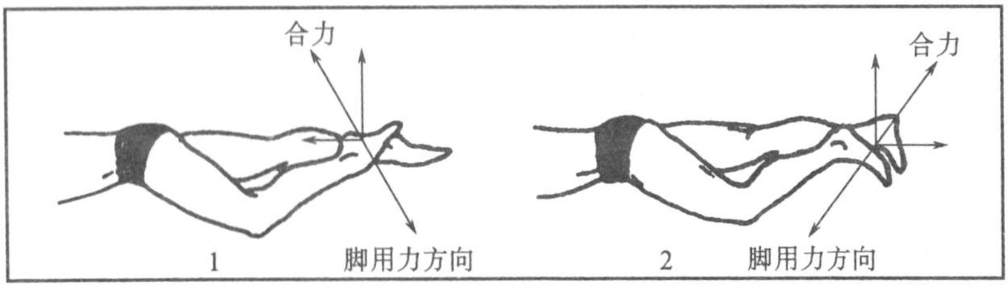

图 3 - 6　两种打腿方法所形成的效果

打腿技术，应能使腿部各关节构成一个类似链状的结构，形成鞭状的打水动作，保持身体平衡。

爬泳游进时，由于身体的滚动，打腿也不完全是垂直上下打水，而是随身体滚动的上下侧向打腿（图3-7）。

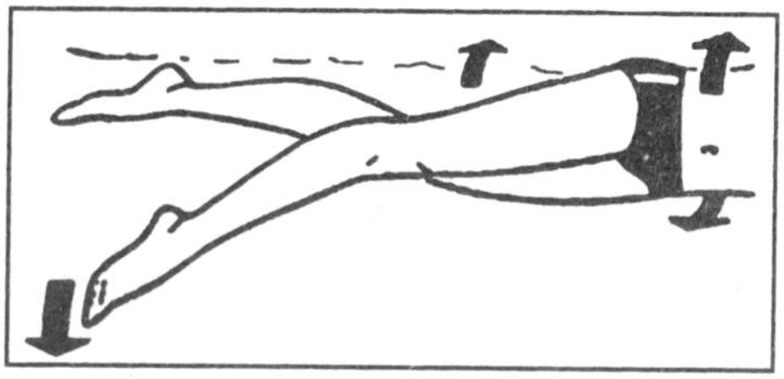

图3-7 爬泳侧向打腿示意图

三、臂部动作

游爬泳时，两臂交替地向后划水是推动身体前进的主要动力。为了便于描述动作，我们把臂部动作分为入水、划水、出水和空中移臂4个部分，在一个划臂的动作周期中，划水阶段会产生推进身体前进的力，而入水、出水和空中移臂是不产生推进力的，但每一动作环节都是紧密相连不可分割的。

（一）入水

臂入水时，手指自然并拢伸直，掌心朝向外下方，肘关节略屈并高于手，由拇指领先，斜插入水（图3-8）。整个手臂入水的顺序应是手、前臂、上臂。入水点在肩的延长线上或在身体中线和肩延长线之间，入水点过宽或过窄都不好，过宽不利于形成下划的抱水动作，过窄会破坏身体的流线型。

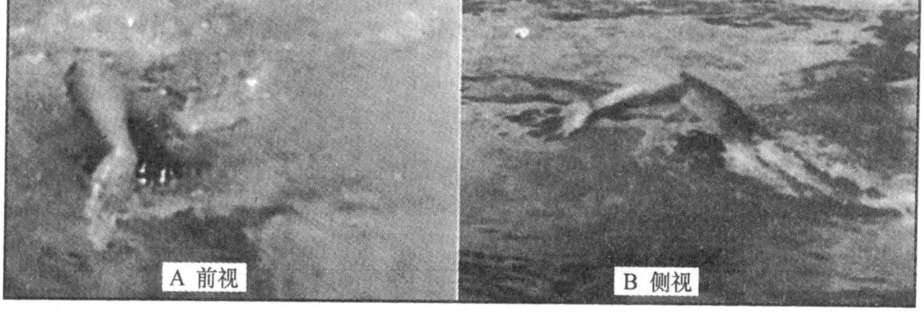

图3-8 爬泳手臂入水动作

入水动作是不产生推进力的，动作要圆滑，尽量减小阻力。

（二）划水

划水是获得推进力的主要阶段，以肩为界划水可分为两个动作部分，肩前划水为“拉水”，亦称内划；肩后为“推水”，亦称上划。

1．下划

下划是手臂形成一个有效对水面的动作过程，亦称抱水动作或抓水动作。手臂入水后，沿水面继续向前下方伸展 20～30 厘米，使手臂接近完全伸直（图 3－9a）。紧接着，上臂保持不动，前臂稍外旋，并逐渐屈腕、屈肘，使肘高于手。掌心从向外下方转为向后下方（图 3－9b），形成抱水动作（图 3－9c）。

图 3－9　爬泳手臂下划时所形成的抱水动作

下划是手臂寻找发力点的动作，通过下划使手臂形成高肘的姿势，以较大的截面向后对准水，做好加速划水的准备。如果臂入水后没有伸肩下划，直接下压或没有提肘而是沉肘划水，那么就会造成用力的方向向下、身体产生上下起伏、对水的截面小的结果（图 3－10），破坏了后续划水的推进效果。

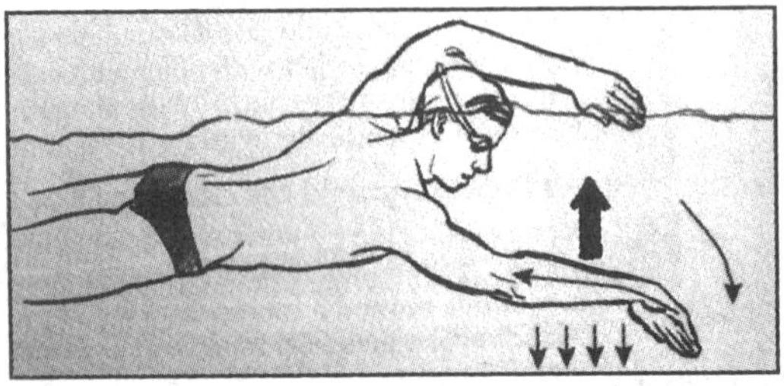

图 3－10　手臂入水后低肘的作用力效果

2．内划

内划时，肘关节弯曲的程度逐渐加大，手臂保持高肘姿势，加速沿向后、向内的方向划动（图3－11a）。当臂划至肩下方时，手在身体的下方靠

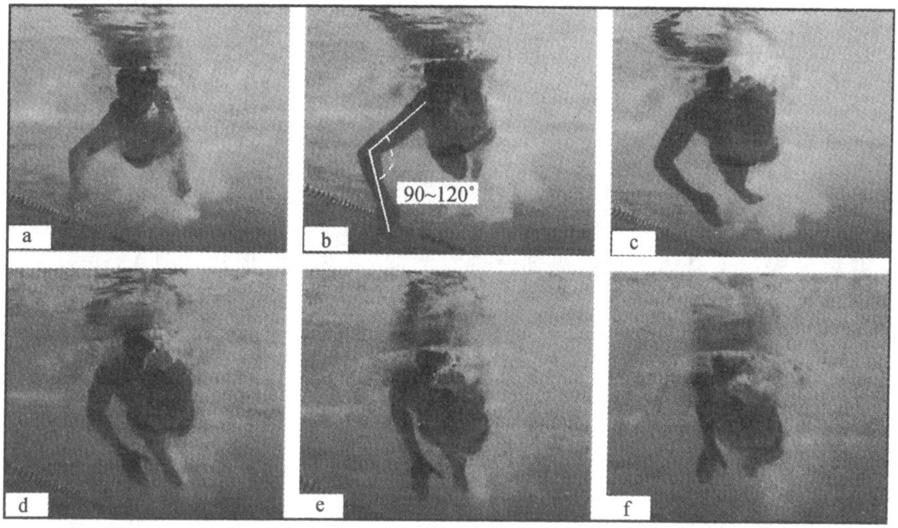

A 前视图

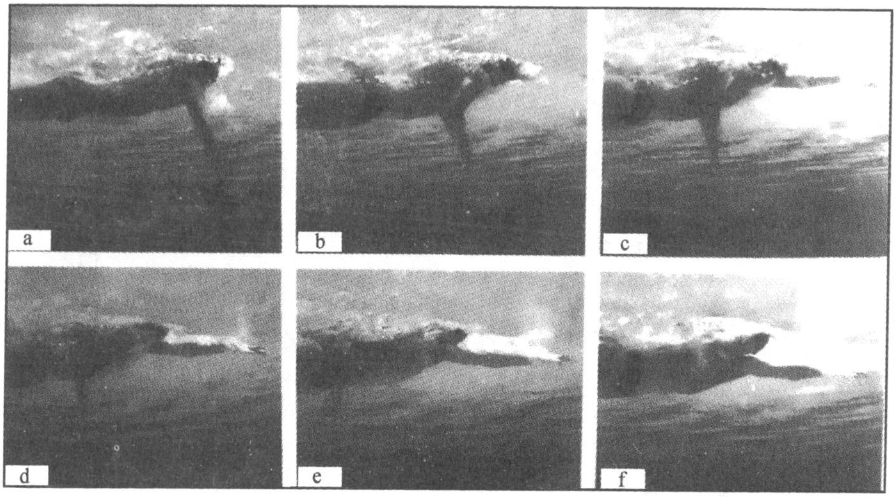

B 侧视图

图3－11　爬泳手臂划水动作

近身体中线，手臂与水平面垂直，手掌向后，肘向外，屈肘成90～120°（图3－11b）。手臂划过肩的垂直面，划水转入上划阶段。

3．上划

上划时应尽量使前臂和手以最大面积向后对准水，手臂一边沿向后、向上和向外的运动方向推水，一边逐渐伸肘和伸腕（图3－11c、d），当手臂向后推水至大腿旁时，上划结束（图3－11e、f）。

由于划水过程中身体围绕纵轴滚动，所以手掌对水的方向不是自始至终向后的，而是随划手的过程而变化：手入水时，掌心向斜外方；下划时，掌心向后下方；内划时，掌心向内上方；上划时，掌心向后上方（图3－12）。手臂划水相对于身体形成的运动轨迹，类似于“S”的形状（图3－13）。

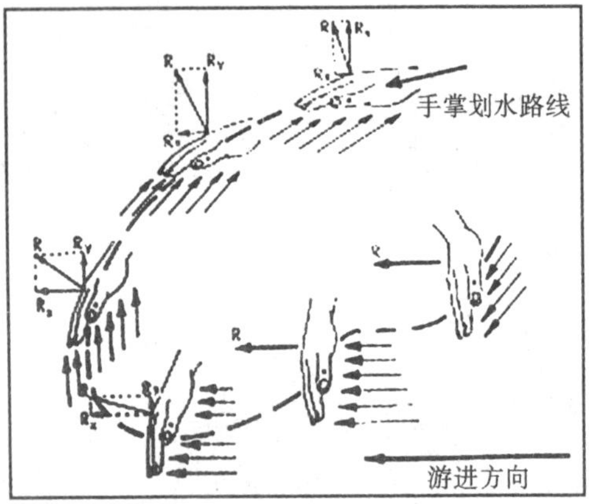

图3－12　手划水角度的变化

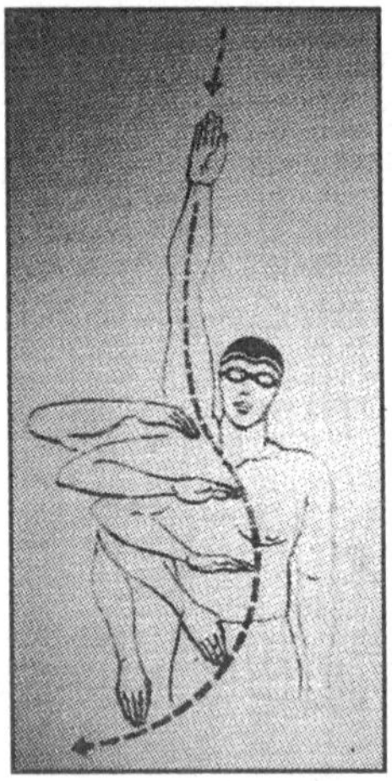

图3－13　“S”路线

整个划水过程中间不能停顿，应该连贯并加速地完成。为使划水的推进力能更好地作用于身体重心推动身体前进，划臂应尽量在身体的投影截面内进行。

（三）出水

推水结束应立即改变手掌的位置，使小指朝上，掌心朝向大腿，肘微屈接近或露出水面（图3－14a），借助推水后身体处于侧卧位姿势的时机，在肩的带动下将臂提出水面，臂出水的顺序依次是肩、肘、前臂、手。

手臂的出水动作应快速连贯，手和前臂尽量放松。

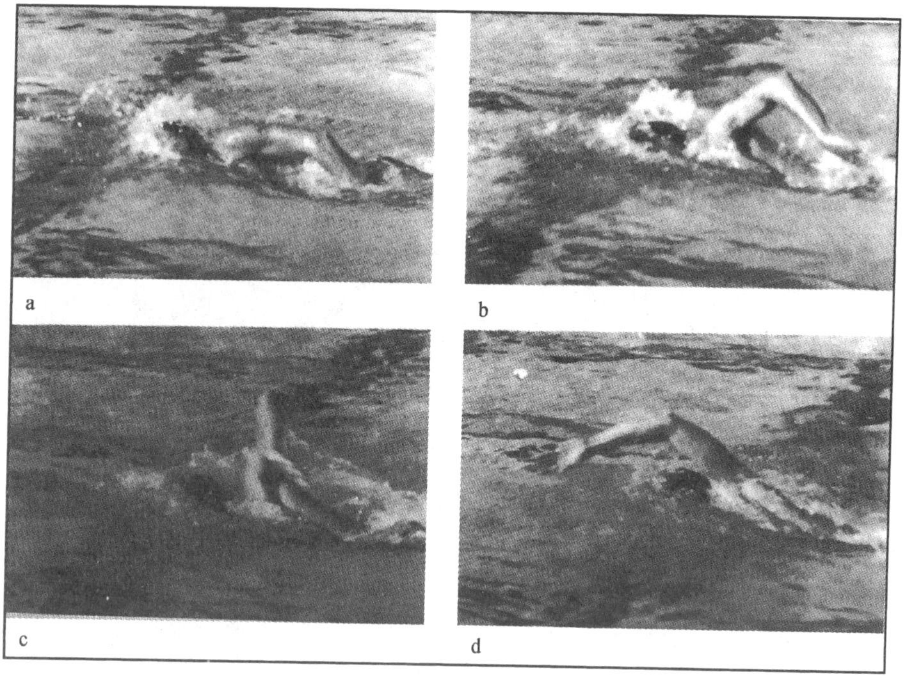

图 3－14　爬泳移臂动作

（四）空中移臂

空中移臂是出水的继续，不能停顿。保持手腕放松，肘关节微屈，随着肩关节向前旋动，由上臂带动前臂和手腕向前上方摆动。在移臂的前半部分，肘领先于手，手臂沿向前、向外、向上的方向移动（图 3－14b），手臂移过肩后，手和前臂的移动速度领先于肘部，手臂沿向内、向下的方向向前伸出，掌心也由向后上方转向前下方，手在肩前领先入水（图 3－14c、d）。

移臂时手臂要自然放松，保持肘高于手的高肘移臂姿势，身体适当加大转动幅度，以利移臂动作的完成。

（五）两臂的配合

爬泳两臂的正确配合技术是保证游速均匀的重要条件，依照划水时两臂所处的不同位置，爬泳两臂的配合通常有三种基本的方式：

1．中交叉配合。当一臂入水时，另一臂处于肩的下方，与水平面约成90°角（图3－15a）。

2．前交叉配合。当一臂入水时，另一臂处于肩的前方，与水平面约成30°角（图3－15b）。

3．后交叉配合。当一臂入水时，另一臂划至腹的下方，与水平面约成150°角（图3－15c）。

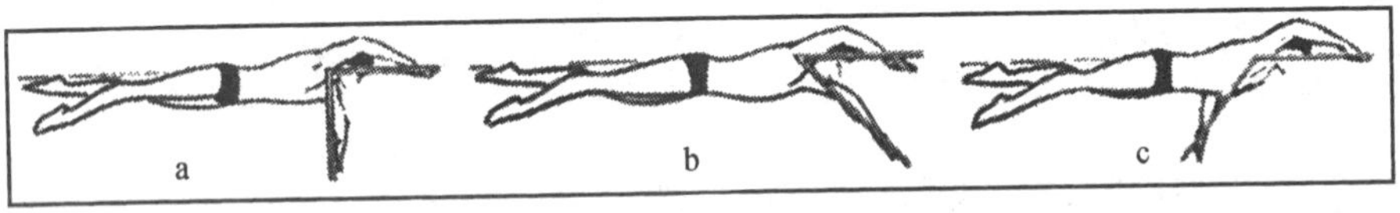

图3－15　爬泳两臂的配合

两臂的配合对爬泳游进是非常重要的，关键在于两臂的配合要有利于使身体保持均匀的游进速度，根据这一原则，中交叉和后交叉两臂配合紧凑，推进力较连贯，速度均匀性较好。前交叉配合动作的连贯性和速度均匀性比中交叉和后交叉稍差，但这一配合可使身体在水中有较好的流线型姿势，阻力较小。前交叉配合臂入水后的滑行时间较长，有利于掌握呼吸技术。

两臂配合还必须与身体的转动相协调，以保持每个动作周期身体的流线型姿势，这有利于减小阻力增加净推进力。两臂和身体转动配合的最佳时机是，一臂（以左臂为例）入水时另一臂（以右臂为例）完成内划，右臂向身体中线的内上方划水时，左臂在水中向前下方伸展，形成抓水动作，这与身体转向右侧的动作相一致。身体继续向右侧转动，使得身体两侧的运动方向与手臂动作相一致，并保持身体的一侧成直线，身体向右侧转动的另一优势是，使同侧臂上划时，直接后划得更多。两臂配合的另一特点是，一臂在另一臂完成了上划才开始向下划水，这可保证入水臂在前面的流线型姿势，同时又增加了另一臂划水的净推进力。因为，入水臂产生的形状阻力比过早下划动作的小，所以，它对划水臂推进力的影响也较小。

四、呼吸与臂部动作的配合

游爬泳时，呼吸动作应有节奏地进行。一般是两臂各划一次，呼吸一次。以向右侧吸气为例：右手入水后，口或口和鼻开始慢慢地呼气，当臂内划结束时，身体绕纵轴向右侧转动，头也随之开始向右转动，呼气量增加（图 3－16a、b）。当右臂出水时，嘴露出水面，张口用嘴吸气（图 3－16c）。待右臂移至接近肩平线时吸气结束，闭气，头开始复原。到右手入水时，头部已转回正常位置并保持稳定，开始下一次呼吸（图 3－16d）。

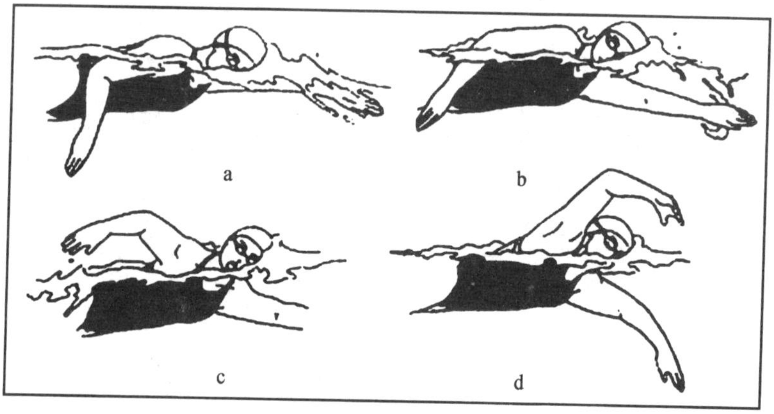

图 3－16　爬泳的呼吸时机

五、完整配合

爬泳的完整配合是指在一个划水动作周期中与之配合的打水和呼吸的次数与节奏。

爬泳有多种配合形式。其中 6∶2∶1 配合是较常见的一种，即 6 次打腿，2 次划手，1 次呼吸（图 3－17）。这种配合技术能充分发挥打腿作用，动作连贯协调，便于保持良好的身体姿势。此外，还有 4∶2∶1 和 2∶2∶1 等多种配合形式。而采用 4∶2∶1 或 2∶2∶1 的配合技术，则不须用较大力量打腿就能使腿浮起成水平姿势，能节省能量。不管采用哪种爬泳配合形式，其根本要求都是全身各个部分的动作要协调一致，游起来轻松自然，且整体效果好。

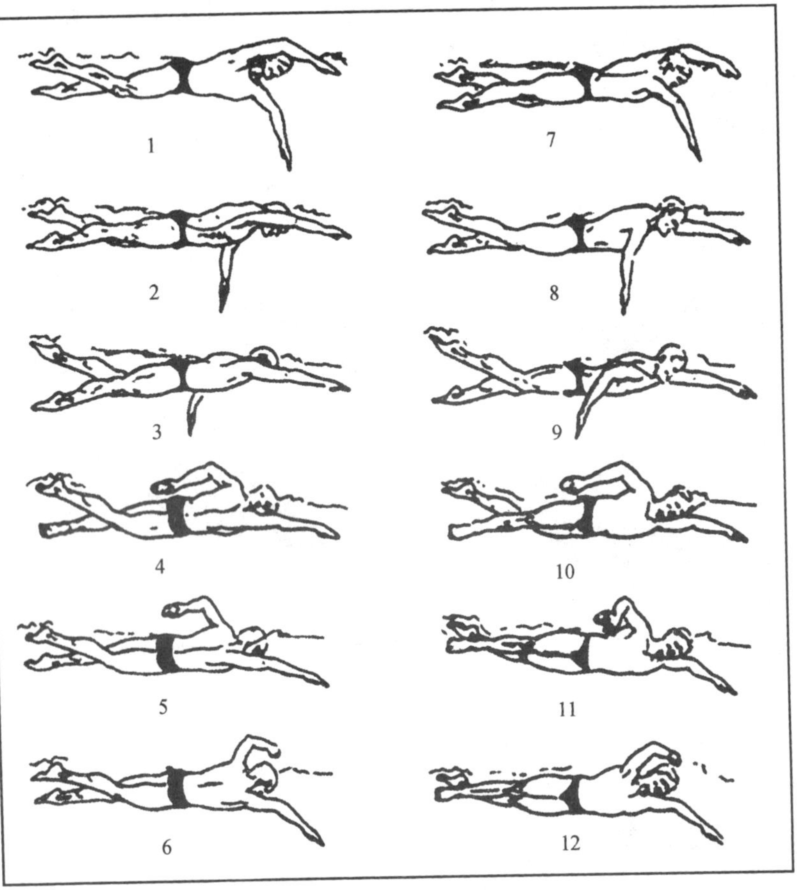

图3-17　爬泳6:2:1配合技术

第二节　仰　　泳

仰泳是人体仰卧水中游进的一种泳式。

仰泳的历史较为久远，18 世纪就有关于仰泳技术的记载。最初的仰泳只是泳者在游泳中仰卧漂浮，借以在水中休息，后来发展为仰卧水上，以两臂同时在体侧向后划水、两腿做蛙泳蹬夹水的动作游进，这一种游法被称为“蛙式仰泳”。1900 年第 2 届奥运会设立了仰泳项目的比赛，1902 年开始有人在游仰泳时采用类似爬泳的两臂轮流划水技术，后来再发展到两腿上下交替打水的技术，这种游法被称为“爬式仰泳”。1912 年第 5 届奥运会，美国运动员赫布尔采用爬式仰泳获得 100 米仰泳冠军，证实了爬式仰泳技术的优越性。从此，在仰泳比赛中爬式仰泳取代了蛙式仰泳，并在此基础上使仰泳技术不断发展。仰泳在水中呼吸受到的限制少，仰卧水中舒适放松，游起来比较自如，为中老年所喜爱，也是游泳休闲的游式。

我国的仰泳在新中国成立后进步很快，1953 年我国优秀运动员吴传玉在世界青年联欢节的男子 100 米仰泳比赛中夺得金牌。1994 年第 7 届世界游泳锦标赛，贺慈红打破了女子 100 米仰泳的世界纪录，并获得了冠军。但与世界水平相比较，目前我国仰泳水平较其他三种姿势相对落后。

一、身体姿势

游仰泳时，身体应自然伸展，平、直地仰卧于水面，头和肩部略高于腰和腿部，身体纵轴与水平面构成一个很小的夹角，两腿在水面下 5 ~ 10 厘米（图 3 – 18）。

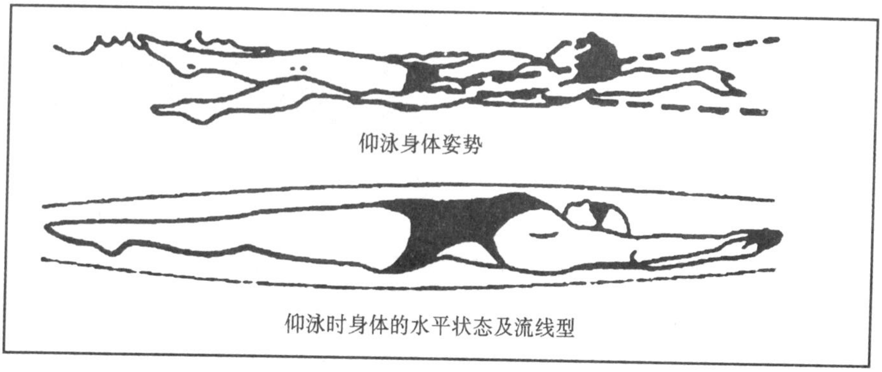

仰泳身体姿势

仰泳时身体的水平状态及流线型

图 3 – 18 仰泳的身体姿势

仰泳游进中，髋和头部的位置非常重要，为保持身体的水平状态及流线型，腰腹部应保持适度紧张。头对控制身体位置起着“舵”的作用，因而要保持稳定，应自然地平枕水中，双耳位于水面下，整个脸露出水面，目视上方（图 3 – 19a）。如果头部过于后仰，会使髋部过分抬高，脚和腿露出水面，影响打腿的效果；如刻意收起下颌，抬高头的位置，髋和腿就会下沉，增大身体在水中的阻力（图 3－19b）。

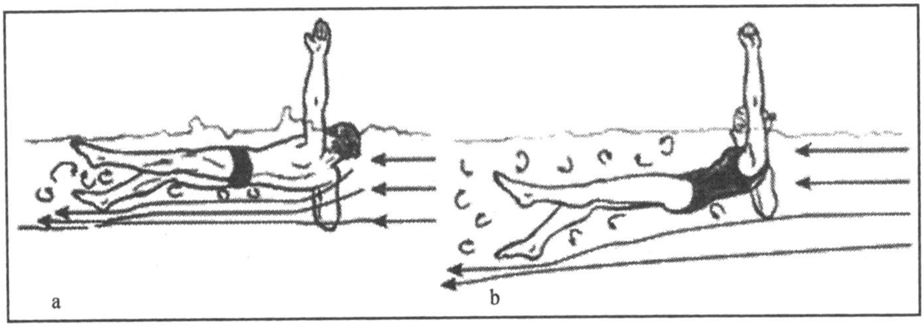

图 3－19　仰泳头部位置对身体姿势的影响

仰泳时，身体应随划水和打腿动作绕纵轴自然转动，转动角度在 45°左右（图 3－20）。这样转动有利于保持划水的深度和保持合适的划水角度，能更好地发挥划臂力量，也有利于臂出水和向前移臂。但应注意，尽管身体不停地转动，头却是固定不动的。

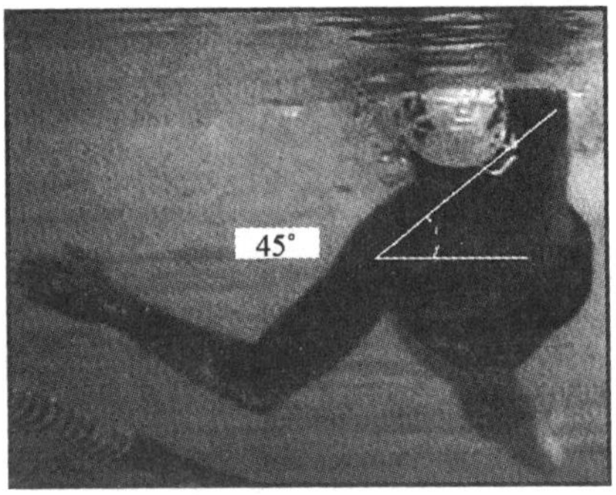

图 3－20　仰泳身体转动幅度

二、腿部动作

仰泳时腿部动作的主要作用是维持身体平衡，保持身体良好的流线型，产生一定的推进力。仰泳中的腿部动作与爬泳中的腿部动作相似，都是做上下交替的鞭状打水动作，不同的是由于仰泳是仰卧，腿产生推进力的动作是“上踢”，打腿时膝关节弯曲的角度和打腿幅度都比爬泳稍大一些。

仰泳打腿是以髋关节为轴，髋部发力，大腿带动小腿和脚做上下交替的鞭状打水动作，由“上踢”和“下压”两部分组成。

（一）上踢

上踢是产生推进力的动作，需要用较大的力量和较快的速度来完成。上踢时脚内旋，屈膝，大腿带动小腿和脚向上踢水，在踢水的过程中逐渐伸膝，直至膝关节完全伸直。上踢动作结束时，脚趾应位于水面或略低于水面

（图 3－21a—c）。

在上踢过程中，踝关节要伸直，不能勾脚，膝关节、小腿和脚都不能露出水面，踢出的水花应像开锅的水。

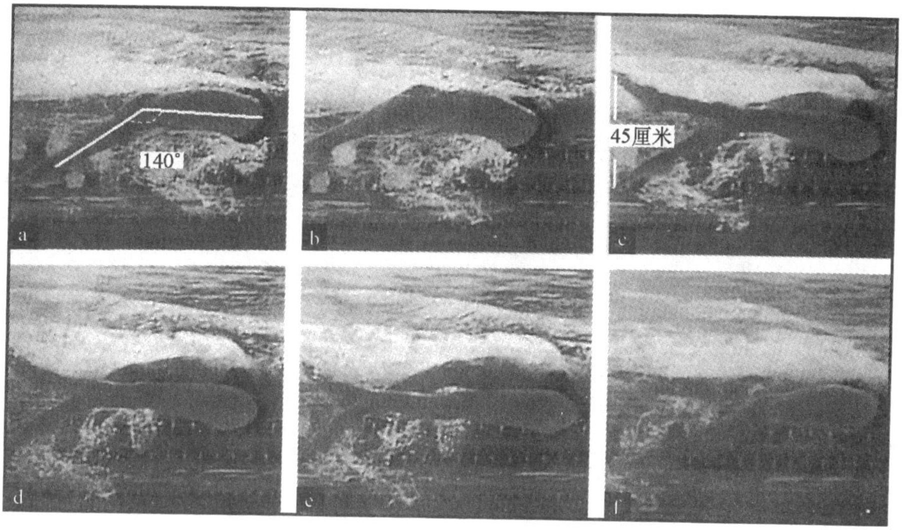

图 3－21　仰泳腿动作

（二）下压

下压动作是直腿完成的（图 3－21d—f）。下压时，膝关节和踝关节自然放松，大腿带动小腿下压到一定深度后，大腿停止下压转入上踢。此时，小腿和脚在惯性作用下继续下压，使膝关节弯曲成 140°角左右（图 3－21a）。之后，小腿和脚在大腿的带动下依次结束下压动作。此时，小腿前部和脚背形成一个良好的对水截面，这对上踢产生推进力极为有利。

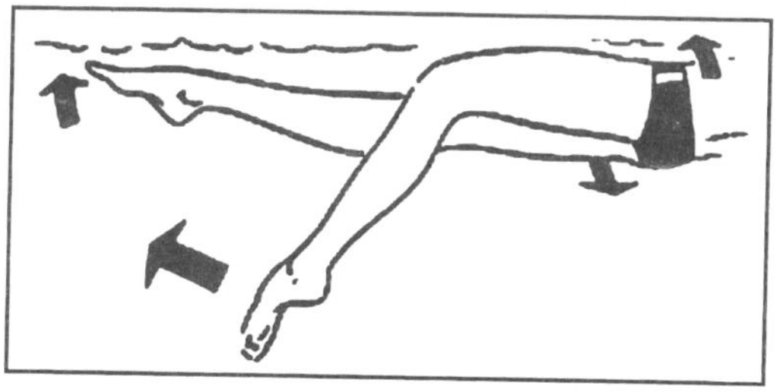

图 3－22　仰泳侧向打腿示意图

同爬泳一样，仰泳游进时，也是伴随着身体由一侧滚向另一侧的动作做上下侧向打腿（图 3－22）。侧向踢腿可以帮助身体转动，并抵消由于臂划水动作引起的上下和侧向的运动。

三、臂部动作

游仰泳时，两臂轮流交替地向后划水是推进身体前进的主要动力，臂划水技术的好坏直接影响游速。仰泳臂部动作分为入水、划水、出水和空中移臂 4 个部分。

（一）入水

臂的入水动作应与身体的转动相协调。臂入水时，身体向同侧转动，手臂伸直放松，掌心朝外，以小指领先在头前同侧肩的延长线上快速切入水中，以减小入水时的阻力（图 3－23a）。入水时，手掌与前臂成 150～160°角（图 3－23b、c）。

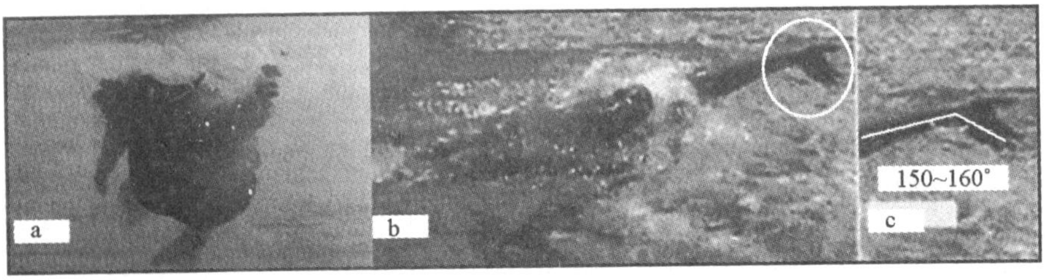

图 3－23　仰泳手臂入水

（二）划水

仰泳的划水动作是推进身体前进的主要动力。划水动作从下划开始，手臂以肩为轴，划至大腿侧下方为止。根据手臂划水主要轨迹方向，划水包括下划、上划和第二次下划、上划 4 个动作过程。

1. 下划

臂入水后，应积极下滑，不宜过早向后划水。随着身体的转动和积极的伸肩，肩臂向外旋转，勾腕并稍屈肘，手指向外，使前臂内侧和手掌对准水，并有压水的感觉。此时，划水的主要肌肉群胸大肌、背阔肌和肩带肌群应得到适当拉长，以便划水时能充分发挥力量。下划结束时，手掌距水面30～40厘米，肘关节弯曲成150～160°角，形成抱水动作（图3－24），为上划创造有利条件。

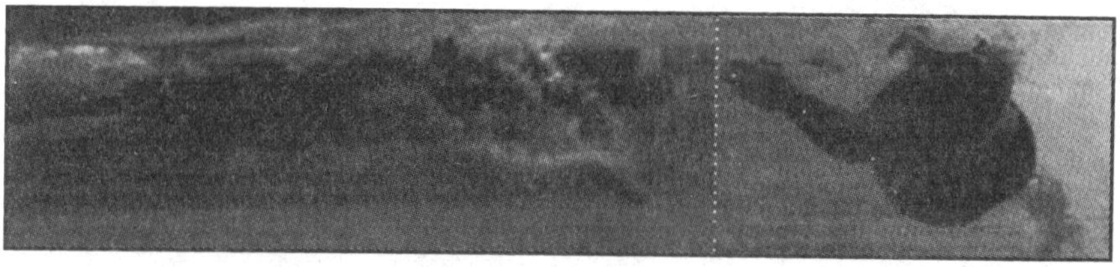

图3－24　仰泳手臂下划所形成的抱水动作

2．上划

上划时身体继续向侧下方转动，手向后、向上、向内划水，肘关节逐渐加大弯曲程度。上划过程中，手的运动速度应快于肘，逐渐使手、前臂和上臂形成良好的对水面，当手划至肩侧上划动作结束，此时身体转动幅度达到最大，肘关节弯曲达到最大程度，呈90～120°，手掌离水面10～15厘米，指尖朝向外上方（图3－25）。

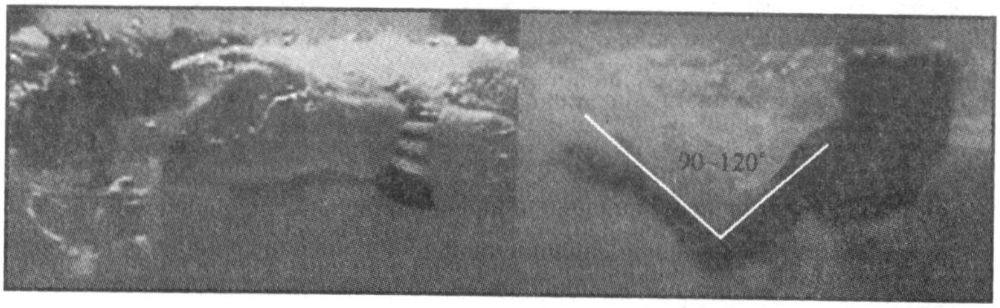

图3－25　上划结束时的屈肘角度

3．第二次下划

当手掌划过肩关节转入下划阶段，身体开始向划水臂的对侧转动，手掌、前臂、上臂同时向后、向下、向内加速推水。为使推水动作更加有力，肘关节和前臂应逐渐向身体靠近。当推水即将结束时，前臂内旋向下做压水动作，直至在大腿下完全伸直。前臂和手腕的压水动作要快速，犹如甩鞭子一样。推水结束时，手臂伸直，手掌朝下，指尖向外，位于大腿侧下方，距水面30～40厘米（图3－26e、f）。

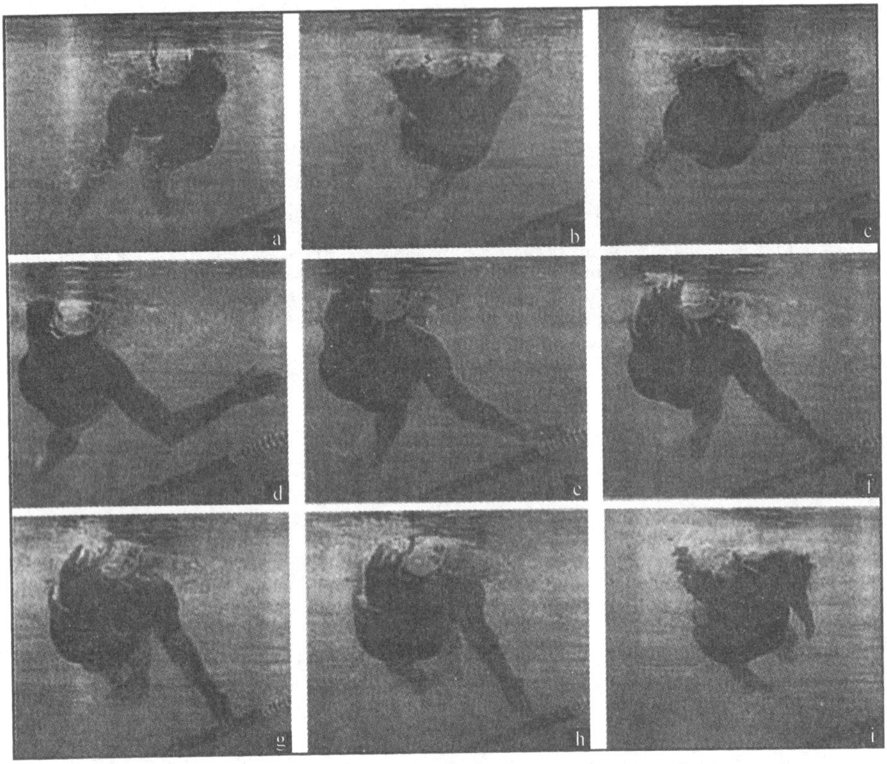

图 3-26

4．第二次上划

关于第二次上划的概念是马格利索最先在《Swimming Even Faster》中提出的。10 年后在《Swimming Fastest》中再次对第二次上划进行分析。第二次上划是指第二次鞭状下划后和出水前的这段划水。第二次下划后手掌朝下，指尖向外，通过直臂外旋和伸腕动作向上划水，手掌由朝下向后、向内拨水至腿旁完成上划动作。第二次划水动作非常短暂，主要体现在一些运动员第二次下划比较靠外（图 3-26f），在手掌因准备出水而从向下

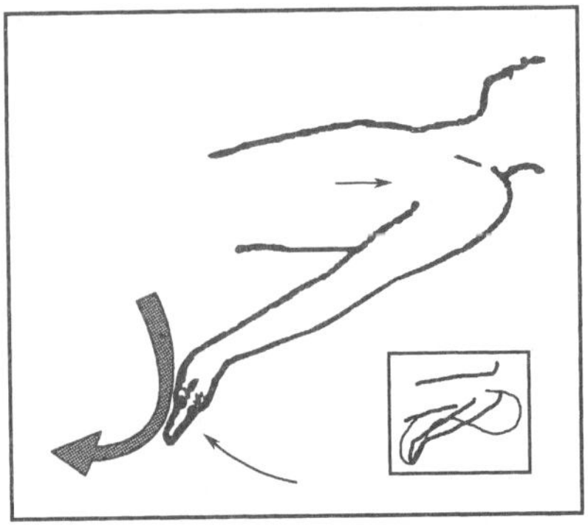

图 3-27　仰泳第二次上划产生推进力的过程

到向内的转动过程中（图 3－26g、h）。由于手掌此时对水形成一个向后的倾斜角度及由外向内的横向运动，可能无意中产生了推进力（图 3－27）。如果第二次下划靠大腿近，就不可能出现类似的上划动作，而产生推进力。

从图 3－28 我们可以观察到仰泳臂的划水呈“S”形的路线。整个划臂过程，掌心一直在不停地改变朝向，目的是让手臂能处于最好的对水位置。

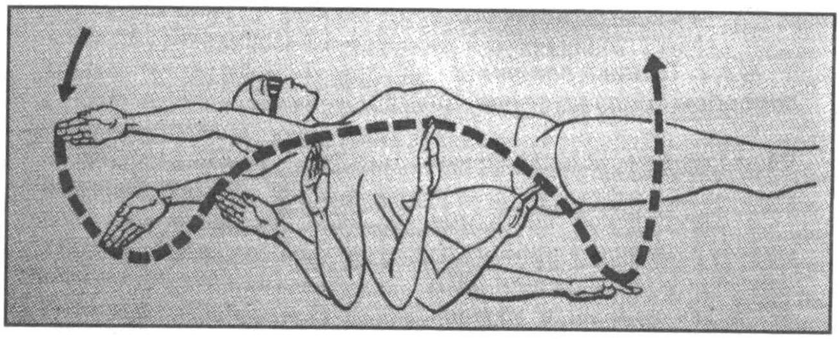

图 3－28　仰泳划水的动作轨迹和手掌的角度变化

（三）出水

出水是指手臂划水结束后迅速提出水面的动作过程。出水时，借助手臂向下压水的反作用力和肩部肌肉的收缩，迅速把手臂提出水面，要先压水使手臂伸直，然后提转肩，使肩露出水面，由肩带动上臂、前臂和手依次出水（图 3－29）。与爬泳出水动作不同的是仰泳是直臂出水。

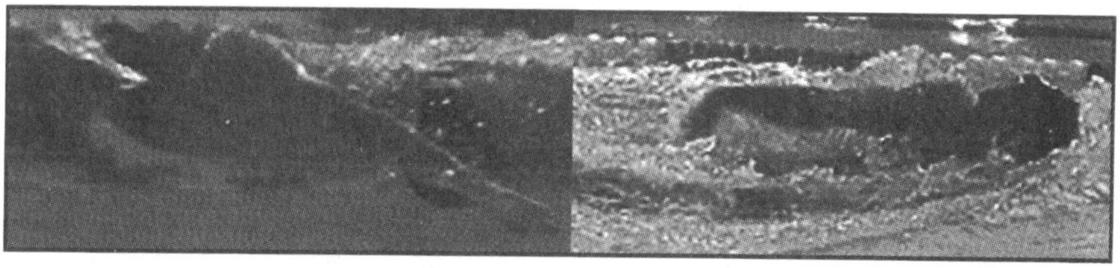

图 3－29　仰泳手臂出水动作

出水时，掌心转向大腿，拇指领先出水，这样阻力小，且手臂比较自然放松。

（四）空中移臂

手臂出水后，应以肩为轴，沿着同侧肩的上方，在垂直面上直臂向前移动。当手臂移至肩的正上方时，前臂向内旋转，使掌心转向外，小指领先，为入水做好准备（图 3 – 30）。空中移臂时，臂要伸直放松。

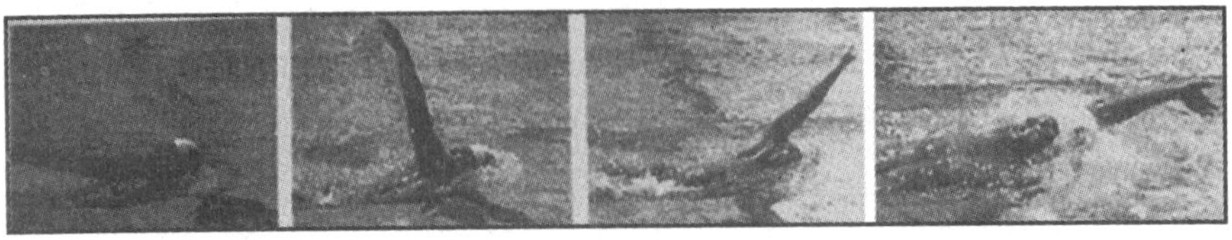

图 3 – 30　仰泳的空中移臂

（五）两臂配合技术

仰泳两臂配合应保证身体得到连贯均匀的推进力。两臂的动作基本处于相对的位置：一臂入水时，另一臂划水结束；一臂处于划水的中部时，另一臂则处于移臂的一半（图 3 – 31）。这样的配合能保证两臂动作的连贯性，使身体匀速前进。

图 3 – 31　仰泳的两臂配合

四、呼吸与臂的配合

仰泳时，口和鼻子始终露出水面，呼吸不受限制。仰泳的呼吸技术比其他泳式简单，但为了避免呼吸不充分造成动作紊乱，要注意掌握好呼吸方法和呼吸节奏，一般是两臂各划 1 次，呼吸 1 次，多数运动员采用一臂移动时呼气、另一臂移动时吸气的配合方式。

五、完整配合

现代仰泳多采用 6:2:1 的配合，即 6 次打腿、2 次划臂、1 次呼吸的配合技术（图 3－32）。

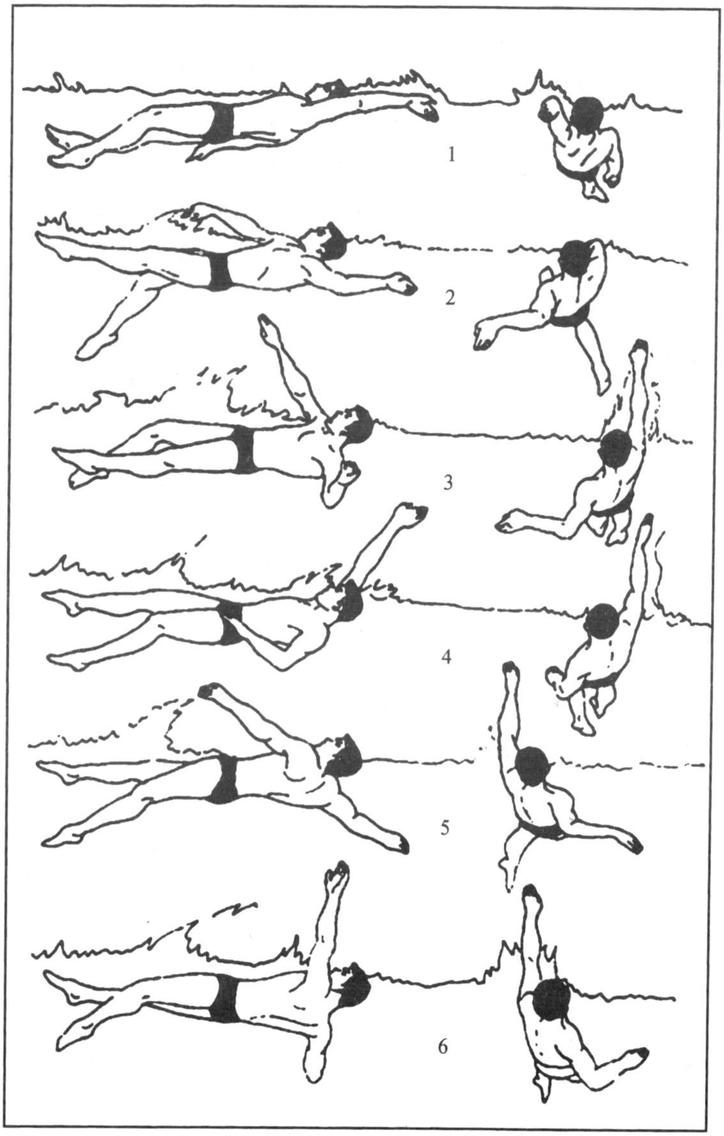

图 3－32 仰泳的完整配合

第三节　蛙　泳

蛙泳是因模仿青蛙在水中游动的动作而得名，也是最古老的一种游泳姿势，在民间广为流传。蛙泳的臂腿动作方向变化较多，内部技术结构是四种泳式中最为复杂的。由于蛙泳水下的移臂和收腿都会给身体带来很大的阻力，使得身体前进的速度不均匀，因此它在四种泳式中是游速最慢的。但是，蛙泳也有独特的优点，如呼吸比较容易掌握，每个动作周期都包含一个滑行动作，初学者容易学会，而且在掌握蛙泳动作后，很快就能游较长的距离。蛙泳是四种泳式中实用价值最为突出的泳式，它不仅是人们游泳健身中喜欢采用的泳式，而且是水上救护、生产建设和军事训练等常采用的泳式之一。

蛙泳的发展比较曲折，从成为奥运会比赛项目以来，其技术变化几经波折险遭淘汰，又几经发展最终走向成熟。1904 年第 3 届奥运会时蛙泳成为独立的比赛项目，在 1936—1952 年间经历了蝶式蛙泳阶段，1953—1956 年间经历了潜式蛙泳阶段，以后才步入蛙泳技术发展阶段，出现过不同的技术流派。我国运动员曾在蛙泳项目取得骄人的成绩，1957—1960 年间，戚烈云、穆祥雄和莫国雄三人分别以“高航式”“半高航式”和“平航式”相继五次打破男子 100 米蛙泳世界纪录。在 1988 年的第 24 届奥运会上，黄晓敏以“冲潜式”获得女子 200 米蛙泳的银牌；2002 年，齐晖打破了女子 200 米蛙泳的世界纪录；在 2004 年的第 28 届奥运会上，罗雪娟获得女子 100 米蛙泳的金牌，显示出我国在蛙泳项目上的实力。

一、身体姿势

蛙泳游进时，身体位置是随着手臂和呼吸动作不断地变化。当一次划手一次蹬腿结束后，身体保持一定的紧张度，臂腿并拢伸直，头在两臂之间，眼看池底，俯卧水中成较好的流线型姿势，身体与水平面的夹角呈 5 ~ 10°（图 3 – 33a），处于一个较高的水平位置。当内划时，肩部上升，身体与水平面的夹角增大，平式蛙泳约为 15°，波浪式蛙泳为 20 ~ 30°（图3 – 33b）。

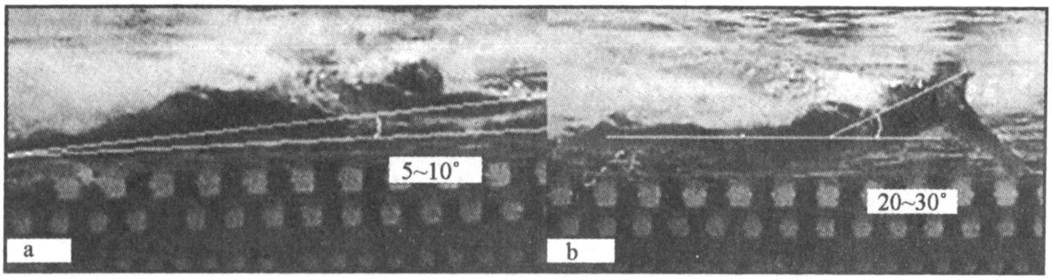

图3－33　蛙泳的身体姿势

二、腿部动作

蛙泳腿部动作不仅有保持身体平衡的作用，而且是推进身体前进的主要动力之一。蛙泳腿部动作可分为收腿、外翻、蹬夹水和滑行四个部分，各部分是一个紧密相连的完整动作。

（一）收腿

蛙泳的收腿动作是为了把腿收至最有利于蹬水的位置，它不但不产生推进力，而且还会造成阻力，所以收腿时要考虑尽量地减小阻力。

收腿时两腿自然放松，两膝略下沉，两腿一边向前收一边逐渐分开膝和踝，同时屈膝屈髋，脚稍向内旋，脚跟向臀部靠拢。收腿时，小腿和脚要跟在大腿和臀部的后面，藏在大腿投影截面内。收腿力量要小，速度较慢，以减小阻力（图3－34）。收腿结束后，大腿与躯干呈120～140°角（图3－35），两膝内侧与髋关节同宽，脚后跟靠近臀部，大腿与小腿之间呈30～45°角，小腿与水面几乎垂直。

在现代蛙泳技术中，有的运动员在收腿时采用快收技术，其动作特点是迅速放松大腿，快速收小腿，使脚跟靠近臀部，与臂部动作相配合，加快了动作的频率，对提高速度有利。

（二）外翻

外翻是蛙泳收腿与蹬水之间的连接动作，通过向外翻脚可以增大对水面，为蹬水创造有利条件。因此，外翻动作是否充分，对蛙泳蹬水效果有直接的影响。外翻并不是一个独立的动作阶段，它在收腿没有完全结束就已经

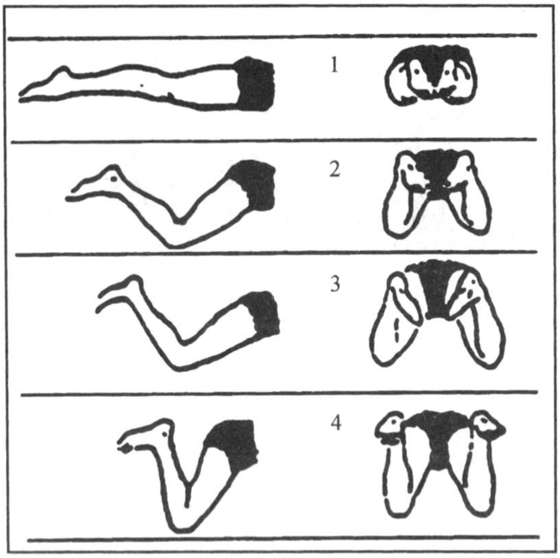

图 3-34 蛙泳的收腿连续动作

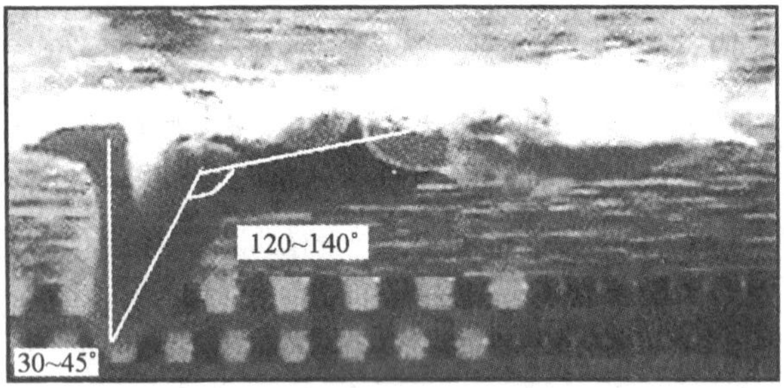

图 3-35 蛙泳收腿结束时大腿与躯干的角度

开始了，正确的外翻动作与收腿是一个连续的完整动作过程。当收腿至脚跟接近臀部时，小腿和踝关节外旋，同时大腿内旋扣膝，勾脚尖使其朝向外下方，脚底朝上，脚和小腿的内侧对准蹬水方向。翻脚结束时，脚位于臀部的外侧，两脚的距离要大于两膝的距离，从后面看就像一个“W”，这样才能形成较好的对水面（图 3-36）。

（三）蹬夹水

蹬夹水在外翻即将完成时开始，利用最初向外、向后蹬水所获得的水的反作用力完成外翻。蛙泳蹬腿是大腿带动小腿向后蹬夹的动作，应先伸展髋

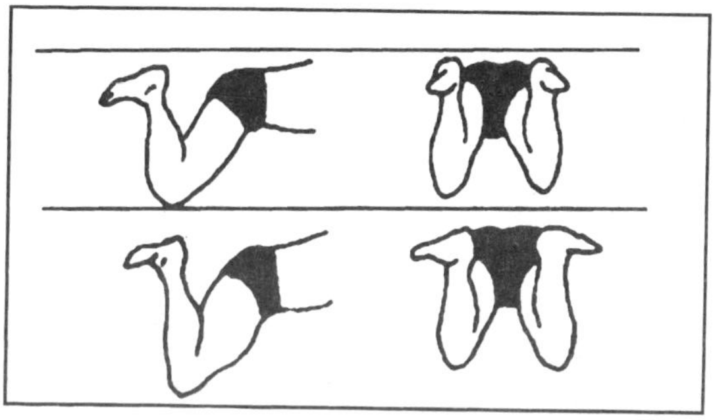

图 3－36　蛙泳腿的外翻

关节，然后是膝关节，最后是踝关节，在向后蹬的同时向内夹水。蹬夹过程中，两腿保持勾脚动作，只能在腿将蹬直并拢时，两脚踝关节才由原来的背屈转为跖屈，同时两腿自然地向上摆到接近水面的位置，使腿与躯干保持直线。蹬腿结束，两腿应并拢伸直，踝关节伸直（图 3－37）。

蛙泳腿蹬夹水运动方向的变化是：蹬夹水动作的前三分之一，两腿向外

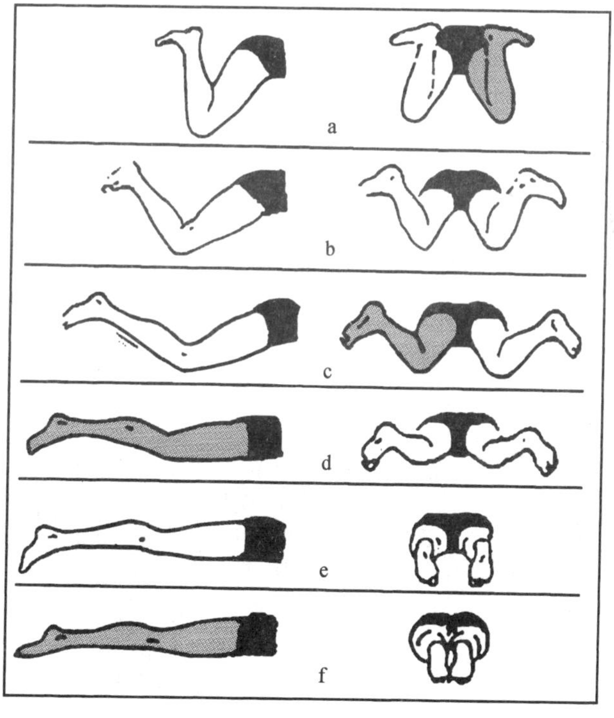

图 3－37　蛙泳的蹬夹水

和向后蹬（图 3－37b、c）；蹬夹水动作的中间三分之一，两腿向内和向后蹬夹腿；蹬夹水动作的后三分之一，两腿向内、向后和向下蹬夹腿（图 3－37d—f），由此形成蛙泳弧形鞭状蹬腿动作。

由于蹬夹水能产生较大的推进力，所以要用较大的力量和较快的速度完成。

（四）滑行

蹬夹结束后，由于蹬腿推进力的惯性作用，身体有一个短暂的滑行阶段。这时，两腿应尽量伸直并拢，腿部肌肉和踝关节自然放松，借助蹬腿惯性向前滑行。滑行时间的长短，与动作频率有着直接的关系。

三、臂部动作

现代蛙泳技术强调发挥手臂的划水作用。臂部动作在划水过程中能形成较大的对水面，因而能取得较好的推进效果。蛙泳臂的一个动作周期，可分为外划、内划、伸臂 3 个阶段。

（一）外划

开始划水之前，两臂与水面平行伸直，掌心向下，身体充分伸展，并保持流线型。开始外划时，两臂内旋，使掌心转向外下方，并同时对称地向外、向下、向后划水。两手分开超过肩宽时，手臂略外旋，屈肘、屈腕，手掌从朝外下方转为朝向外后下方，此时手掌和前臂应有抱住水的感觉。随着两臂的继续外划，手臂外旋，两手沿向外、向下、向后方向划水，逐渐加大屈肘程度。当两手划至肩的前侧下方时达到最宽点，这时两手分开大约是肩宽的 2 倍，约成 100°左右的夹角（图 3－38）。外划宽度取决于运动员个体的力量和臂长。外划动作主要是为内划创造条件，对上体有支撑和平衡作用，

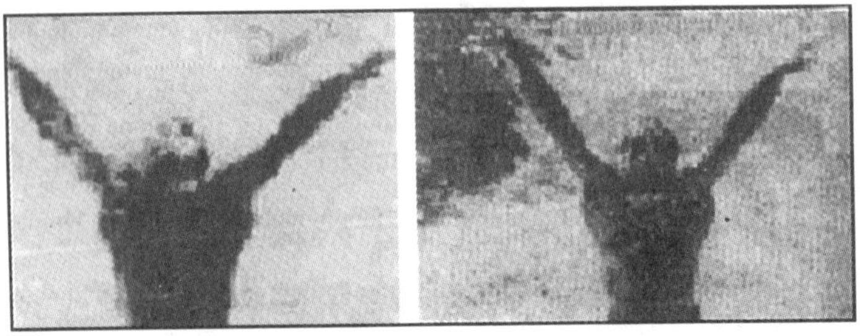

图 3－38　两名优秀蛙泳运动员外划的宽度

并能产生一定的推进力（图 3－39）。外划结束，紧接转入内划。

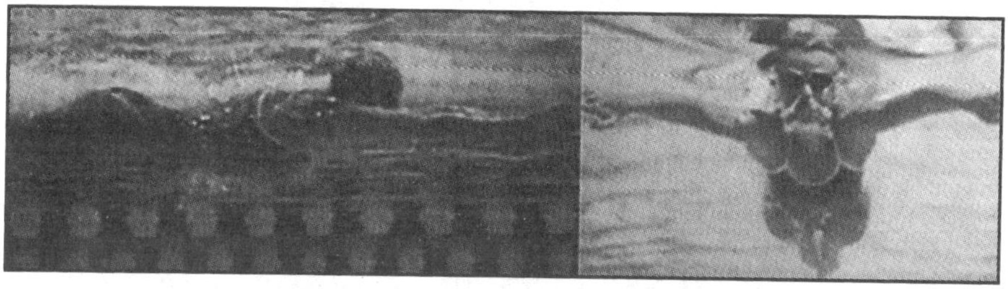

图 3－39　蛙泳外划动作

外划的整个过程，应始终保持两手之间的距离大于两肘之间的距离，肘高于手，划水速度逐渐加快，肘关节随外划的进行不断加大屈肘的程度，到外划结束时，肘关节弯曲了 30～40°，手位于肩的前下方（图 3－40）。

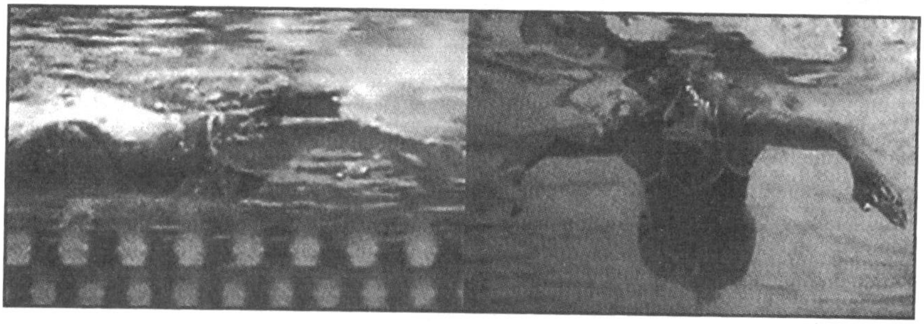

图 3－40　蛙泳外划结束内划开始时姿势

（二）内划

内划是外划的继续。正确的内划动作不但可以产生推进力，而且可以产生使身体上升的力。

外划结束时，手臂向外旋转，同时由向外、向下、向后划水快速转为向内、向上和向后划水，两手掌转为斜相对。在内划过程中，应逐渐屈肘。内划结束时，两手位于头的前正下方，肘的位置低于手，肘关节弯曲成锐角（图 3－41）。手臂的这一快速转变动作方向的动作也有人称它为“收手”。

内划产生的推动力是划水过程中最大的。在内划过程中，当两手的划水动作由向外、向下、向后转为向内、向上、向后时，肘关节在手的带动下，沿向下、向内、向上的运动方向做夹肘动作。内划时应强调两手内划需在两

图3－41　蛙泳内划结束伸臂开始

肘内划之前完成，即“以手带肘”完成内划，这样可将推进力保持较长的时间，并使划臂过程的阻力减小。由于内划阶段推进作用大，因此应尽量延长这一阶段的划水路线，双手要划至颌下方接近合拢时再开始伸臂，避免过早进入伸臂阶段而减小推进力。

（三）伸臂

伸臂是在内划的基础上进行的，当两手内划至下颌下方接近并拢时，借助两肘内夹动作向前伸手臂。伸臂动作是通过向前伸肘、伸肩直至成伸直姿势。伸臂开始时，掌心相对，在伸臂即将结束时，掌心转为向下；伸臂结束时，手腕自然伸直，两手并拢（图3－42）。伸臂动作一般在接近水面时完成，但也有运动员为减小阻力采用手在水面上的伸臂方法。

快速向前伸臂是现代蛙泳技术特点之一，它紧密配合腿的动作，在伸臂的同时，向前伸肩。伸臂动作不能有停顿，整个伸臂动作以指尖领先，快速前伸，以求对身体游进起牵拉作用。

在一次完整的蛙泳臂部动作中，手的运动路线是一个“倒心形”（图3－43）；手的运动速度由慢到快，是一个加速的过程。

蛙泳手臂划水，要强调高肘划水技术，在划水的前部分，应注意以肘关

图 3－42　蛙泳伸臂动作

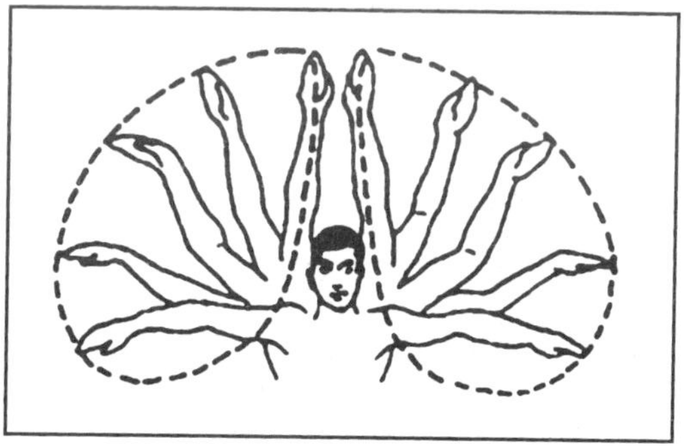

图 3－43　蛙泳的划水路线

节为支点，发挥前臂屈肌的作用；在内划的最有效部分，应注意以肩关节为支点，发挥胸大肌、背阔肌等肩带肌群作用，这样才能充分利用肌肉的力量，产生连贯的推进力（图 3－44）。

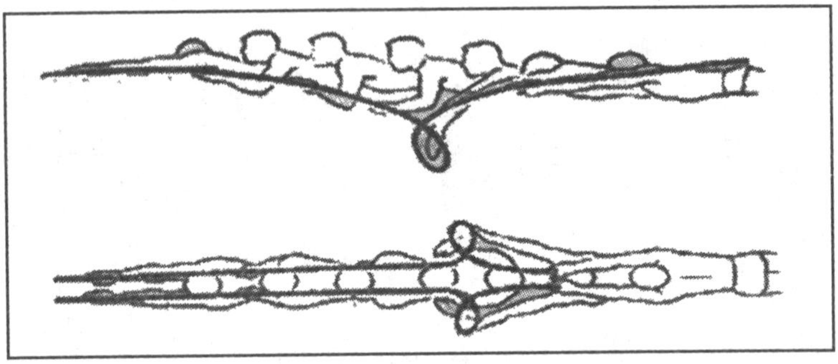

图 3－44　蛙泳划手连贯的推进效果

四、臂与腿的配合

合理的蛙泳臂腿配合技术是：臂外划时，腿自然放松伸直；臂内划时，开始收腿；手向前伸至约 2/3 部位时，快速蹬腿，腿蹬直后滑行。

蛙泳臂与腿的配合技术较复杂，为保持游泳速度的均匀性，臂腿配合应尽可能使游进中每一动作周期内，各个动作阶段都有推进力产生。

五、呼吸与臂的配合

蛙泳采用抬头吸气的方式，即通过前伸下颌，使口露出水面进行吸气。蛙泳的呼吸动作与划臂动作配合有两种形式，即早吸气和晚吸气。早吸气是在手臂外划时开始抬头吸气，内划低头闭气，伸臂时呼气；晚吸气是在内划结束，头上升至水面最高处吸气，伸臂时闭气，外划时呼气（图 3－45）。

图 3－45　蛙泳两种呼吸方式

早吸气的呼吸技术是吸

气时间相对长些，这种配合比较容易掌握，初学者可以利用外划时产生向上的力帮助上身浮起抬头吸气，因此，早吸气适合初学蛙泳的人采用。而晚吸气的吸气时间较短，吸气时不做专门的抬头动作，头借助手臂内划使身体上升露出水面完成吸气，因此，游进时身体姿势好，阻力小。这种技术要求有强有力的手臂划水动作与之配合，有一定的技术难度，通常被运动员采用。

六、完整配合

蛙泳的臂、腿、呼吸的配合多采用 1:1:1 的配合形式，即两臂划水 1 次，蹬腿 1 次，吸气 1 次。两臂内划时，抬头吸气并收腿，伸臂时低头闭气；两臂向前将伸直时，两腿蹬夹水，臂腿伸直滑行，两臂外划时呼气（图 3 – 46）。

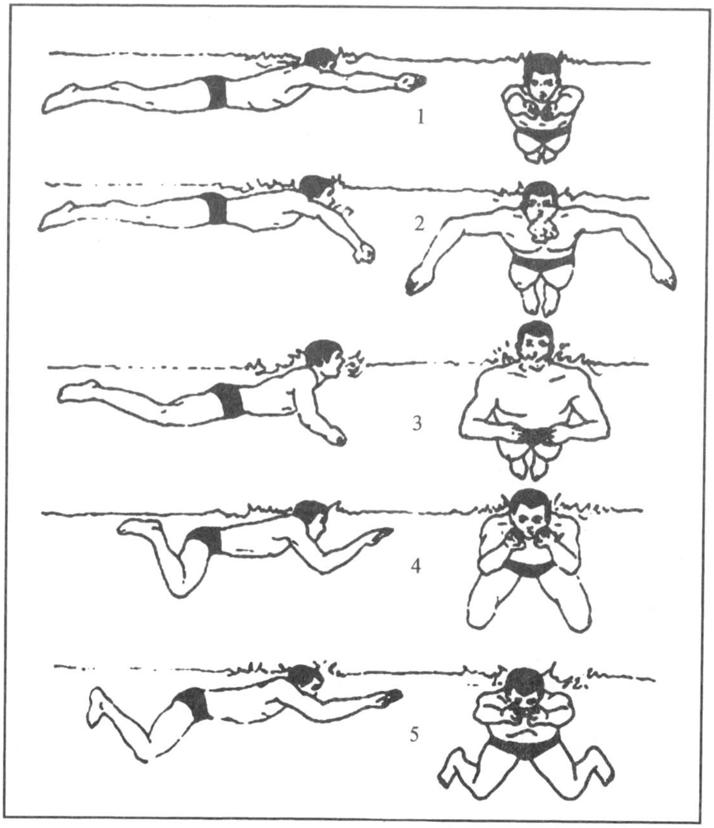

图 3 – 46　蛙泳的完整配合动作

第四节 蝶 泳

蝶泳手臂动作的外形像蝴蝶飞舞，故被称为“蝶泳”。在四种竞技游泳姿势中，蝶泳是最年轻的一种泳式，它是从蛙泳派生出来的。

最初在蛙泳比赛中，有的运动员采用两臂同时向后划水、然后经空中向前移臂、两腿做蛙泳蹬夹的动作参加比赛，这种技术被称为蝶式蛙泳。1952 年，蝶式蛙泳与传统蛙泳分开比赛，蝶泳才成为正式比赛项目并得以发展。

1953 年匈牙利运动员董贝克最早模仿海豚游泳的姿势，采用一种躯干和腿做上下波浪式打水的海豚式动作参加比赛，并因此大大地提高了游速，这一技术被称为海豚泳。海豚泳的阻力比蛙式蝶泳小，游进速度明显快于蛙式蝶泳，因此，运动员在蝶泳比赛中都采用海豚泳。2003 年游泳规则规定，游蝶泳时不允许蹬蛙泳腿，因此，现代的蝶泳指的就是海豚泳。

从动作的外形来看，蝶泳的手臂和腿的动作与爬泳相似，区别在于爬泳两臂和两腿动作是交替的，而蝶泳是同时的。尽管蝶泳在划水时产生的推进力比爬泳大，但由于两臂同时划水和移臂，推进力不连贯，身体前进的速度不均匀，因此，它的速度慢于爬泳。

一、身体姿势

游蝶泳时，身体俯卧水面，身体各部分由于波浪动作而上下起伏，因此没有固定的身体位置。

游蝶泳时，身体的上下起伏动作是受臂腿及呼吸动作影响的，如向下打腿就会使臀部上升；空中移臂因重心位置的改变而使身体失去平衡，就会使腿部下沉。蝶泳时，躯干的波浪动作使身体在水中能保持较高的位置，也有利于臂、腿、呼吸的协调配合（图 3－47)。

游蝶泳时，身体不要做太大的波浪动作，躯干的小波浪动作有助于保持重心的平稳，保持身体前进速度的均匀性。

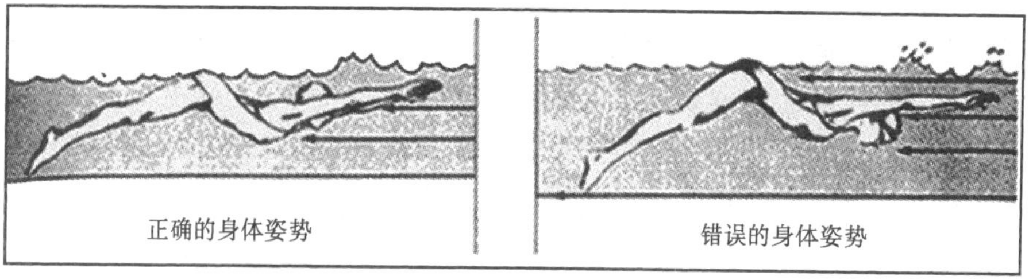

图 3－47　蝶泳正确与错误身体姿势的比较

二、躯干与腿部动作

蝶泳腿和爬泳腿有相似之处，但蝶泳打腿对蝶泳的完整配合所起的作用比爬泳大。此外，蝶泳腿打水时屈膝的程度大于爬泳。

蝶泳的打腿动作是由躯干发力，经过髋、膝、踝关节的动量传递，各部分协调配合形成波浪式的动作，它对于保持良好的身体姿势以及推进身体前进有十分重要的作用（图 3－48）。

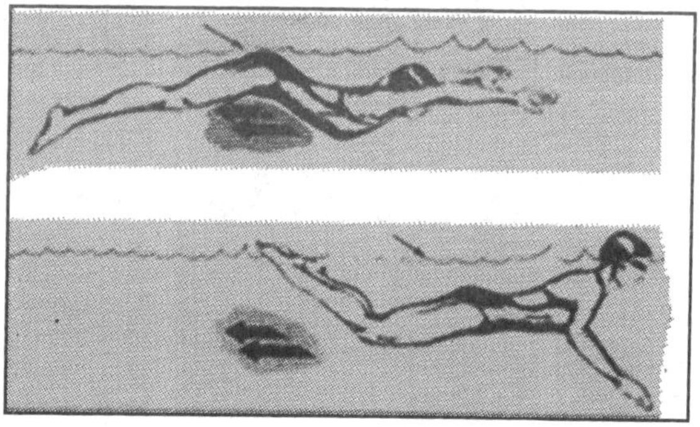

图 3－48　蝶泳的身体波浪动作及推进作用

蝶泳打水时，两腿自然并拢，两脚稍内旋成内八字，两腿的动作应同时进行，否则即为犯规。

蝶泳腿由向上打水和向下打水两部分组成。

（一）向上打水

当两腿前一次向下打水动作结束时，两脚处于最低点，膝关节伸直，臀部上升至水面，髋关节屈成150～160°角（图3－49e）。接着两腿伸直向上摆动，髋关节逐渐展开。当大腿上升到与躯干成一直线时，腰腹和臀部开始下沉（图3－49f），大腿开始下压。在大腿下压时，两脚和小腿由于惯性的作用继续向上，膝关节形成自然弯曲。随着大腿继续加速向下，屈膝程度增加，直到脚升至接近水面，在水下4～5厘米处，此时臀部下沉至最低点，膝关节屈成110～130°角（图3－49c、d），这时向上打水结束。

（二）向下打水

随着大腿加速下压，脚和小腿在大腿的带动下加速向后下方下打，直至小腿和脚向下打水到膝关节完全伸直，脚处于最低点（图3－49a、e、i）。向下打水是伸膝的过程，小腿和脚加速向后下方打水，就像鞭子向池底甩去。向下打水时，踝关节跖屈，脚掌内旋。踝关节的柔韧性和灵活性对打水

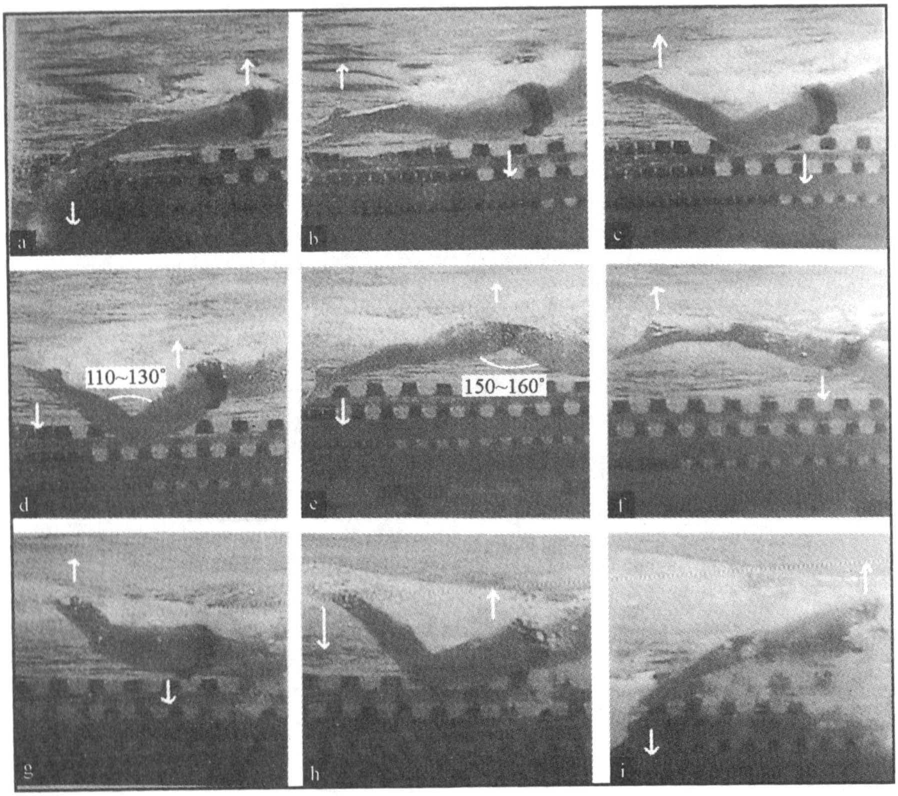

图3－49　蝶泳打腿连续图

效果起重要作用（图 3 – 50）。向下打水是产生推进力的主要阶段，要加速完成。向下打水结束，又进入下一个打水的周期动作。

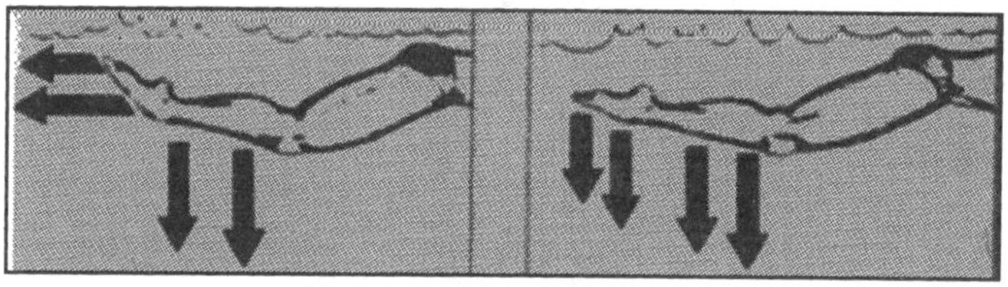

图 3 – 50　踝关节灵活性对打腿效果的影响

向上打水和向下打水是没有明显界线的：当小腿和脚向上打水动作还未结束时，大腿已经开始向下打水；在小腿和脚向下打水动作还未结束时，大腿已经开始上摆，进入向上打水。躯干与腿部动作连贯才能形成波浪的动作。

三、臂部动作

蝶泳手臂动作可分为入水、划水、出水、空中移臂 4 个部分。

（一）入水

蝶泳两臂正确的入水位置应该在两肩的延长线上或略窄于两肩的延长线上，两手的入水点太宽易使划水路线缩短，太窄不利于入水后划水。入水应以拇指领先，两手掌同时对称地斜插入水，然后前臂和上臂依次入水。入水时，肘关节略微弯曲，掌心朝向外下方，手掌与水面约成 40°角（图3 – 51）。

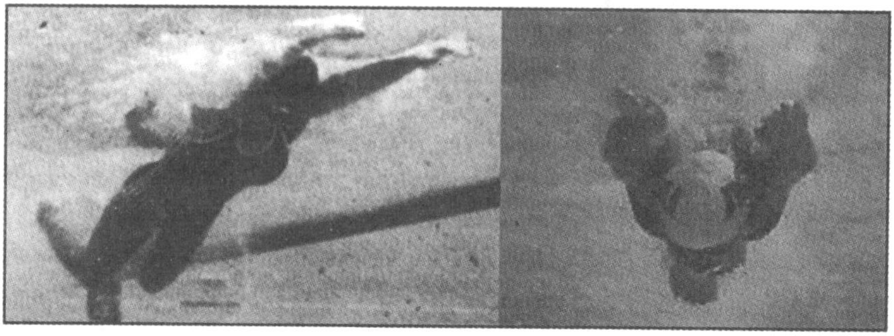

图 3 – 51　蝶泳手臂入水动作

（二）划水

划水阶段是产生推进力的主要阶段，依手划水路线，可将划水分为外划、内划和上划3个动作过程。

1．外划

臂入水后，尽可能沿水面向前伸肩和伸臂，两手和前臂内旋并外分，向外、向后划水。当两手外划至超过肩宽时，两手和前臂外旋，屈腕，使手掌由向外、向后变为向外、向下和向后，同时屈肘完成外划动作（图3－52）。

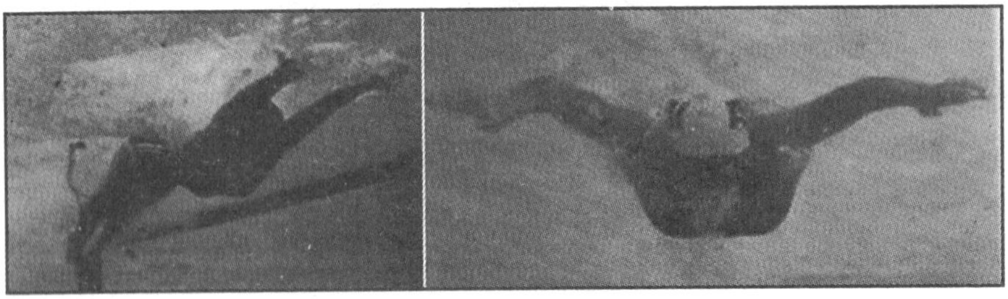

图3－52　蝶泳手臂外划动作

外划动作过程就像是用手臂去抱一个大圆球，在头前形成高肘的姿势，这样可以使背阔肌、大圆肌等大肌肉群预先拉长，为内划和上划做好准备。

2．内划和上划

外划结束后，手臂继续屈肘，并保持高肘姿势，手的运动方向由向下、向外、向后转为向内、向下和向后（图3－53a、b），进入内划阶段。随着手由向内下方划水逐渐转为朝内上方划水，屈肘程度也随之加大。当手臂划至肩的下方时，肘关节弯曲成90～100°，两手之间的距离最近（图3－53c—e），此时内划结束，开始上划。上划时手臂内旋，由原来的向内、向上、向后方转为向外、向上和向后方的划动，上划是推水动作，划水要逐渐伸肘、伸腕，使前臂和手尽量保持对水（图3－53f）。当手划到大腿两侧时，划水动作结束，转入出水（图3－53g、h）。

在蝶泳的整个划水过程中，两手相对于身体的运动轨迹是呈双S形的曲线（图3－54）。划水阶段产生的推进力是最大的，应用最大力量和最快速度完成。

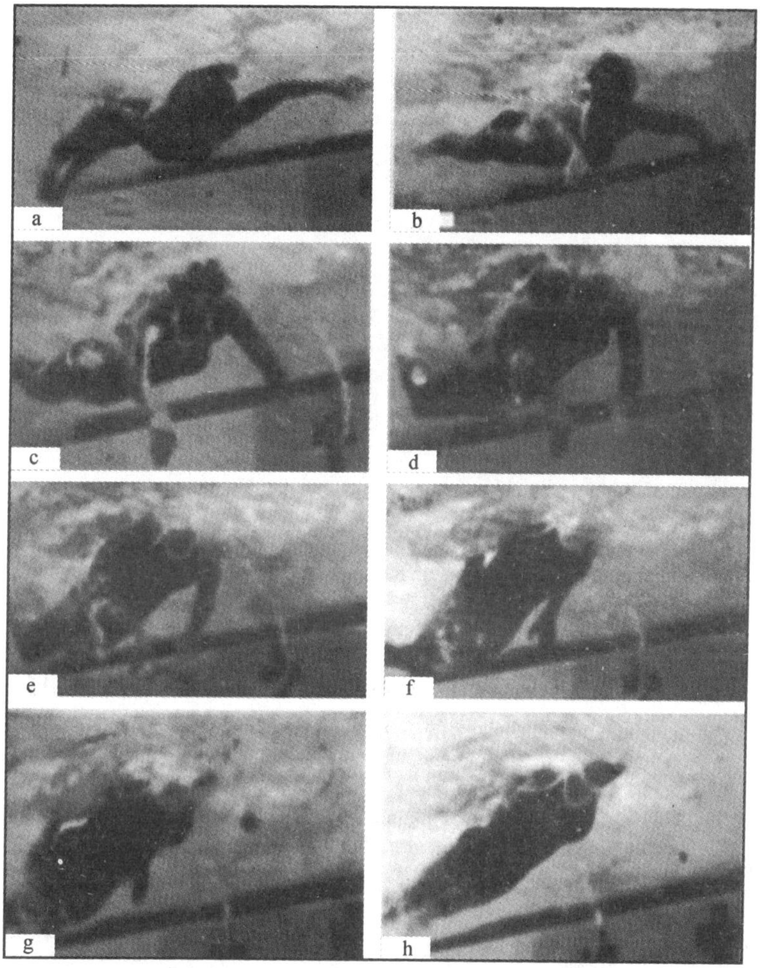

图3－53 蝶泳手臂划水动作

（三）出水

在手上划尚未结束时，肘已经开始露出水面。当两手划到大腿两侧时，利用划水的惯性，肩带动手臂提肘出水。出水时，掌心向内，朝向大腿，小指领先，以较小的截面出水，减小出水的阻力（见图3－53g、h）。

蝶泳划臂虽然和爬泳相似，但也有不同。爬泳的上划是向后、向上、向外，而蝶泳双手划到腹下便向外、向后、向上划水。上划和出水是一个很圆滑的动作，如果手划得太后就会觉得出水很困难，并影响移臂。

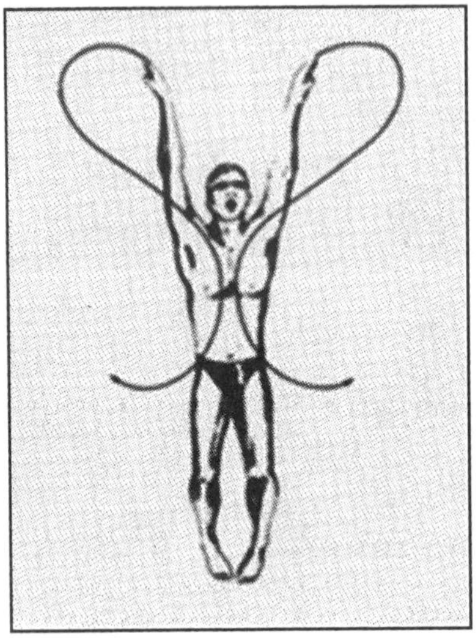

图 3-54　蝶泳的 S 形划水路线

(四) 空中移臂

手臂出水后，在肩的带动下在身体两侧沿低平的抛物线经空中向前摆动到头前，准备做下一个周期动作的入水动作。在移臂过程中，肩应该露出水面，手臂自然伸直，前臂和手腕自然放松，拇指朝下，由上臂带动前臂前摆(图 3-55a、b)。由于蝶泳两臂同时向前移动，故采用低平的自然直臂姿势

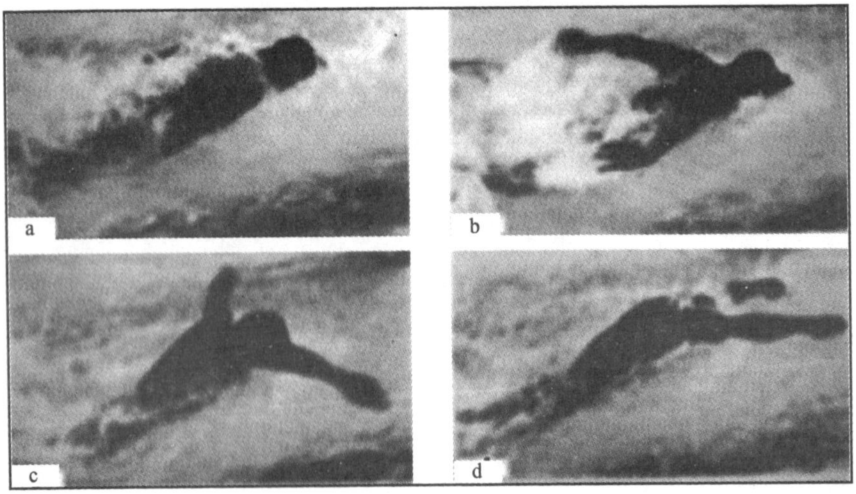

图 3-55　蝶泳移臂动作

从两侧向前甩臂比较好（图 3－55c、d）。

四、呼吸与臂的配合

蝶泳的呼吸，一般两臂划水 1 次，呼吸 1 次。

臂入水后开始慢慢呼气，当两臂外划结束向内划水时，开始抬头（图 3－56）。随着两臂向后划水，头和肩的位置逐渐升高，呼气也由慢到快地进行，并继续向前抬头。当两手划水至腹部下方时，下巴露出水面并沿水面前伸，当两手上划结束臂出水时张口吸气（图 3－56b），在两臂向前移至与肩成一平线时低头闭气（图 3－56c），手入水时头没入水中憋气（图 3－56d）。

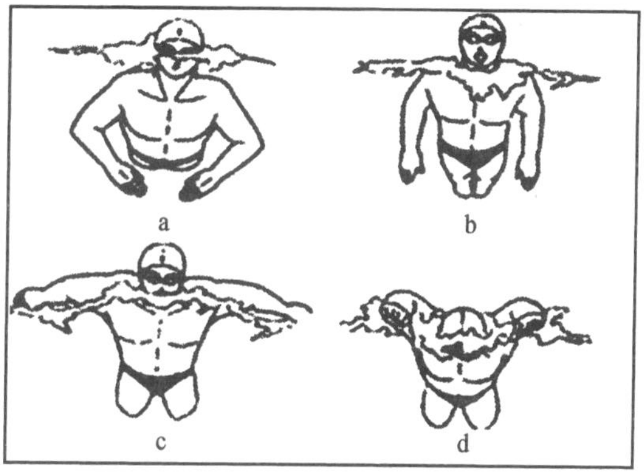

图 3－56　蝶泳臂与呼吸的配合

蝶泳时多数人采用抬头吸气，高水平运动员一般在手臂上划时抬头吸气，空中移臂时头随肩部向前下方伸展，在手入水前低头。

五、完整配合

蝶泳臂、腿配合动作应该是节奏明显，动作连贯。目前运动员都采用 2:1:1的配合方式，即打腿 2 次，划臂 1 次，呼吸 1 次。两臂入水时，腿做第一次向下打水（图 3－57a、b）；当两臂划至胸腹下方时，腿开始做第二次向下打水（图 3－57c），臂推水结束，第二次向下打水结束（图 3－57d、e）。移臂时，腿又向上准备做下一周期的打水动作。

由于躯干的波浪动作，蝶泳完整配合要求动作准确，节奏感强，臂腿躯干协调发力，肩带和腰腹要有较强的力量，并具有良好的柔韧性才能游好蝶泳。

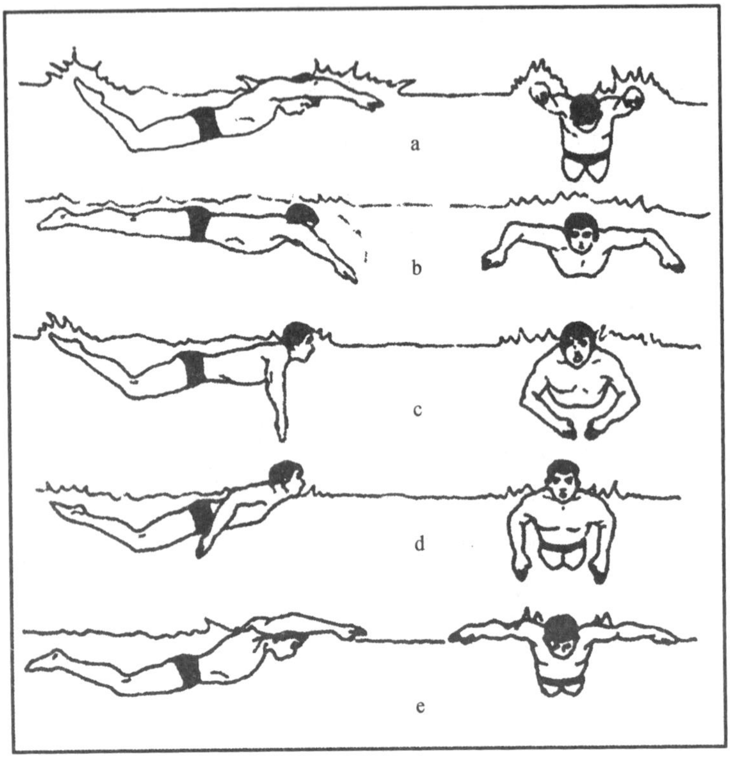

图 3－57　蝶泳完整配合动作

第五节　出　　发

游泳比赛的开始称为出发。游泳竞赛规则规定，自由泳、蛙泳、蝶泳的比赛必须从出发台起跳出发，仰泳项目在水中出发。出发技术好，能形成一种心理上的优势，尤其是现代游泳比赛，胜负往往决定于百分之一秒，所以出发技术显得十分重要。

现代出发技术是经过不断的改进和发展演变而成的。最初，运动员只是从池边出发，以后才采用出发台出发。早期的出发台出发，预备姿势是采用“摆臂式”，20 世纪 60 年代末出现“抓台式”。入水姿势，从“平式”到 70

年代中后期出现“洞式入水”的出发技术。80 年代中期又出现了“蹲踞式”出发技术。目前，最常见的出发技术是“抓台式”出发，采用“蹲踞式”出发的运动员有增多的趋势。在接力比赛中运动员常用摆臂式出发技术。

一、抓台式出发技术

抓台式出发技术包括预备姿势、拉台、蹬离出发台、腾空、入水、滑行和划臂出水 7 个部分。

（一）预备姿势

运动员听到发令员发出“各就位”的口令后，两脚脚趾应扣住出发台的前缘（图 3－58a），两脚间距大致与肩同宽，过宽、过窄都会减小蹬离出发台的力量。两手手指第一、第二指节拉住出发台的前缘。两手可在两脚外或在两脚间抓台。稍屈膝，肘部微屈，低头，目视出发台下的水面。预备姿势时，臀部抬高，身体重心前移，重心垂点置于出发台前缘或稍超出支撑面，借助双臂的力量使身体在出发台上保持平衡。

快速蹬离出发台的最重要因素之一是身体重心移过出发台前缘的速度。预备姿势时如下蹲过深，则身体重心会后移。在这种情况下，会延长身体重心移过出发台前缘的时间。

（二）拉台

出发信号发出后，运动员应立即上拉出发台。拉台动作使臀部和身体重心越过出发台前缘，并向前下移，同时屈膝、屈髋，形成良好的蹬台姿势（图 3－58b），以利迅速完成蹬台动作。此时，切忌推台，推台会影响离台速度。

拉台动作应短促，无须太用力。拉台时间过长，用力过大，均无助于加快出发速度，也不会增大蹬台力量。拉台的目的，就是使身体重心尽快前移。

（三）蹬离出发台

身体前倒的同时，开始屈膝。当屈膝角度约 80°时，两手一离出发台，即沿弧形路线前伸，两腿立即开始蹬台（图 3－58c）。蹬台时，先快速伸髋、伸膝，然后快速伸踝。手离台后，先快速屈臂，在身体前倒的同时，两手经颏下上伸。然后，在蹬台的同时，两臂快速前下伸，指向预计的入水点(图 3 – 58d)。头部应配合臂的动作，两眼先前视，再下视。蹬离出发台前，双目应及时看下方。起跳角在 30 ~ 40°之间，这一蹬离角度最有利于做出干净利索的入水动作。

图 3 – 58　抓台式出发技术

(四) 腾空

蹬离出发台后，身体伸展，两脚并拢，两臂前摆至前下方时制动（图

3-58e)，身体在空中滑行。身体越过空中最高点后，腰部弯曲成弓形（图3-58f)。然后，两腿上摆，与躯干成直线，并保持一定的紧张度，以流线型的姿势准备入水（图3-58g)。

（五）入水

整个身体应尽量都在手入水处入水。入水时，身体应保持流线型姿势，两臂并拢并应充分伸直，一手掌心应贴在另一手手背上。头部应夹在两臂间。两腿并拢、伸直，脚背应绷直（图3-58g、h)，不应屈髋。入水角因泳式的不同而有所差异。一般来说，爬泳出发的入水角比较小。蛙泳出发入水后，可在水下做一次长划臂和一次蹬腿动作，滑行较长，因而入水角大些，入水深些。蝶泳出发的入水角，随运动员在水下两腿打水动作的次数和潜泳的远近（最多潜15米）而有大有小。

（六）滑行

入水后，身体应保持入水时的流线型姿势滑行。滑行应在接近正常游速前结束，并开始做水下动作。滑行时间过长，一是浪费时间，二是要使游速再提高到正常游速时，要额外消耗很多体力。短距离比赛时，滑行要短些；中长距离比赛时，滑行时间稍长一些。

（七）划臂出水

在滑行速度接近正常游速前蝶泳和爬泳即开始打腿，蛙泳则开始长划臂。蝶泳和爬泳都可采用海豚泳打腿动作，爬泳也可采用两腿上下交替打水动作，使身体游向水面。

身体接近水面时，开始第一次划臂。这次划水的后划动作应有力，划臂结束时头部冲出水面，目视池底。臂、腿动作的主要目的是使身体前进，其次才是上移。

游出水面时，动作不应停顿。动作停顿的原因，一是吸气动作，二是想观察对手的情况。为避免这一错误，对爬泳、蝶泳运动员来说，出水后第一次划水过程中最好不吸气。短距离比赛时，第一次吸气时间要再晚一些。蛙泳运动员出发后，在完成水下长划臂动作后，第二次划臂至最宽点时，头出水开始吸气。

采用抓台出发技术时，要特别注意头部动作，这是入水时身体能否保持流线型姿势的关键。两脚一蹬离出发台，就应立即目视下方。腾空过程中，及时低头有助于上体及时向下，这样也便于入水时腿部的上摆，使整个身体在一点处入水。

二、仰泳出发技术

（一）预备姿势

仰泳出发预备姿势，运动员面对池壁，双手握握手器，两脚前脚掌蹬在池壁上，臀部在水中（图 3－59）。

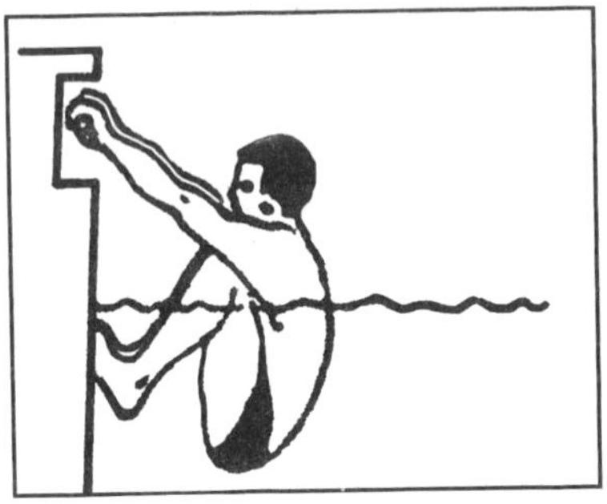

图 3－59　仰泳出发的预备姿势

发令员发出“各就位”口令时，运动员应把身体拉起，低头，目视下方，呈蹲姿。此时应屈肘，两肘外分，臀部尽量提起（图 3－60a）。

（二）蹬壁

听到出发信号后，头部应快速向上、向后摆，目视游泳池对面。同时两手向前下压握手器，协助身体向后上方蹬出（图 3－60b）。身体一经开始起动，两臂即应尽快向头上方前摆。此时，两腿用力蹬池壁，使身体向后上方腾起（图 3－60c）。

两臂应经头上向前摆。开始应屈臂向前摆，摆过头部准备入水时，两臂伸直。摆臂与蹬壁动作同时进行，这既加大了蹬壁力量，又有助于入水时身体保持流线型姿势。

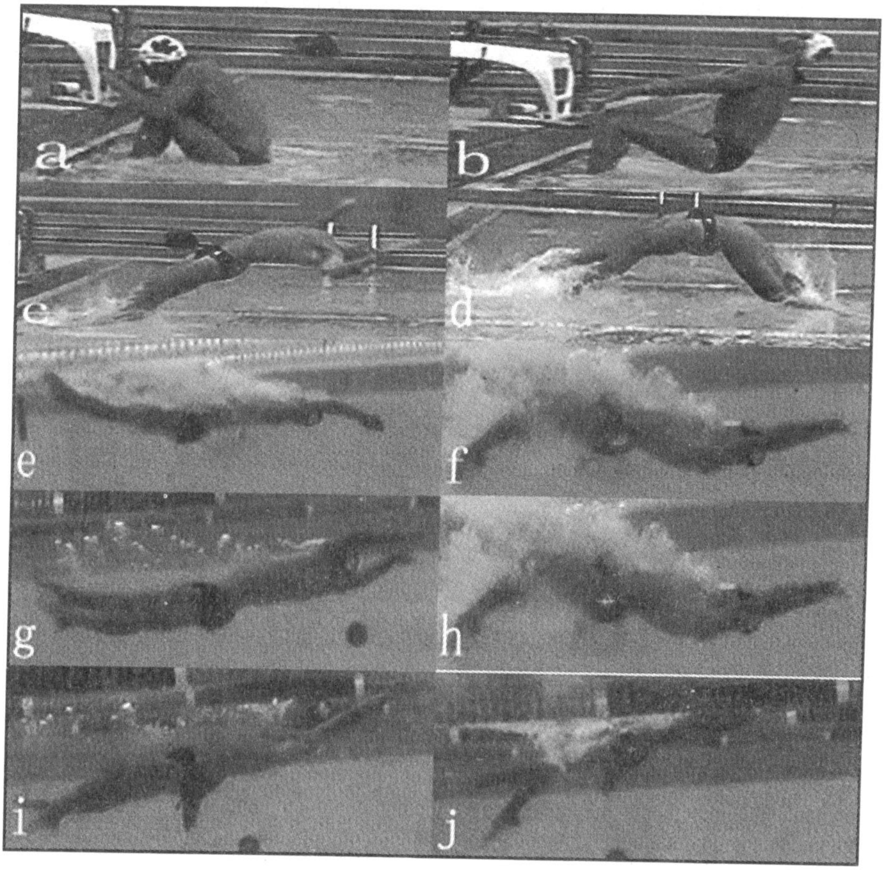

图 3－60　仰泳出发技术

（三）腾空

腾空时，身体应保持反弓形姿势，两臂应向游进方向伸出，头部后仰，两腿并拢伸直，并应特别注意伸踝动作（图 3－60d）。

由于预备姿势时身体在水中所处的位置较低，会给腾空动作造成较大困难，但也应尽量在水上完成腾空动作。如果起跳角合理，蹬离池壁时身体能保持适宜的反弓形，那么，在腾空阶段的大部分时间内，可避免下体挡水造成的阻力。

（四）入水

入水时两手应并拢，并尽量伸向游进方向，身体保持流线型姿势。为此，两臂应贴紧头部，上体、腿和脚伸直。入水角度应合理，以便手指先入水，然后头部、上体、腿部依次入水（图 3－60d）。入水时，略提腿、屈髋可大大减小入水时的阻力，有助于两腿在接近髋入水点处入水（图3－60e）。

（五）滑行和海豚泳打腿

入水后，为使身体前进方向由向前下尽快转为向前，应迅速屈膝，做几次快速海豚泳打腿动作也有助于改变身体前进方向（图 3－60f—h）。此时两臂应充分伸直，一手手背应紧贴在另一手手掌上，两臂贴紧头部。

（六）出水

几次海豚泳打腿后，应及时开始上下打水，并在水下开始划臂动作，使身体快速游出水面（图 3－60i、j）。为保持身体的流线型姿势，出水前不应有抬头动作。一旦游出水面，即应尽快以比赛动作频率向前游进。

第六节　转　　身

游泳比赛是在 50 米或 25 米长的游泳池中进行，除 50 米池的 50 米比赛以外，其余所有项目比赛都必须在游泳池中往返一次或多次。运动员游到池端后折返回头继续游进，这一折返动作称为转身。转身是游泳比赛的一部分，比赛距离越长，转身次数越多。可见，转身动作的快慢，对比赛成绩有直接影响。

游泳转身的方法很多，不同的泳式有不同的转身方法和规则要求，同一泳式也有多种转身方法。不论采用什么方法转身，在技术上总的要求都是游近池壁不减速、转得快、蹬得远、滑行阻力小与起游衔接好、符合竞赛规则规定。

一、爬泳转身技术

当前世界优秀选手比赛中主要采用两种爬泳滚翻转身方法：一种是滚翻后，身体成侧卧蹬壁；另一种是滚翻后，身体成仰卧蹬壁。仰卧蹬壁的爬泳滚翻转身技术是速度最快的一种转身技术。

爬泳转身技术分游近池壁、转身、蹬壁、滑行和出水 5 部分。下面介绍仰卧蹬壁爬泳转身技术。

（一）游近池壁

在做转身前的几个划水动作时，应注意离池壁的距离。通常在距池壁 1.70～2.00 米处开始最后一次划水动作，短距离运动员应更远一些，以便不减速地开始转身动作（图 3－61a）。最后一次划臂和开始滚翻动作之间不应停顿，实际上应在结束最后一次划臂动作之前就开始滚翻动作。如果转身前有滑行动作，会延长结束划臂动作至双脚触壁之间的时间，从而延长了完成转身动作的总时间。

（二）转身

转身前做最后一次划臂动作时，应目视池壁，另一臂应停在体侧。当划臂动作进行一半时，快速低头。同时做一次幅度不大的海豚泳打水动作，协助臀部提出水面（图 3－61b、c）。水上摆腿时，两腿应收紧，采用屈腿摆动，以便快速完成滚翻动作。在转身过程中，低头和头向水面移动速度应尽量快些，这有利于两脚迅速摆至池壁。

当转身动作进行到一半时，位于体侧的两手手掌向下转，并向下划水，帮助头部向水面靠拢（图 3－61c、d）。两脚触壁前，头部进入两臂间，以便两脚一触壁，身体即能做好蹬壁前的预备姿势。脚趾应向上，略向外触壁。身体面对的方向与两脚脚趾所指的方向应一致（图 3－61e）。

（三）蹬壁

两脚应在水深 30～40 厘米处触壁。触壁时，屈膝角度接近 90°，屈髋角度应大于 90°（图 3－61e）。两脚一触壁，立即开始蹬壁。在蹬壁和随后的滑行过程中，身体转为俯卧姿势（图 3－61f、g）。蹬壁动作应有力，应与伸臂同步进行，这有助于增大蹬壁动作的力量。蹬壁的方向应是水平的，应避免向上的动作。

蹬离池壁时，身体应转为侧卧，再转为俯卧姿势。为此，两脚一触壁，头部即应稍向身体将要侧转的方向转动（图 3－61e）。运动员既可向左，也可向右转动。多数运动员是向游近池壁做最后一次划臂动作的那只臂的方向转动。身体应沿水平方向滑行，这样有助于避开游近池壁形成的尾流。

（四）滑行

滑行并向俯卧姿势转动时，身体应保持流线型姿势。为向俯卧姿势转动，两腿有扭动的动作（图 3－61f）。滑行时间不应过长，当滑行速度接近游进速度时，滑行即应结束。此时，运动员应做两三次蝶泳打腿或多次爬泳打腿，使身体游近水面。

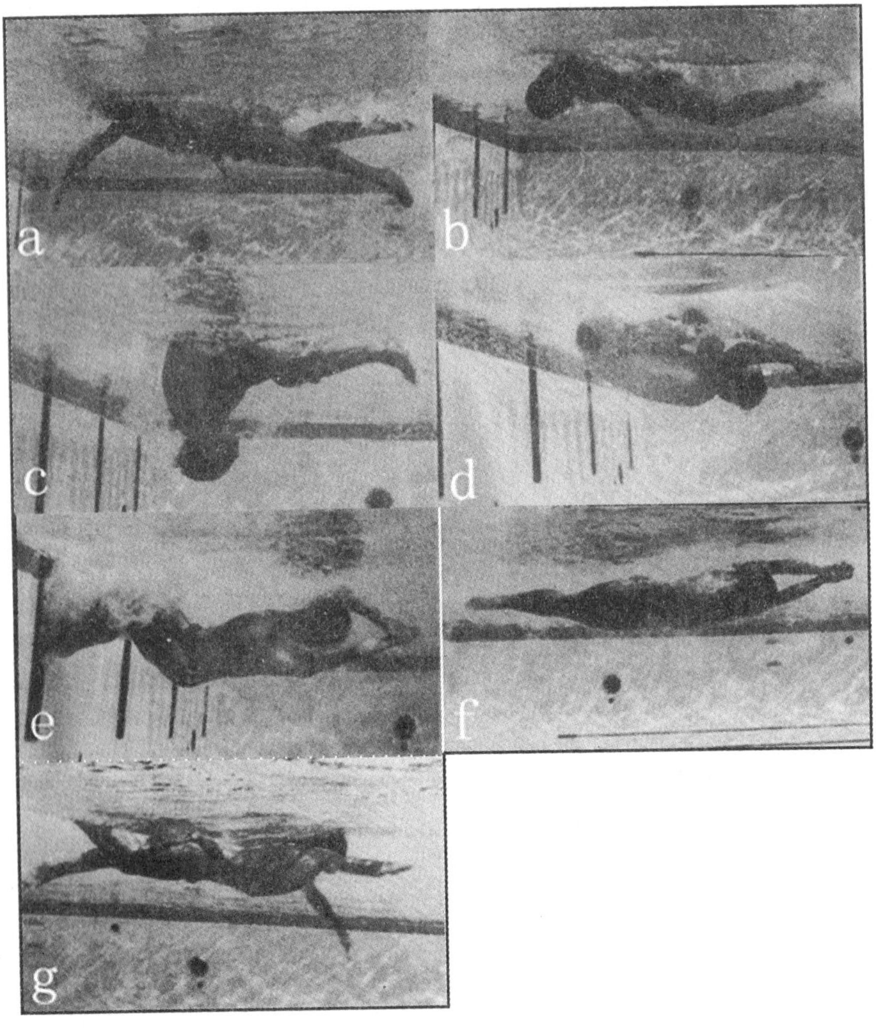

图 3－61　爬泳前滚翻转身技术

（五）出水

当运动员意识到做一次划臂动作能使头部游出水面时，开始划臂动作。头部应在这次划水进行一半时冲出水面（图 3－61g）。出水时，身体应注意保持流线型姿势。出水后，保持正常游进姿势。

二、仰泳转身技术

2005 年国际游联对仰泳转身规则修改为：在转身过程中，运动员身体的某部分必须触壁。转身过程中允许肩的转动超过垂直面，之后可进行一次单臂或双臂同时划水的动作，并以此划水作为转身的开始。运动员必须呈仰卧姿势蹬离池壁。规则的这一变化，允许运动员更早、更快地完成转身动作。

（一）游近池壁

运动员应利用距池壁 5 米处的仰泳转身标志线确定转身时间，并根据此标志线确定开始向俯卧姿势转动前的划水次数。对大多数成年和青少年运动员来说，通过仰泳转身标志线后再做两三次划水动作，即应开始向俯卧姿势转动。

（二）转为俯卧姿势

开始转身，划水臂向下划水时，身体开始朝划水臂的方向转动（图3－62a）。同时，另一臂做类似爬泳高肘移臂动作。当划水臂划至胸下，另一臂入水时，完全转成俯卧姿势（图 3－62b）。

（三）转身

身体一旦转为俯卧姿势，即开始做爬泳滚翻转身动作。在向俯卧姿势转动时，应注意离壁距离，以便判断两脚触壁的最佳时机。当另一臂划至胸下时，低头，并向胸部靠拢，同时做一下海豚打腿动作，以协助臀部提向水面（图 3－62c），然后两手手掌转向池底，并向头顶划水，帮助身体转动（图 3－62d）。两脚触壁前，两手在头上并拢，头部在两臂间，呈仰卧姿势，上体和两臂尽快成直线，以便两脚触壁后及时开始蹬壁动作（图 3－62e）。两脚触壁点的深度应适中，以便蹬离池壁后做海豚泳打腿动作。

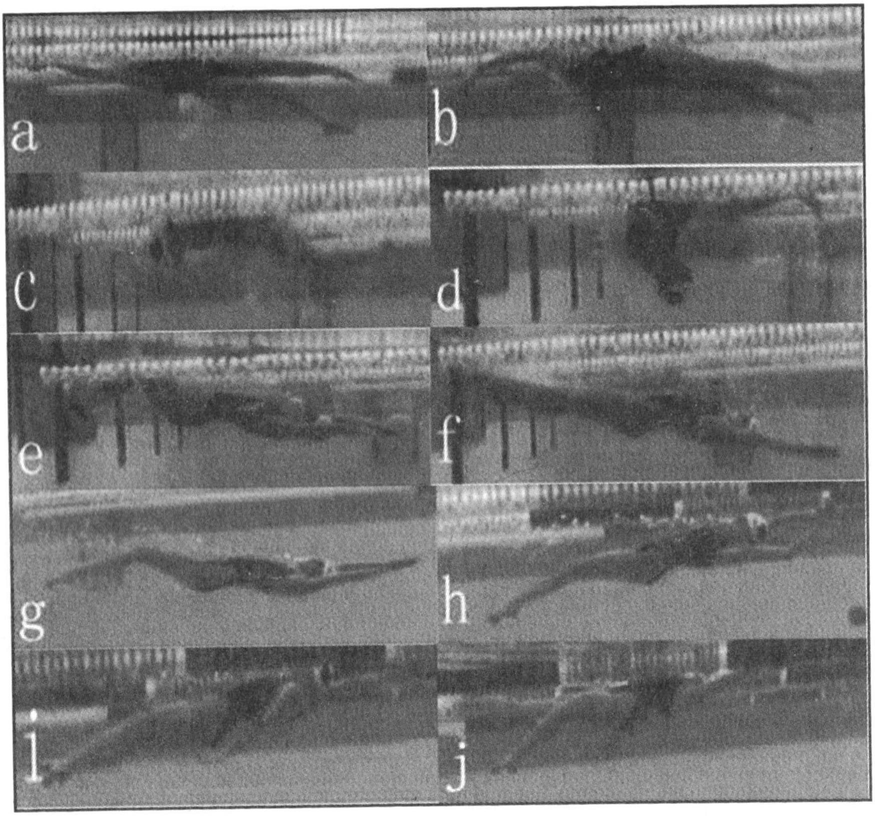

图3－62　仰泳转身技术

（四）蹬壁

运动员成仰卧姿势蹬离池壁时，两臂、两腿同时伸直。蹬出方向略向下，以便在湍流下滑行（图3－62f）。滑行时，身体要保持流线型姿势，并应保持一定深度。

（五）海豚泳打腿

运动员做一段距离滑行后，开始海豚泳打腿（图3－62g）。海豚泳打腿技术掌握较好的运动员，蹬离池壁后可在水下做多次海豚泳打腿动作，并在规则允许的范围内，在水下尽量多游一段距离；腿部技术较差的运动员，可不做水下海豚泳打腿动作，而在水下做2～4次上下交叉打水动作。

（六）出水

准备划臂以便游出水面时，两腿开始做上下交替打水，然后在水下做一次划臂动作，以便头部游出水面（图 3－62h—j）。头出水前应注意身体的流线型姿势（头与另一臂应在同一直线上）。比赛时，一旦游出水面，应不失时机地开始划臂动作。

三、蝶泳、蛙泳转身技术

与蝶泳转身相比，蛙泳转身蹬离池壁后，滑行方向稍向下，以便于做水下长划臂动作。在其他方面，蝶、蛙泳转身技术几乎没有差别。

（一）游近池壁

游近池壁时，应根据离壁的距离调整动作，以便于移臂或伸臂动作一结束即可触壁（图 3－63a）。为获得更大的冲量，触壁前最后一次打腿或蹬腿

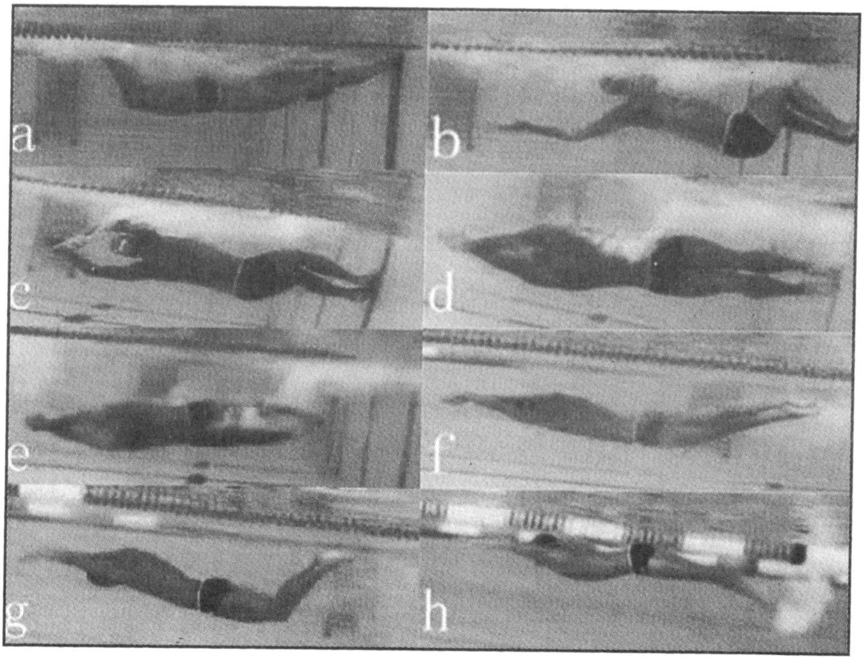

图 3－63 蝶泳转身技术

动作应有力。这次腿部动作产生的冲量在蹬离池壁时起反弹作用，有助于身体更快地蹬离池壁。在打腿或蹬腿所产生最大推进力阶段触壁最为理想，如仅靠滑行动作触壁，往往会边滑行边收腿，从而大大延长收腿时间。

（二）触壁与转身

双手应同时以手指先触壁，触壁后两臂屈肘缓冲，使身体随惯性靠近池壁（以向左转为例）。随之左臂在水下迅速后伸，同时身体左转，右手过渡到手掌触壁，手指指向斜上方（斜向转身方向），同时两腿收向腹部（图3－64b）。为减小收腿阻力，加快摆腿速度，两脚应重叠并拢，两腿收紧，应有膝部收向腹部的感觉。两腿经体下直接摆向池壁。两腿一旦移过体下，右臂立即将身体推离池壁，配合头部动作经空中高肘向前下方摆出，在水下与左臂并拢。与此同时，水下臂前伸，手掌朝上，并向上拨水，以加快身体入水速度。上体摆离池壁的反作用力，可加快两腿触壁速度。右手推壁后经水上摆臂与头同时入水。从此时至蹬壁，身体在水中保持侧卧姿势（图3－63b—d、图3－64c、d）。

推离池壁后，应侧倒入水，以减小身体入水时的截面，从而缩短转身时间。因此，两脚应上下触壁，触壁时脚趾侧指。转身时手掌要在头部的后前方入水，入水前要目视转身端池壁上方，以帮助身体蹬壁时保持侧卧姿势。

（三）蹬壁

两脚触壁时，两臂前伸，尽快与身体成直线，并立即开始蹬壁。蹬壁时两脚应在水面下45～50厘米处触壁（图3－63c、图3－64c）。蹬壁动作应有力。蹬壁的同时伸臂，以便增大蹬壁动作力量。蹬壁过程中，身体逐渐由侧卧转为俯卧姿势。滑行时，身体完全转为俯卧姿势（图3－63e、f和图3－64e）。

（四）滑行和出水

蝶泳时，运动员蹬离池壁的方向应是水平的（图3－63f）。滑行应在水下进行，身体呈流线型姿势。当滑行速度接近比赛游速时，蝶泳运动员应做两三次海豚泳打腿动作，并适时开始划臂动作（图3－63g、h）。划臂结束时，身体向前上方冲出水面。在50米、100米蝶泳比赛时，应在出水后做第二次划臂动作时再开始吸气。200米蝶泳比赛时，可在水下第一次划臂动

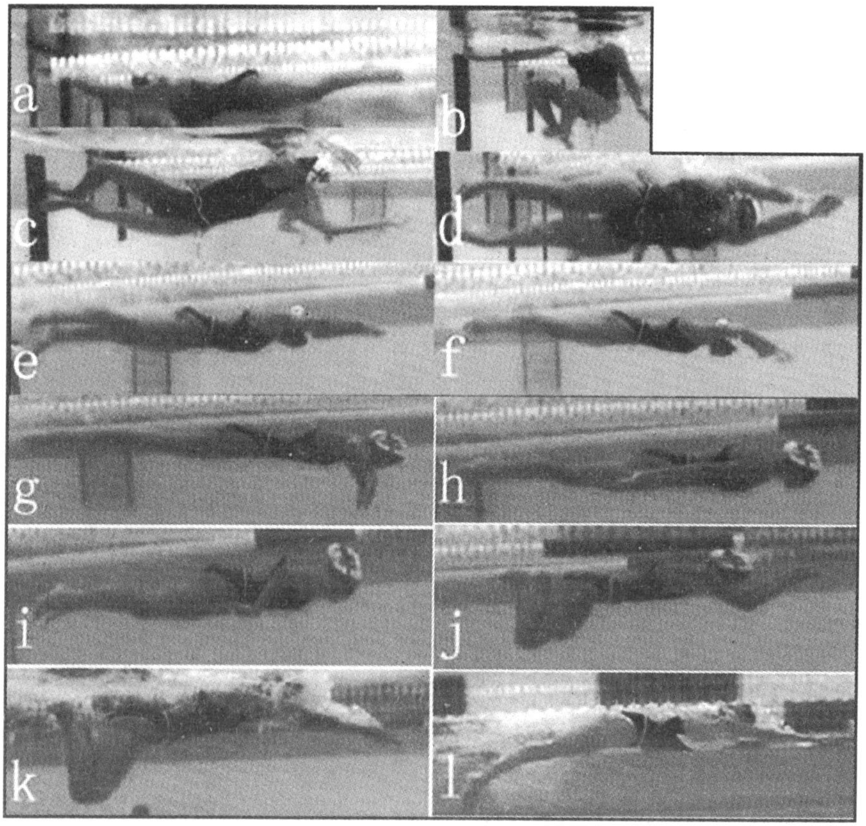

图3－64 蛙泳转身与长划划臂技术

作临结束时开始吸气。

蛙泳时蹬离池壁的方向稍向下，以便有效地做长划臂动作和获得更快的滑行速度。

转身过程中，正确的呼吸方法是，转身前吸一次气，即在头将入水时结束吸气；转身过程中呼气，转身滑行后，蝶泳第一次划臂，蛙泳第二次划臂头出水面时再吸气。

四、蛙泳出发、转身后的长划臂技术

比赛规则允许运动员在蛙泳比赛出发和每次转身后，在水下做一次划臂和一次海豚式打水接蛙泳蹬水动作。在第二次划臂至最宽点时，头部必须露出水面。与水面划臂动作相比，水下划臂动作效果尤为明显，所以运动员应经常进行水下划臂技术练习，以充分利用水下划臂动作的优势。

蛙泳水下长划臂动作与蝶泳划臂动作相似，可将其分为外划、内划、上划、收手和蹬腿出水 4 部分。

（一）外划

起跳入水或蹬壁之后，运动员身体应保持流线型姿势滑行。当滑行速度接近比赛游速时，两手开始向外上方划水，外划宽度应宽于肩，高于头，以便形成抱水动作（图 3－64e）。为加长划水路线，加大推进力，外划应充分。两手外划超过肩宽后，开始屈肘，手掌由外转向后，形成抱水动作。外划时应逐渐加速。外划动作主要是伸展动作，目的在于为两手进入有效的内划阶段做准备。

（二）内划

抓水动作完成后，两手开始在体下向后并向内划水。此时的动作类似蝶泳的内划动作，但划水路线较长并呈弧形。内划的同时，逐渐屈肘，当划至胸下时，两手接近并拢，这时屈肘 90°（图 3－64g）。在内划过程中，掌心转向内上。应注意掌心内转速度不宜过快。虽说此时的划水方向是向内，但掌心并不完全内转。

在内划过程中，推进力产生于内划和上划阶段。这与蝶泳和蛙泳臂部推进力产生过程相同，但蛙泳长划臂动作推进力更大，产生推进力的时间更长。两手在内划过程中，划速应适度加快。

（三）上划

内划动作结束后，开始上划。两手应向后、向上、向外方向划水，直至划至大腿旁两臂完全伸直时为止（图 3－64h）。在上划过程中，两手掌心转向后外方。在上划过程中，两前臂和两手应偏重向后划水。两手划至大腿前的上划动作，与蝶泳的此阶段动作相似。此时，肘部用力伸直，向外上方划水。上划结束时，两臂在大腿旁完全伸直，掌心向上。上划最后阶段的目的不在于产生推进力，而在于身体在划水结束后的短暂滑行中保持良好的滑行姿势。

上划动作是长划臂动作过程中推进力最明显的阶段。由内划转为向上划时，两手划速减慢，随后划速急剧加快，直至划水动作结束，两手上划阶段的划速应达到最快。

（四）收手和蹬腿出水

划臂结束后，上臂和肘部仍应靠近体侧，屈肘，掌心向上转，两手以最小的阻力，尽量贴近大腿、腹部、胸部前收（图 3－64i）。两手经过头下时，开始伸臂。伸臂应注意保持流线型姿势，此时两肘应靠近，一手掌心压在另一手手背上。两臂前伸至充分伸直时为止。两手收至体下时开始收腿（图 3－64j—l）。两臂伸向水面时开始用力蹬腿。为减小阻力，收腿动作应尽量柔和。收腿时尽量减小屈髋动作，以减小游进阻力。

蹬水动作结束时，两臂开始外划抓水，在头部出水前，两手划水宽度不应达到最宽点。实验证明，与头部滑行出水相比，通过划臂动作使头部冲出水面，游速要快得多（平均每次转身可缩短近 0.30 秒）。

思考题：

1. 游爬泳时应保持什么样的身体姿势？身体围绕纵轴转动有何积极的作用？
2. 爬泳腿的主要作用是什么？爬泳的鞭状打腿是如何形成的？
3. 爬泳手臂划水动作分几部分？各部分的动作要求有哪些？
4. 爬泳两臂划水配合有几种形式？各有何特点？
5. 爬泳的呼吸是怎样与臂的动作配合的？
6. 仰泳时应保持什么样的身体姿势？正确的头部姿势应该怎样？
7. 仰泳腿有什么作用？打腿技术有什么特点？
8. 仰泳手臂划水动作分几部分？各部分的动作要求有哪些？
9. 仰泳两臂划水如何配合？
10. 仰泳的呼吸是怎样与臂的动作配合的？
11. 蛙泳腿的主要作用是什么？腿部动作分几部分？各部分的动作要求有哪些？
12. 蛙泳臂的划水动作分几部分？各部分的动作要求有哪些？
13. 试述蛙泳完整配合动作（臂与呼吸配合、臂与腿配合）。
14. 蛙泳的早吸气与晚吸气各有何特点？

15．蝶泳的鞭状打腿是如何形成的？

16．蝶泳划水动作分几部分？各部分的动作要求有哪些？

17．蝶泳的划水与爬泳比较有何异同点？

18．蝶泳臂与呼吸、臂与腿是怎样配合的？

第四章　游泳教学

内容提要：

本章内容包括游泳教学的有关理论和游泳技术教学的具体方法，主要阐述游泳教学的特点、教学的组织、教学方法、教学顺序和教学计划的制订。通过本章的学习，使学生了解游泳教学的特点、方法、组织与进行，并能运用所学的理论知识，正确处理和解决技术教学实践中的具体问题，具备进行游泳教学的基本能力。

第一节　游泳教学的特点

游泳教学与其他体育项目的教学一样，是教师与学生以课程内容为中介的有目的、有组织的教和学的双边活动。通过教学使学生掌握一定的知识、技术和技能，促进学生身心发展。在教学中，要遵循人们认识事物的规律，动作技能形成的规律，学生生理、心理活动变化和身心发展的规律。由于游泳是在水的特殊环境中进行的运动项目，与其他体育运动项目相比，在教学环境、运动姿势和呼吸等方面有明显的不同，因而，游泳教学除具有其他体育项目教学的特点外，还有其本身的特点，研究和认识游泳教学的特点，才能更好地掌握游泳教学的规律，提高教学质量。

一、游泳教学环境的特点

游泳教学主要是在水环境中进行。水的浮力、压力、阻力等特性与人们日常生活的环境截然不同。水还有深浅的区别，初学者因对水环境不熟悉，造成了心理压力或障碍，加上在水中运动的特殊性对学习动作的影响，使初学者学习游泳的难度更大，因而对初学者的游泳教学必须考虑教学环境的特点及影响，要尽快适应水的环境，熟识水的特性。

二、游泳教学对象的主要心理特点

(一) 对水的兴趣心理

兴趣是学习过程中最活跃的心理因素，它在游泳教学中起着重要的作用。小孩子都爱玩水，绝大多数青少年对水和游泳都有极大的兴趣，并对游泳活动表现出积极的参与倾向，这对游泳教学是十分有利的因素，应注意加以诱导和保护。对少数学习兴趣较差的学生，应采用适当的教学手段来培养和激发他们的兴趣。

(二) 怕水心理

怕水心理是游泳教学过程中，具有负面效应的不良心理因素。它主要存在于不会游泳和初学游泳的学生之中。怕水心理产生的直接原因是学生在水上活动和学习游泳的过程中，由于对水环境的不熟悉，尤其是在深水中感到害怕；或由于水的浮力作用，曾经亲身体验过在水中失去平衡、呼吸困难、呛水、喝水或溺水，因而产生害怕；或是由于看见或听说溺水事故对他人的伤害，导致怕水心理的产生。怕水心理的产生不仅会使初学游泳的学生产生害怕、恐惧，给他们造成了较大的心理压力，挫伤了学习游泳的信心和积极性，而且还会使大脑皮质产生保护性抑制，从而干扰游泳技术、技能的学习与掌握。在对初学者的游泳教学中，教师应首先排除学生的怕水心理障碍。

(三) 厌水心理

厌水心理也是游泳教学中的不良心理因素。不同水平的教学对象，都可能出现厌水心理。厌水心理产生的主观原因是学习动机不明确、意志品质差和对外界环境变化的适应能力弱等。客观原因是气温、水温过低，水质差，教师安排的运动量过大，学生过于疲劳或教师教学方法单一、枯燥，教学效果不明显。厌水心理的产生会使学生对游泳学习表现出冷漠、厌倦，缺乏学习热情，从而严重干扰了游泳教学的正常进行，应在游泳教学中及时对厌水心理予以消除。

三、游泳技术的特点

（一）运动姿势

游泳是以平卧（俯卧、仰卧、侧卧）姿势在水中进行的运动。由于改变了人所习惯的直立运动姿势和空间定向的正常感觉，水进入耳内又会对前庭器官产生刺激，平卧姿势和水的刺激影响了前庭器官的感觉、分析，使平衡感觉受到的刺激强于运动感觉，从而干扰了初学者对所学游泳动作的感知，增加了学习游泳技术的难度。由于运动姿势的改变，人们在日常生活和陆上运动中已形成的走、跑、跳、投等动作技能，都不能在水中直接运用，所以几乎所有游泳技能都要从头学起。

（二）运动动力

人体在陆上运动时，运动动力来源于固定的支撑反作用力。由于水的流动性，游泳时肢体在水中的动作失去了固定的支撑，只能利用水对肢体动作所形成的不固定的支撑反作用力推动身体前进，这就加大了获取推进动力的难度。游泳教学中，必须注意对水的支撑反作用力的充分利用。

（三）呼吸特点

人在陆上的呼吸通常是用鼻进行，呼吸动作是自如的，没有手臂动作配合的要求。而游泳时的呼吸不同，它要求游泳者在水面用口吸气，在水中用口和鼻呼气，呼气和吸气之间，有一短暂的闭气过程。吸气时为了对抗水对胸廓的压力，必须加大吸气肌的用力程度。游泳的呼吸还要求在手臂动作的配合下有节奏地进行。因此，游泳时的呼吸比陆上运动时更为复杂，呼吸已是游泳技术的重要组成部分，如呼吸不得法，就换不了气，还容易呛水，导致动作不协调，很难学会游泳，更谈不上长游。对初学者的教学，尤应注意对呼吸技术的学习与掌握。

四、游泳教学的特点

由于游泳教学时的上述环境特点，教学对象的心理特点和游泳技术的特点，形成了游泳教学的以下特点：

（一）安全第一

游泳教学是在初学者所不熟悉，并对其安全具有潜在威胁的特殊环境中进行的，应将安全视为游泳教学必须考虑的首要问题。在场地选择、编班分组、组织教学等教学全过程，自始至终都必须落实安全措施，做到万无一失。

（二）对初学者的教学应从熟识水性入手

通过熟识水性练习，在学生了解了水的特性，熟悉了教学环境，消除了怕水心理，基本学会了漂浮、滑行、呼吸等基本动作后，再开始游泳技术教学。

（三）呼吸是对初学者进行教学的难点

呼吸教学应在教学开始就予以充分的关注，并贯穿于教学的始终。

（四）平浮是对初学者进行教学的重点，每一种泳式的教学多从腿部动作开始

由于游泳时取平卧姿势，所以初学者必须学会水中平浮和平衡，而腿的沉浮又是身体能否平浮的关键。各种泳式的腿部动作，既能产生使身体前进的推进力，又能获得下肢上浮的反作用力。因此，各种泳式的教学大多是从腿部动作开始，一般是先教腿，后教臂及臂和呼吸配合，再教臂腿配合，最后教完整配合。

（五）教学应以水中练习为主

在水中学习技术动作时，由于水刺激的干扰和视觉的限制，往往影响了动觉对动作的感觉，给学生学习技术造成了困难，因此，加强陆上模仿练习和诱导性练习，有利于发展相应的肌肉感觉及协调配合能力，帮助体会动作。待学生建立起明确的动作概念后，再到水中进行练习，就容易掌握游泳技术动作了。但不下水，学不会游泳。因此，在教每一个动作时，一般是先在陆上，再半陆半水然后下水实践，水陆结合，但一定要以水中练习为主。

第二节 游泳教学的组织

游泳教学和其他运动技术项目的教学一样，是通过一定的组织形式来实现的，游泳教学的基本形式是游泳课。本节主要阐述学校游泳课的教学组织问题。

一、学校游泳课的任务

游泳课是学校体育课程的一部分，游泳课的主要任务是传授游泳的基本知识、基本技术和技能，使学生学会游泳；提高学生健康水平，增强体质；进行思想品德教育和培养意志品质。而体育院校体育教育专业游泳课，除上述任务外，还必须让学生掌握游泳教学的基本知识和教学技巧，培养和提高游泳教学能力。

游泳课的类型可分为新授课、复习课、综合课和考核课，但多为综合课，在一次课中既有新内容又有复习内容。根据人体生理机能活动变化的规律，游泳课的结构可相应地划分为准备、基本、结束三个部分。游泳课的整个组织与进行过程，是教师灵活运用各项教学原则和教学方法的过程，教师应熟悉各项教学原则和教学方法，不断提高自己的教学技巧。

二、游泳课的安全组织工作

游泳课的安全组织工作，是游泳教学顺利进行的重要保证。因此，应将安全组织工作认真落实到游泳教学的全过程及每一个环节之中，并将安全组织工作及安全措施作为检查评定游泳课的重要标准。

游泳课的安全组织工作可分为以下几个方面：

（一）课前的安全组织工作

1．加强安全教育。通过墙报、板报、挂图、广播等宣传工具，大力开展游泳安全教育，宣传游泳安全的重要性及安全常识。可组织专题讲座，系统地对学生传授游泳安全知识。亦可以课的形式在第一次课前对游泳安全卫生的有关问题进行讲授。

2．进行健康检查。教学开始前，应对学生进行健康检查，凡患有心脏病、高血压、癫痫病、传染病等对游泳教学存在安全隐患病症的学生，应采用限制性的保护措施，禁止他们下水游泳。

3．了解场地情况。上课前教师应对游泳教学的场地情况，如水的深度，深浅区的范围，池岸和池底的形状、坡度等进行全面的了解，标出深浅区。如在天然水域上课，更应勘察好上课场地的水情、地形，对存在安全隐患的水域，必须设置明显的禁游警示标志。

4．准备好救生、助浮器材。上课前教师应准备一些简单、实用的救生器材，如救生圈、救生竿、绳子及充气车胎等。在天然水域中，还应用充气车胎或木材，并在远离河岸的一端设立安全岛或休息台。深水游泳教学时，还应准备好浮漂、浮板等助浮器材。

（二）课中的安全组织工作

1．课的准备部分

（1）第一次水上课下水前，应向学生宣讲安全注意事项和上课纪律，强调安全工作对游泳教学的重要性，增强学生的安全意识。以后每次课开始时都要提出本课安全要求，检查场地和救护器材。

（2）组织好安全小组。将 5～6 名学生编成一组，挑选责任心强、水性相对较好的学生担任组长。要求小组成员互相关心、互相帮助，小组长应经常清点人数，发现情况及时报告。

（3）布置救生人员和设置安全监督岗。上课时应视上课水域的大小，配备相应的救生员。上课区域不大，则一个班配 1 名救生员；如上课区域大或几个班同时上课，则应多配备几名救生员（如 50 米 × 25 米或 21 米游泳池，可配 4 名救生员）；在自然水域上课，救生员配备数应相应多一些。如救生员人数不够，可让见习的学生担任安全监督员，负责水面监视，及时报告安全情况。

（4）认真做好准备活动。每次游泳课下水前，都必须组织学生认真做好准备活动，以避免抽筋和水上不适应症的发生。

（5）认真清点下水人数。

2．课的基本部分

（1）了解学生游泳水平。上第一次课时，教师应对学生进行摸底测验，切实了解学生的游泳水平，做到心中有数。

（2）经常检查人数。课的进行中，教师应经常检查学生的人数，约10分钟检查一次，可由安全小组检查报告。

（3）加强上课纪律，实施令行禁止。要求学生做到“三不”（不在浅水池和水情不明的水域中跳水，不在人多、拥挤的水域中潜泳，不在水中嬉戏、打闹）。学生起水离队时须经教师同意，归队时须向教师报告后才可下水。

（4）严密教学组织。教师应全面观察，重点照顾，注意深浅水交界处的情况，始终将不会游泳和游泳基础较差的学生置于自己的监控之下。

3．课的结束部分

（1）及时清点人数。游泳课结束学生起水上岸后，应立即集合整队，清点人数。

（2）小结上课的情况，针对课中安全情况提出表扬或批评，指出还须注意的事项，不断增强学生的安全观念。课后清理场地。

三、游泳教学的分组

游泳教学通常是以班为单位，以分组的形式进行。合理的分组便于教师和学生的教与学，有利于教学活动的顺利进行和教学效果的提高。游泳教学中，常用的分组方法有两种：

（一）混合分组

即把技术基础较好的学生与技术基础较差的学生混合分组。这种分组形式有利于学生互相帮助，互教互学，并能让基础较好的学生协助教师关注基础较差的学生的安全和完成教学任务。但不利于对基础不同的学生提出不同的教学要求和组织不同的教学活动，难以满足基础较好的学生相对较高的学习要求，可能影响他们的学习积极性。因此，在教学过程中要安排一定的时间对他们进行专门辅导，使他们得到提高。

（二）按技术水平分组

即按学生掌握游泳技术水平的高低分组进行教学。这种分组形式便于教师根据学生的技术情况，安排不同的练习内容和运动量，有助于区别对待，能满足不同技术水平的学生的不同要求；教学过程中，还可根据学生掌握技术的进展情况，定期或不定期地调整组别，有利于调动学生学习的积极性。教师在全面照顾的基础上，应重点辅导较差的组。

上述两种分组形式各有利弊，应根据学生在不同阶段的具体情况灵活采用。例如，在初学阶段可采用混合分组，到了中、后期可按技术分组。

游泳教学的分组不宜过大，每组以5~6人为宜。也可根据学生的实际按年龄、性别分组。分组时，应充分考虑教学场地的大小、泳道的情况。同时，分组教学也可与适当的个别教学相结合，使区别对待更能落到实处。

第三节　游泳技术教学方法及其应用

教学方法，是教师和学生在教学过程中为实现教学目的，完成教学任务而采取的教与学的活动方式、手段、途径的总称。教学活动是教师和学生的双边活动，包括教师的教和学生的学，教师的教直接影响着学生的学，因此，教学方法对实现教学目的和完成教学任务有着重要的作用。

游泳技术教学的目的任务主要是使学生掌握游泳技术、技能和相关的理论知识，因此，教学内容包含了技术教学和相关的理论知识教学，这就要求游泳技术教学既要符合人们认识事物的一般规律，又要符合运动技术形成的规律。

根据游泳教学的特点及前人的经验，目前在游泳技术教学实践中，人们经常采用的教学方法主要有讲解法、示范法、完整法、分解法、练习法、错误动作纠正法和预防法，以及深水教学法。

一、讲解法和示范法

讲解法和示范法是教师常用的教学方法。在游泳教学中，讲解法主要是教师运用语言向学生讲解、说明所学技术动作名称、作用、要领、做法、要求等，指导学生学习的方法；而示范法则是教师通过具体的动作示范向学生演示所学技术的动作形象结构，引导学生进行学习的方法。虽然两种教学方法侧重点不同，但正确运用都能在一定程度上启发学生的思维，加深对教材的理解，建立正确动作的表象，从而加速对知识、技术、技能的掌握。

在游泳教学实践中，讲解法与示范法都是结合运用，以发挥其最佳教学效果。如先讲解后示范，或先示范后讲解，或边讲解边示范等，这有利于学生加深对所学技术动作的理解、想象和建立正确的动作概念，而且还可提高学生的学习兴趣，激发学生的学习积极性，对教学效果的提高有重要作用。

游泳教学中讲解与示范法的运用，应注意以下几点：

（一）目的明确，重点突出。教师讲解示范要有明确的目的，应根据课的任务、内容、教学对象，确定讲解什么，示范什么，怎样讲，如何示范，并根据课的内容突出教材的重点和难点。如学习蛙泳腿部动作时，应先进行蛙泳腿完整动作示范，然后讲解其动作结构和动作过程，使学生对蛙泳腿部动作有一个完整的了解，再进行分解动作或重点动作的讲解和示范，如收腿中大腿与躯干的夹角、勾脚趾翻脚掌动作等，并围绕讲解的重点动作进行示范。学习分解动作时，应通过讲解和示范，让学生明确该动作在完整动作中的位置。在每次讲解示范时，都应强调学生听什么、思考什么和看什么，不要面面俱到地让学生什么都看，泛泛而听，结果使得学生什么都不清楚。

（二）注意讲解示范位置与队形。讲解示范的队形和位置，是保证讲解示范效果的基本因素之一。游泳教学中讲解和示范，可水陆结合，教师位置和学生的队形，应根据所需示范动作的结构、学生人数、场地条件等情况灵活选择，其目的是要有利于学生的观察，使每一名学生都能看得见、听得清。在深水池教学，学生队形常采用直角和平行队形；而在浅水池教学，学生队形可采用陆上教学的各种讲解示范队形（图 4－1）。水中示范时，学生

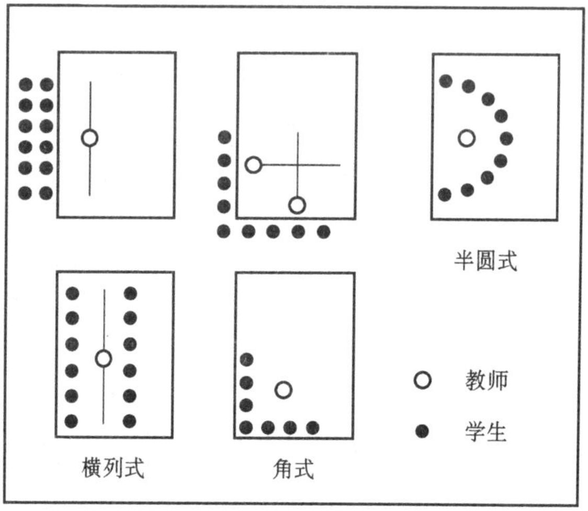

图 4－1　讲解示范队形与位置

应在岸上观看，这比在水中容易看得清楚，必要时也可让学生戴上泳镜在水下观看示范的水下动作。

游泳教学的示范有正面示范、侧面示范和背面示范。示范面的选择，应根据所教泳式和动作而定。如教爬泳腿和配合技术时，应以侧面示范为主；在强调仰泳手臂入水点时，应采用正面示范；在强调蛙泳翻脚动作时，应采用背面示范。示范的速度以中速为宜，有时为了使学生看得更清楚，也可用较慢的速度进行示范。

（三）讲解示范要水陆结合。学生在水中，由于多种因素的影响，注意力容易分散，难以听清教师讲解的内容。因此，应在学生下水前将教学内容、要求、组织措施等主要问题讲解清楚。学生下水后，教师主要是根据学生的练习情况做一些补充性的讲解，而更多的是以手势示意和语言强化动作要领。

（四）讲解示范要正确。讲解示范的正确性是保证讲解示范质量的基本要求，为此，教师必须认真钻研教材和教法，并应勤学苦练教材中技术动作，提高技术水平。讲解时要善于把教材文字变成教学语言，如蛙泳收腿时大腿与躯干的夹角，若直接讲 120～140°角，学生对大腿收腿位置非常抽象，也不易掌握，若用“收腿时脚底朝上”来表述（收腿结束小腿与水面垂直），则学生容易理解和掌握动作，可收到良好的教学效果。

为扩大教师讲解与示范的效果，可充分利用现代教育技术手段，采用计算机辅助的多媒体教学。如运用游泳 CAI 课件教学、观看优秀运动员技术和比赛等音像与图片材料等，提高学生对技术的理解和对技术的欣赏水平。

（五）讲解示范还应根据教学阶段、教材特点和教学对象的不同而有所区别。一般对年龄小、理解能力差的对象，应多进行示范；对年龄较大、理解能力较强的对象，应讲解、示范并重。教新动作时，讲解必须配合足够的示范；上复习课时，示范应有重点和针对性，讲解应着重于对动作的分析。

（六）教师的讲解应简明扼要，力求精练，抓住关键。只有教师“精讲”，才能使学生有时间“多练”。游泳术语和口诀能简明地概括动作的要领和要求，如蛙泳配合动作的“划手腿不动，收手又收腿，手将伸直蹬夹腿，蹬夹腿毕漂一会”等口诀，既便于记忆，又形象直观，应在教学中注意研究，广泛运用。讲解要生动形象，示范要技术规范、动作优美，这有利于学生形成粗略的动作表象和加深对技术动作的理解。

（七）讲解示范应有层次性，教师应使学生所学习的动作概念在他们头脑里逐步发展，过多、过早地讲解或示范易导致学生对所学动作难以理解。根据教材的课时量合理安排讲解示范内容和重点，循序渐进。基本要求是：先作结构性讲解示范——主要讲解示范动作过程和结构；再作关键性讲解示范——讲解示范动作的重点与难点。随着教学的深入，讲解示范更要围绕学生学习情况和教学目标进行，如针对性讲解示范，是针对学生练习情况和存在的问题进行讲解示范；分析性讲解示范，是着重围绕提高技术效果进行讲解示范。

（八）正误对比示范。在纠正错误动作时，教师可对学生的错误动作进行形象的模仿，使学生了解自己的错误所在。教师可在正确的动作示范之后再做错误动作模仿，或在错误动作模仿之后再做正确动作示范。正误对比示范不仅可使学生通过正确动作和错误动作的鲜明对比，对所学动作有更加明确的认识和了解，而且能了解正确动作和错误动作的区别，有利于改进和避免错误动作，还可提高学生对技术动作的观察、判断和分析能力。

（九）手势的运用。由于游泳动作结构的特点和特殊的教学环境，利用手势来帮助提高教学效果，已成为游泳教学的基本手段之一。游泳教学中运用的手势有两种：一是表示教师组织工作意图的组织教学手势。教师通过不同的手势，如开始、停止、下水、上岸、组织队形、示意距离等手势组织教学。二是说明技术动作的技术手势。手势不仅能演示四种泳式的手臂动作，而且能演示四种泳式的腿部动作，这就极大地方便了教师的教学。如运用手势演示游泳技术动作，教师的位置可以在岸上，这样既能观察学生练习，又能及时通过手势向学生示意动作，强化动作要领，有利于教师带领学生练习。如学生俯卧池边练习蛙泳腿时，教师可面对学生通过手势带领和指导学生练习，发挥学生视觉（看教师手势动作）和动觉（控制练习动作）学习动作的优势，有利于教与学的活动。

二、完整法和分解法

完整教学法是指从动作开始到结束，不分部分和段落，完整地进行教学。其优点是使学生完整地学习和掌握动作，不破坏动作结构的完整性，能保持各部分动作的内在联系，容易使学生形成整体动作的概念。但不利于复杂技术动作的教学，给学生学习和掌握较为复杂的动作带来困难。分解教学法是指把完整的动作，按其技术结构或身体活动部位，合理地分解成几段或几部分，并按所分的段落、部分依次进行教学，最后达到全部掌握。其优点是简化教学过程，降低动作难度，增强学生的学习信心，利于加快掌握复杂技术动作的速度，更有利于突出重点。若分解和运用不当，容易破坏动作结构完整性及动作的内在联系。

完整教学法与分解教学法既是教师教的方法，也是学生学习和练习的方法。在游泳教学实践中，这两种教学方法都要根据教材特点和教学需要，有机结合运用到游泳技术教学之中，充分发挥各自的优势，提高教学效果。

采用完整法和分解法进行教学时，应注意以下几点：

（一）根据游泳技术教学特点和动作结构合理选择和组合分解法与完整法。在游泳教学中，教任何泳式基本上都是按先腿后臂再臂腿配合这种分解形式和教学顺序进行的。在教具体动作时，再根据该动作结构特点选择不同的教学法。如教蛙泳腿部动作，常采用分解法练习收、翻、蹬夹动作；而在教爬泳、仰泳和蝶泳腿的动作时，则常用完整法教学。

（二）分解法与完整法要有机结合。分解教学不是目的，而是为了降低学生学习的难度，因此，分解教学应有利于向完整教学过渡。在游泳教学中，分解教学向完整教学过渡有两种形式：一是逐步过渡，即逐步减少分解部分达到完整教学。如爬泳的直腿打腿、蝶泳的水下侧摆腿等，再逐步过渡到完整打腿练习；爬泳和仰泳两臂配合技术也可采用扶练习板单臂练习→两臂扶练习板左右臂交替练习→前交叉配合练习；蝶泳配合可采用单臂蝶泳配合→左右臂交替蝶泳配合→完整蝶泳配合。在完整教学过程中，同样要发挥分解教学在改进和提高技术环节动作中的作用，提高学生的完整技术的质量。

（三）突出重点，逐步提高。依据游泳技术的特点，游泳技术教学应首先强调动作姿势（形状、角度），即对水面、高肘屈臂、蛙腿翻脚等；再强调动作过程的方向、路线和幅度的变化，如曲线划水和动作幅度等；最后要求掌握动作节奏，如爬泳腿上打慢下打快，蛙腿慢收快蹬、加速划水等。

三、练习法

练习法是游泳教学的基本方法之一，既是教师的教法也是学生的学法。练习法的特点是学生在练习中，有机体要承受一定的运动负荷，消耗一定的体力，引起一定的疲劳。因此，练习之间有适量的休息时间，以调节学生的体力，恢复工作能力。游泳教学中常采用的练习法有重复练习法、变换练习法、游戏法、比赛法等。

（一）重复练习法

重复练习法是根据练习任务的需要，在相对固定的条件下反复进行练习的方法。重复某一动作或姿势的练习，有利于加速所学动作和条件反射的形成与巩固；有利于加强身体锻炼，提高游泳所需的专项素质，并可迅速增长游距；有利于教师观察、指导学生改进动作。运用重复法时应注意控制练习的重复次数和练习的距离，还要控制好每组练习之间的间歇休息时间，以免负荷过大，使学生过早出现疲劳而影响技术动作的学习与掌握。在游泳教学中，重复练习的距离应根据学生技术动作掌握的情况和练习内容难易程度确定，通常是先短然后逐步加长。重复次数则依练习距离和对练习动作强化的具体要求而定，练习距离短时重复次数多，反之则重复次数少一些。但在一些原地练习中，如俯卧池边蹬蛙泳腿或扶池边爬泳打腿等，一次练习通常以动作练习次数或练习时间为固定的练习单位，此类练习则主要以重复练习单位的次数，强化练习动作和增加练习强度。重复练习的间歇时间，在游泳教学中没有很严格的规定，一般是以分组（2～3组）轮流游作为间歇控制，若不分组，则每游完一次，教师即以简要讲解或示范或纠正错误作为休息间歇。

（二）变换练习法

变换练习法是根据教学任务的需要，在变换条件下进行练习的方法。其变换的条件主要有动作形式、练习内容组合结构、附加条件练习、练习速度等。在游泳教学中，变换练习法的设计与运用应贯彻由以视觉控制为主向以动觉控制为主过渡；由直立体位练习向平卧体位练习过渡；由有固定支撑练习到无固定支撑练习向无支撑练习过渡；分解练习向完整过渡；臂腿配合动作练习相互交替。变换动作形式的练习设计，如爬泳腿教学中可采用俯卧、仰卧或侧卧打腿练习，通过体位变换强化学生的动作感觉；又如蛙泳腿教学的练习组合，采用坐池边蹬腿练习→垂直支撑池边蹬腿练习→俯卧池边蹬腿练习→扶池边憋气蹬腿练习→憋气滑行蹬腿练习→扶练习板蹬腿练习。练习内容组合的设计，如夹板蛙泳划手与扶板蹬蛙泳腿组合、扶板蹬蛙泳腿与扶板爬泳打腿组合等。附加条件练习，如以固定的距离扶板蹬蛙泳腿数蹬腿次数计算动作效果的“计算法”、仰泳练习时额头上放置苹果以提高头部稳定性的练习等。变换练习速度，如 25 米快 25 米慢或 50 米滑行式蛙泳 50 米连接式蛙泳等。由于练习条件和运动负荷的不断变换，有利于提高学生对上述变化的适应能力和进行练习的积极性，而且可使局部肢体和机体张弛相济、劳逸结合，有利于动作技术的学习掌握和运动水平的提高。采用变换练习法时，应注意条件的变换和运动负荷的安排，既要符合练习任务的要求，又要考虑学生的接受能力和负荷能力。

（三）游戏法和比赛法

游戏法是以游戏的方式组织学生进行练习的方法，比赛法是在比赛的条件下组织学生进行练习的方法。前者具有较强的娱乐性，后者具有较强的竞争性，因而采用上述方法进行练习时，可造成生动活泼、热烈紧张的练习气氛，不仅可提高学生的兴趣，激发学生进行练习的积极性，加快学习掌握动作技术的进程，而且还可培养学生团结协作的团队精神和竞争意识。游泳教学中的水上游戏内容丰富，应注意有针对性地选用。游戏、比赛过程复杂多变，应加强组织工作，注意控制运动负荷，警惕伤害事故的发生。

四、错误动作纠正法和预防法

错误动作纠正法是指教师针对学生练习中产生的错误动作的原因，有针对性地选择有效的手段，及时矫正错误动作的一种方法。在游泳教学中，由于教、学双方的原因，学生的动作常会出现错误，如因不注意纠正或纠正不及时而导致错误动力定型的形成，不仅掌握不了正确的技术动作，而且错误动作还难以纠正。

（一）错误动作产生的原因

要纠正错误动作必须首先了解错误动作产生的原因，才能有的放矢地进行纠正。游泳教学中产生错误动作的原因有以下几种：

1．动作概念不清。如爬泳的打腿，是直腿打水还是屈腿打水；蛙泳腿的“蹬夹”动作，是边蹬边夹还是先蹬后夹。

2．身体素质差。如肩关节灵活性差，造成移臂困难；踝关节灵活性差，造成勾脚打水等。

3．某些动作动力定型的影响。如侧泳的剪绞腿动作影响了蛙泳腿动作的对称，“大爬式”移臂影响了爬泳的高肘移臂。

4．心理紧张。初学游泳的学生，在水中进行练习时，尤其是在较深的水中时，因担心自己的安全而产生紧张心理，造成动作僵硬、不协调，甚至导致乱蹬、乱划现象。

5．教法不当。如蛙泳腿的分解动作练习的时间过长，易造成动作脱节；爬泳两臂分解配合练习过多，易造成完整配合动作不连贯等。

（二）纠正错误动作的方法

学生一旦出现错误动作，教师首先要帮助学生找出原因，分析原因，反复讲解示范，尤其是正误示范，使学生明确动作要领，建立自觉改进动作的意识。第二，针对错误动作选择有效的纠正方法，对症下药。对于由学生内因而引起的错误动作，如身体素质较差产生的错误动作，教师要有预见，应有计划地在课中或课外同步安排有关身体素质的练习，如蛙泳腿教学应从教学开始就要安排压蛙泳腿练习，这既发展了蛙泳腿的专门柔韧性，又强化了蛙泳腿的翻脚动作；而对由旧动作定型产生的错误，则可运用诱导法和矫枉过正法等方法加以纠正；由心理紧张而引起的错误，应通过改变教学环境、加强保护帮助和增加引导性与准备性练习等，逐步消除心理紧张，形成正常学习的心理状态。由于外因的影响导致学生产生错误动作，如教师教法不当，教学环境和条件太差，教师则应加强教学理论的学习，钻研教材，改进教学方法，提高运用教学方法的能力与技巧。教师还应针对现有的游泳教学场馆，提出有利于教学的建设性意见，加强游泳场馆和池水卫生管理，改善教学条件，为学生营造一个优良的教学环境。

纠正错误动作时应注意的事项：

1．教师对学生出现的错误动作，应认真分析。纠正错误动作时，应抓主要矛盾，先主后次依次解决。抓主要矛盾，一是要抓同时出现的几个错误中的主要错误，二是要抓产生错误动作的几个原因中的主要原因。

2．区别对待，有的放矢，对症下药，不同的错误动作应采用不同的纠正方法，即使多名学生出现同一错误，也应根据学生各自的情况，因人而异地采用不同的纠正方法。

3．带有共性的错误，应集体进行纠正。在学生人数较多的情况下，可将学生在一个基本教材中所产生的错误归纳成几种类型，先集体纠正普遍存在的错误，再单独纠正个别人的错误。

4. 观察学生的错误动作时，应根据学生产生错误动作的部位（头、躯干、腿、臂），选择适宜的观察位置，避免光线直射眼睛，要充分考虑到水中光线折射的影响，必要时可潜入水中观察。

（三）错误动作的预防法

在游泳教学中，减少学生学习过程中出现的错误动作，是提高教学质量的根本保证，也是教学技巧的具体体现。因此，预防错误动作的产生是教师教学设计必须考虑的主要因素。教师教学前应认真分析教材的特点、重点、难点和常见错误动作，针对学生的具体情况，对教学过程中学生可能出现的错误动作应有预见性，并制定预防方法和应激措施；教学中，教师的讲解与示范要启发学生思考，帮助学生建立正确的动作表象，尤其是教师要对易出现的错误动作提出警示，使学生对错误动作产生警觉，这种教学前馈作用对预防错误动作有着良好的效果；教法和练习方法的选择与组合，要符合认识规律和技能形成规律，进行每一个练习时都要提出准确而具体的要求，使学生明确练习的目的，按照练习要求进行练习；加强课堂教学组织，营造优良的教学环境等，都是保证教学过程顺利进行、减少学生学习过程中出现错误动作的基本措施与要求。

五、深水教学法

在深水环境中进行游泳教学，必须设法使学生浮于水上，并置于可靠的安全措施的保护之下。任何缺少安全保护措施的深水教学方法和手段，都是不可取的。目前采用较多的深水教学方法有绳索牵拉助力法和深水浮具法两种。

（一）绳索牵拉助力法

这种方法是教师在岸上，通过牵拉捆系在学生腰部的绳索助力，使学生浮于水上，再进行游泳技术的教学。此教法的优点是安全、可靠，学生在教师的牵拉助力下，可放心大胆地进行游泳技术的学习。缺点是采用此法，只能进行“一对一”的教学，不仅不能满足学生人数较多的集体教学的需要，并且会大大增加教师的体力负担。此外，还会因教师施加助力的不当，限制学生的动作和影响学生体会水中动作的实感。

（二）深水浮具法

这种方法是将浮具佩戴在学生的腰部（常采用的浮具有浮漂、浮带、浮漂背心等），使身体在浮具浮力的支持下浮于水上，再进行游泳技术的学习。此教法的优点：一是学生佩戴浮具后，由于无须担心自己的安全，即可全力专注于动作技术的学习，有利于教学效果的提高。二是浮具的浮力，有助于学生的身体在水中处于高平位置，有利于动作技术的学习和掌握。三是佩戴浮具后，学生可在水中独立进行各种动作练习，避免了绳索牵拉的外力限制，并有利于增强水中的动作实感。四是在浮具的助浮、保护之下，教师可放手进行人数较多的集体教学，既可提高教学效率，又可减轻教师体力和精神上的负担。缺点是浮具佩戴位置不当，会影响身体的水平位置；佩戴浮具的时间过长，会使学生对浮具产生依赖。

运用深水浮具法时应注意以下几点：

1．浮具的浮力，应足以支持身体的重力，使用时应使头部完全浮出水面。

2．浮具应由2~4个单独的浮子（球）组成，以便于教学过程中根据需要增减浮具的浮力。

3．串联浮子（球）并捆系于学生腰间的绳索或橡皮筋，必须结实可靠，使用中不会断裂、脱落。

4．浮具佩戴的位置，应根据所学动作技术需要适时调整，使浮具的浮心始终处于身体重心之上。

5．学生第一次佩戴浮具下水后，应先通过深水熟识水性练习，掌握在水中持板平浮和身体平衡，再开始腿部动作的学习。

6．学生基本掌握动作技术后，应适时地减小或逐步取消浮具的浮力支持，以免造成学生对浮具助力的依赖。

第四节 游泳教学的顺序

根据游泳教学的特点，对初学者的游泳教学必须首先熟识水性，继而转入游泳技术的教学。至于先教哪一种泳式、教某一泳式时应先教什么动作、学习多种泳式时其顺序如何安排，均须根据教学任务，学习时间，教学对象的年龄、性别、技术基础等具体情况而定。

一、首教泳式

初学者首先学习哪种泳式，必须根据教学任务和学生的情况而定。

（一）先教蛙泳

如教学任务是尽快掌握一种泳式，并要求在较短的时间内完成一定的游距时，可首先选择蛙泳进行教学。一般高等和中等学校的游泳教学，教学时数不多，为尽快教会一种泳式和保证学生的安全，可先教蛙泳。因为蛙泳采用的是正面抬头呼吸，动作自然，相对简单易学，对称的臂腿动作便于保持身体平衡。动作节奏有明显间歇，游进时较为省力，基本掌握后即可迅速增长游距。蛙泳动作与踩水、反蛙泳动作相似，掌握蛙泳后可迅速掌握踩水和反蛙泳等实用游泳技术，或在蛙泳教学中结合踩水、反蛙泳等实用技术进行教学，有利于保证学生的安全。

但蛙泳臂、腿和臂腿配合动作复杂，对初学者具有一定的学习难度，因此，对教师的教法和运用练习手段有较高要求。

（二）先教爬泳

如教学任务是系统学习竞技四式技术，则可先教爬泳。因为爬泳动作接近人的行走动作，臂、腿动作相对简单，其配合节奏也不如蛙泳要求高，较易学习掌握。而且，在掌握了爬泳技术之后，由于动作技术的相似转移，对学习仰泳、蝶泳技术均有一定的帮助。再则，爬泳比赛项目多，竞赛意义大。在业余体校对少年儿童进行游泳教学时常将爬泳作为首教泳式。但爬泳的转头吸气技术较为复杂，掌握较为困难，是爬泳教学中的一个难点，教学中应给予充分关注。

（三）先教仰泳

仰泳腿、臂及配合技术比较简单，脸露出水面呼吸可不受水的影响，易于初学者学习与掌握。另外，由于仰泳动作与爬泳相似，掌握了仰泳后有利于学习爬泳。但仰泳作为首选泳式教学时，应加强保护，最好与踩水结合进行，以保证学生的安全。

在教学时，也可根据学生原有技术基础来决定首教泳式。如已会大爬式者，可先教爬泳；已会对称性动作者，可先教蛙泳；已会仰卧浮体者，可先教仰泳。

二、一种泳式的教学顺序

各种泳式的动作技术都包括腿、臂、臂与呼吸配合、臂腿配合和完整配合动作。无论教哪一种泳式，在采用分解教学法时，一般都按照腿→臂（臂与呼吸配合）→臂、腿配合→完整配合的顺序进行教学。在分解教学中应强调“先腿后臂”的教学顺序，因为各种泳式的腿部向下动作的反作用力，可使腿部上浮，从而有利于保持身体的平浮和手臂动作的学习与掌握。

三、每个单一动作的教学顺序

游泳的每个单一动作（臂或腿部动作）的教学，无论采用完整法或分解法，原则上都应按以下教法顺序进行：

（一）讲解、示范，使学生明确动作要领。

（二）陆上模仿练习（包括半陆半水模仿练习）。

（三）水中有固定支撑练习（扶池边、池槽、同伴或由同伴扶持，牵引进行腿部动作练习，站在浅水中或由同伴扶腿进行划臂练习）。

（四）水中无固定支撑练习（滑行打腿、拖腿划臂或利用浮板、浮枕等助浮器材进行腿部或臂部动作练习及徒手进行各种分解、配合练习）。

（五）逐步增长游距，巩固和提高动作质量。

四、四种竞技泳式的教学顺序

随着游泳运动的发展，学生对竞技游泳的要求日趋全面，四种竞技泳式的教学已在游泳教学中得到实施，尤其是在青少年群体中更为普及。在目前的游泳教学实践中，四种竞技游泳姿势的教学顺序主要有以下四种排列：

（一）熟识水性→爬泳→仰泳→蛙泳→蝶泳

（二）熟识水性→爬泳→仰泳→蝶泳→蛙泳

（三）熟识水性→仰泳→爬泳→蝶泳→蛙泳

（四）熟识水性→蛙泳→爬泳→仰泳→蝶泳

五、四种竞技泳式的教学安排

（一）单一教学法

单一教学法是指在一定的时间内，只教一种泳式，待学生掌握后，再转入另一泳式的教学方法。单一教学法的优点是重点突出，能集中时间和精力，全力以赴地解决主要教材内容，使学生掌握一种泳式。缺点是教学内容单一，容易引起学生部分肢体疲劳，或因教学内容单调而使学生产生厌学情绪。因此，采用此教学安排时应增加游戏内容和丰富教学手段，以利学生减轻肢体负担和提高学习兴趣。

（二）综合教学法

综合教学法是指在一段教学时间内几种泳式连贯地或几乎同时地进行教学。综合教学法又有“平行连贯教学法”和“相似动作教学法”等不同教学安排方法。

1. 平行连贯教学法

平行连贯教学法是指在一定的教学时间内，将四种泳式系统连贯地、几乎平行地进行教学安排（表4－1）。

表4－1　平行连贯教学法进度表

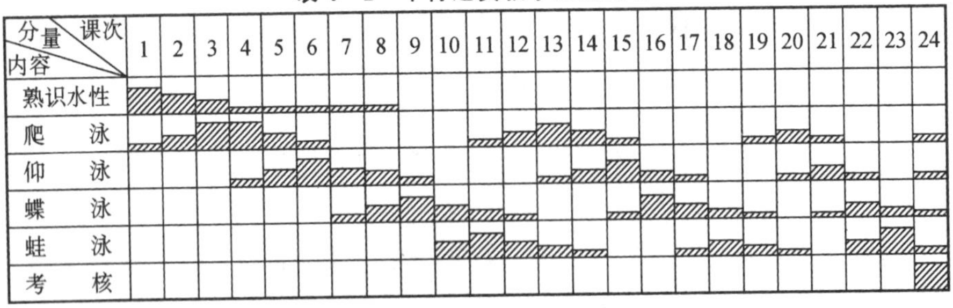

此教学安排的优点是能使在初步学习而未完全掌握一种泳式时立即转入另一种泳式的学习，四种泳式初步学习后，又开始第二轮、第三轮的学习，平行连贯地进行。使学生在一定的时间内进行多种泳式的学习，既可加快教学进度，又可提高学习兴趣和避免局部肌体疲劳，使学生较快地学会多种泳

式。平行连贯教学课的密度和运动量较大，教学过程的组织要求比较严密。

2．相似动作教学法

相似动作教学是指在游泳教学中，将各种泳式中动作结构基本相同、技术环节大致相似的动作加以综合归纳，在一个阶段的教学中，同时或相继教学这类动作或泳式，例如踩水→蛙泳→反蛙泳→仰泳→爬泳→蝶泳。此顺序安排的优点是运用相似动作的技能转移，能促使学生较快掌握多种游泳姿势，并可提高学生学习兴趣。但教学时必须注意对相似动作的正确认定，才可达到动作技能良性转移的目的。相似动作教学法中，也有先采用爬泳或仰泳开始动作顺序进行教学的方案。

第五节　游泳技术教学

一、熟识水性

熟识水性是游泳教学中的一个重要环节，是初学者必须首先经过的一个阶段。其目的是让初学者体会与了解水的浮力、压力、阻力等特性，逐步适应水的环境，消除怕水心理，培养对游泳的兴趣，并掌握一些学游泳最基本的动作，如呼吸、浮体、滑行等，为以后学习各种游泳技术打下基础。

熟识水性教学的手段与方法多种多样，在运用这些手段与方法时，能与水中游戏结合，寓教于乐，其效果会更好。这里只介绍几种典型的熟识水性的练习方法。

（一）水中行走

水中行走练习的目的，主要是体会水的阻力，掌握在水中站立和行走时维持身体平衡的方法，消除怕水心理。

1．练习方法

（1）扶池边向前、向后、向两侧行走。

（2）集体拉手向前、向后、向两侧行走。

（3）各种方向的走、跑及转身、跃起。

2．教法提示

水中行走宜在齐腰深的水中进行，练习时应提醒学生相互注意，以防止因滑倒而呛水或发生溺水事故。

（二）呼吸

呼吸练习的目的，在于初步掌握游泳时的呼吸方法（呼吸过程、呼吸动作和呼吸节奏），适应头浸入水中的刺激，消除怕水心理。

1．练习方法

（1）闭气练习：面对池壁，两手扶池边站立。练习时用口吸气后闭气，将面部和头没入水中，在水中停留片刻后起立，在水面上呼气和吸气。在水中闭气的时间，可随练习次数的增加而逐渐延长，但须控制在学生能力范围之内。

（2）呼气练习：同上练习，当面部和头没入水中稍闭气后，用口或口和鼻缓慢而均匀地呼气，但不要把气呼完，在呼气的后部分，一边呼气一边抬头，当口出水面时用力将气呼完。然后起立在水面上用口吸气。

（3）连续呼吸练习：同上练习，但要求练习动作连贯。如此反复，直到能连续做 20 ~ 30 次。

2．教法提示

（1）呼吸是游泳教学的难点，应贯穿教学的始终。

（2）强调呼吸的方式是用口吸气，用口或口和鼻呼气；呼吸的过程是吸气→闭气→呼气；呼吸的节奏是快吸气，慢而逐渐加速地呼气；呼吸动作是抬头或转头吸气。

（3）为了不中断练习和适应游泳时的呼吸动作与节奏，在做连续呼吸练习时，尽量不要用手去抹脸上的水，或用甩头的方式将脸上的水甩掉。

（4）在学生能比较熟练地做呼吸练习后，可要求学生在水中睁开眼睛。

（三）浮体与站立

浮体与站立练习的目的是体会水的浮力，掌握在水中浮体、维持身体平衡和由浮体到站立的方法，进一步消除怕水心理。

1．练习方法

（1）抱膝浮体：站立在齐胸深水中，深吸气后闭气，下蹲低头抱膝团身，使身体自然漂浮于水中。站立时，松手，向前伸两臂，然后轻轻下压使头抬起，同时两腿下伸，脚触池底站立，两手臂在体侧拨水维持身体平衡（图 4－2a）。

（2）展体浮体：站立在齐胸深水中，两臂放松前伸。深吸气后，屈膝下蹲，身体前倾并低头，两脚轻蹬池底，两腿放松上浮成俯卧展体姿势漂浮于水中（图 4－2b）。站立时，收腹、屈膝、收腿，两臂向下轻轻压水并抬头，同时两腿下伸，脚触池底站立，两手臂在体侧拨水维持身体平衡。

a　　　　b

图 4－2

2．教法提示

（1）教授浮体时，必须同时教授站立的方法，以确保安全。

（2）在开始做浮体练习时，应提醒学生相互关照，需要时，出手帮助同学站立。

（3）在做展体浮体时，身体要展平，通过低头和向前伸两臂的动作，调节重心与浮心的位置，使身体能较长时间地平浮于水中。

（四）滑行

滑行练习的目的，是使学生体会和掌握游泳时身体的水平位置与流线型姿势，提高学生在水中控制身体的能力，为学习各种泳式打好基础。

1．练习方法

（1）蹬池底滑行：两脚前后开立于齐胸深水中，两臂前伸，两手并拢。

深吸气后上体前倾并屈膝，当头和肩没入水中时，前脚掌向后下方用力蹬离池底，随后两腿并拢，使身体成流线型向前滑行（图4-3a）。

（2）蹬池壁滑行：背对池壁，一手扶水槽或池边，一臂前伸，一脚在池底站立，另一脚蹬在池壁上。深吸气后低头，上体在水中前倾成俯卧姿势。然后提臀向上收支撑腿，两脚贴于池壁，臀部后移，两臂前伸并拢，头夹于两臂之间，两脚用力蹬池壁，使身体成流线型姿势向前滑行（图4-3b）。

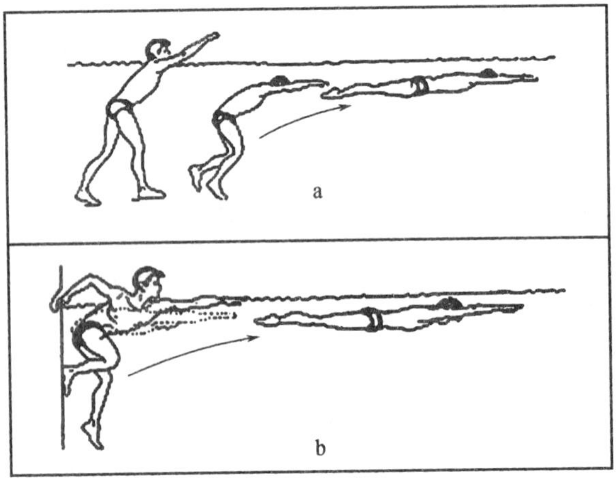

图 4-3

2．教法提示

（1）滑行是熟识水性的重点。

（2）滑行时，身体应适度紧张，保持流线型姿势。

二、蛙泳技术教学

（一）腿部动作

1．动作要领

两腿从并拢伸直开始，大腿放松，膝下沉，小腿跟在大腿后面向前收，边收边分，当大腿收到与躯干成120～140°角时，两膝与髋同宽，两脚尽量靠近臀部，小腿与水面垂直，脚底朝上。接着，两脚勾脚外翻，使脚内侧和小腿内侧对准后方。然后，大腿发力，小腿和脚加速向后做弧形蹬夹，蹬夹动作同时结束，两腿并拢伸直，身体成流线型向前滑行。

2. 练习方法和步骤

(1) 陆上模仿练习

①坐撑模仿：坐在池边或凳子上，上体稍后仰，两手后撑，按口令做蛙泳腿部动作（图 4–4）。练习时，先按“收、翻、蹬、停”四拍进行，再过渡到“收、翻”“蹬、停”两拍，最后是一拍的完整练习。

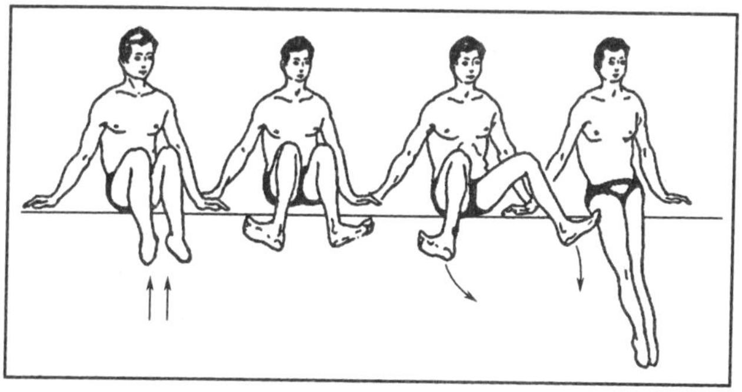

图 4–4

②俯卧池边模仿：趴在池边，下肢置于水中，按同上的口令做蛙泳腿部动作（图 4–5）。

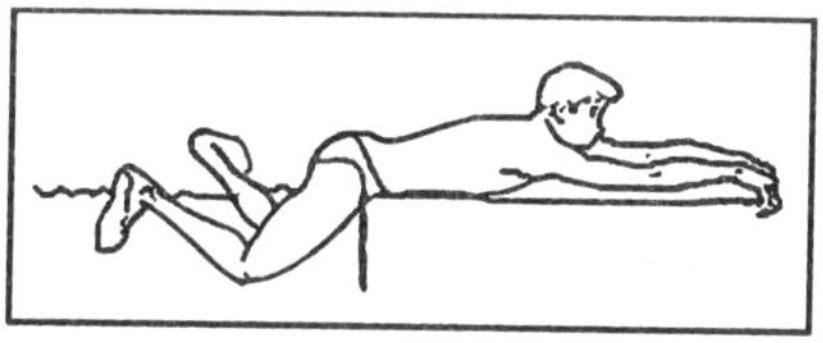

图 4–5

③池边垂直蹬腿：面对池壁，双手扶池边将身体撑起成直立悬垂姿势（图 4–6a），手臂力量弱者则可手抓池边（图 4–6b），做向下蹬腿练习。因手臂支撑时间有限，每次练习做 3～6 次蹬腿为宜。

(2) 扶池边水中蹬腿练习

①双手扶池边，憋气后身体成俯卧姿势平卧水中，做蹬腿练习（图 4–7a），每次练习 3～6 次。

②滑行蹬腿：在蹬边滑行的基础上，两臂伸直，两腿做蛙泳腿动作练习。

③扶板蹬腿：两臂伸直，两手扶浮板俯卧于水中，两腿做蛙泳腿动作练习（图 4－7b）。

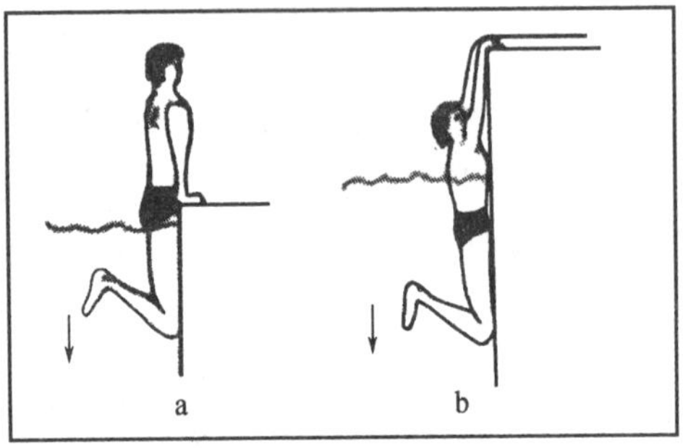

图 4－6

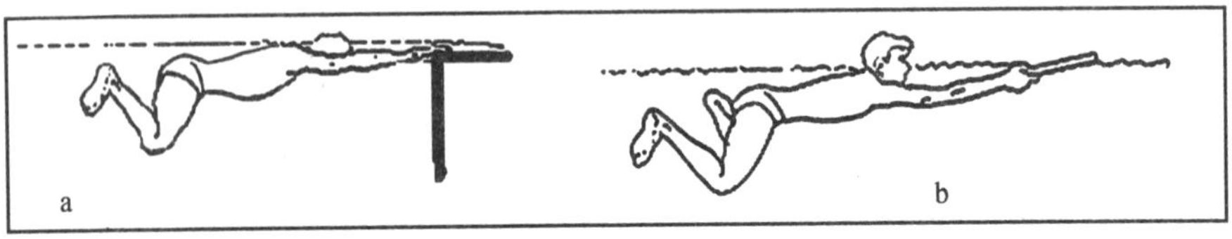

图 4－7

3．教法提示

（1）对初学者来说，蛙泳蹬腿是蛙泳推进力的主要来源，应重视腿部动作的练习。

（2）蛙泳腿部教学的重点是蹬夹腿动作，难点是翻脚动作。

（3）在蛙泳腿部动作教学中，除了要强调动作的路线外，还要强调动作节奏，即慢收快蹬。

（二）手臂和手臂与呼吸配合

1．动作要领

手臂的动作要领：两臂从并拢前伸开始，前臂内旋，稍屈腕，掌心朝外斜对后下方，两手外划至比肩宽时，边划边屈肘，前臂外旋，形成高肘姿势转向内划，两手划至颌下靠拢向前伸，掌心转向下方。整个划水过程要加速进行。

手臂与呼吸配合的动作要领：

早吸气。两臂外划时抬头，口露出水面时吸气，内划时闭气，臂前伸滑行时呼气。

晚吸气。两臂外划时呼气，内划结束口露出水面时吸气，前伸滑行时闭气。

2. 练习方法和步骤

(1) 陆上模仿练习

①站立模仿：两脚开立，上体前屈，两臂前伸并拢，做手臂动作的模仿练习。先按口令做外划、内划、前伸分解练习，然后做完整练习。熟练后做手臂与呼吸配合练习。

②俯卧池边划臂练习：练习方法如图 4－8 所示，做手臂划水动作和手臂与呼吸配合练习。

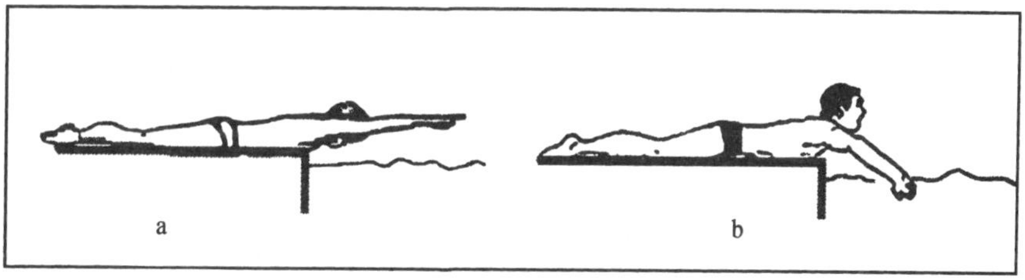

图 4－8

(2) 水中练习

①水中站立划臂：站在齐腰深的水中，上体前屈，两臂前伸并拢，先做手臂划水练习，然后做手臂与呼吸配合练习（图 4－9）。

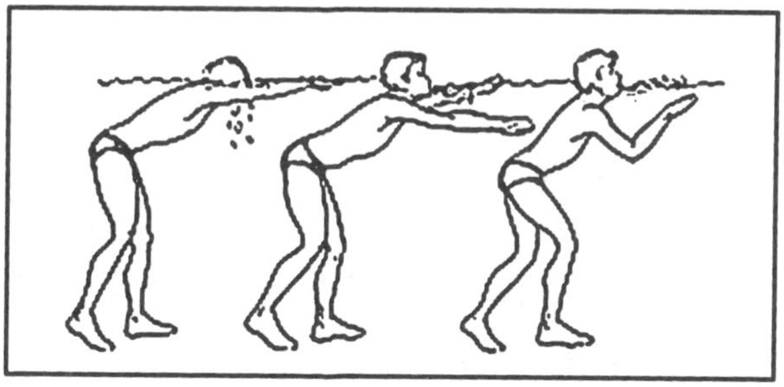

图 4－9

②行进间手臂和手臂与呼吸配合：站在齐腰深的水中，上体前屈，两臂

前伸并拢，边做手臂动作边向前慢慢行走（抬头），熟练后做手臂与呼吸配合练习。

③夹板手臂与呼吸配合练习：将浮板夹于两大腿之间，俯卧水中做手臂与呼吸配合练习（图4－10）。

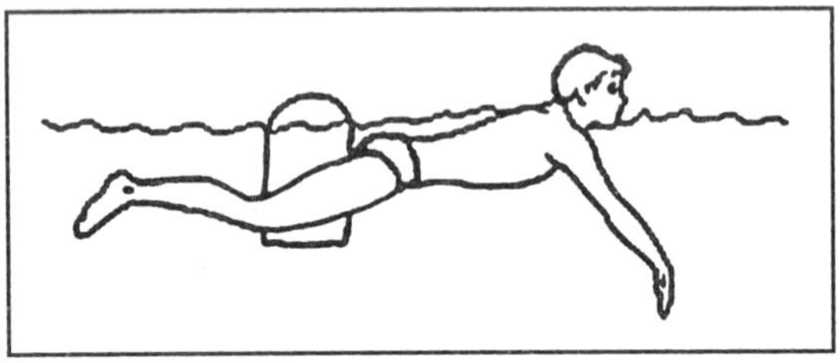

图 4－10

④滑行蹬腿手臂与呼吸配合：滑行蹬腿两次，手臂与呼吸配合一次。

3．教法提示

（1）手臂动作教学的重点是划水路线和动作节奏，难点是内划；手臂与呼吸配合教学重点是配合时机，难点是呼吸。

（2）在手臂动作教学初期，不要强调用力划水和划水效果，防止学生两手过多地向后划水，宜采用“小划臂”练习，帮助学生体会和建立正确划臂的动作概念与肌肉感觉。

（3）在练习中，应强调两手臂向前伸直并拢后一定要有滑行阶段。

（4）从技术的合理性来讲，晚吸气技术要优于早吸气技术。但对于初学者，早吸气技术较容易掌握。在开始学习时，可要求采用早吸气技术，学会蛙泳后再改用晚吸气技术。

（5）练习时，应注意呼吸的节奏，呼气量应由小到大，口将出水时应加速呼气。呼与吸之间应无停顿，口出水面后应快而深地吸气。

（6）练习时，要掌握好臂与呼吸配合的时机。采用早吸气技术时，应缓慢地抬头，不要过猛地抬；采用晚吸气时，应强调吸气时手臂动作不能有停顿。

（三）完整配合动作

1．动作要领

游蛙泳时，一般采用划臂一次、蹬腿一次、呼吸一次的配合方式。

采用早吸气技术时，完整配合动作要领是：两臂外划时腿不动，外划过程中抬头吸气，内划时收腿、闭气，臂向前将伸直时蹬夹腿，臂腿伸直滑行时呼气。

采用晚吸气技术时，完整配合动作要领是：两臂外划时开始呼气，腿不动。内划时收腿，同时，头随肩部的升高而口露出水面时吸气。臂向前将伸直时蹬夹腿，在手臂前伸和滑行时闭气。

2. 练习方法和步骤

(1) 陆上模仿练习

①单腿配合练习：两腿稍开立，两臂向上伸直并拢。一腿支撑，另一腿与臂配合做模仿练习。练习时，可先按 4 拍进行分解练习，即第 1 拍，两臂向外侧划臂；第 2 拍，内划并收腿、翻脚；第 3 拍，臂将伸直时蹬腿；第 4 拍，臂腿伸直并拢后稍停片刻（图 4－11a），然后做连贯动作。

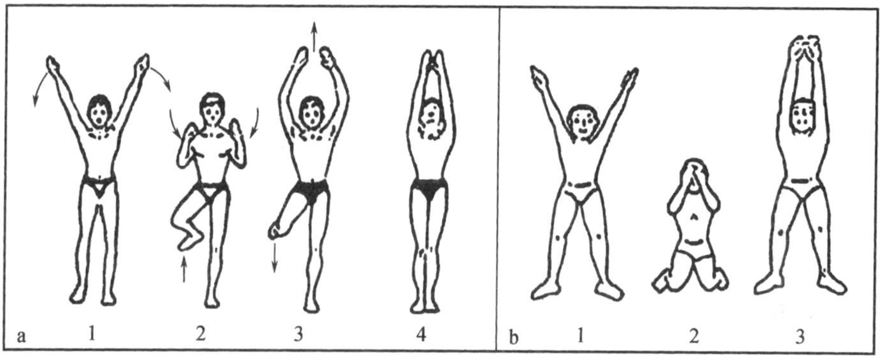

图 4－11

②臂腿配合练习：两腿左右开立，两脚成外八字，两臂向上伸直并拢。按口令做配合模仿练习，开始时分 3 拍进行：第 1 拍，两臂向外侧划臂；第 2 拍，内划并稍屈膝下蹲；第 3 拍，臂将伸直时伸膝站立（图 4－11b），之后做连贯动作练习。

③完整配合模仿练习：在上一练习的基础上，增加与呼吸的配合，做蛙泳完整配合模仿练习。

(2) 水中练习

蛙泳完整配合练习一般分三个练习步骤：第一步，滑行后蹬腿两次、划臂一次、呼吸一次的配合练习；第二步，按划臂（呼吸）→蹬腿→滑行的配合方式进行练习；第三步，逐步过渡到蛙泳紧凑式配合练习。

3．教法提示

（1）蛙泳完整配合的教学重点是臂与腿的配合，难点是臂腿配合时机。

（2）在完整配合教学的初期，应强调频率要慢，一定要有滑行阶段。

（3）练习时，呼气要充分。

（4）随着学生蛙泳技术水平提高，应向晚吸气技术过渡。

（5）在学生基本掌握了蛙泳技术的基础上，可采用加长距离和变换速度等练习，提高和巩固技术。

（四）蛙泳常见错误动作及其纠正方法

蛙泳常见错误动作及其纠正方法如表 4－2 所示。

表 4－2　蛙泳常见错误动作及其纠正方法

动作部位	常见错误	产生原因	纠正方法
腿	平收腿	1．动作概念不清 2．收腿时两膝外展	1．讲解、示范，明确收腿动作要领。陆上模仿加深体会 2．采用矫枉过正法，收腿时两膝并拢
	收腿时脚的位置太低	1．动作概念不清，大腿收得过多 2．头和上体抬得过高 3．腰部肌肉过于放松	1．讲解、示范，明确要领 2．低头提臀，使身体平浮 3．腰背肌肉适度紧张
	无翻脚动作或翻脚不够	1．动作概念不清 2．缺乏翻脚动作的肌肉感觉 3．踝关节柔韧性差 4．伸踝的错误动作定型的影响	1．讲解、示范，明确翻脚动作要领 2．多做陆上模仿，增强翻脚动作的肌肉感觉 3．加强踝关节的柔韧性训练 4．强调翻脚时的勾脚动作，反复进行踝关节的屈伸练习

（接续表）

（续表）

动作部位	常见错误	产生原因	纠正方法
腿	收蹬腿时两腿动作不对称，有剪绞水动作	侧泳及类似错误动作定型的影响	陆上模仿，加深对正确动作的体会。加强水中分解动作练习，强调两腿动作应同时、对称
	收蹬腿时身体上下起伏	1．收腿时头、肩过低或提臀 2．大腿收得过多、过猛 3．蹬腿时挺腹	1．头肩稍抬高，使身体平卧水中 2．慢收腿，不主动收大腿 3．蹬腿时腰腹保持适度紧张
	翻脚后未形成有利的蹬水面	1．动作概念不清，小腿未收至与水面垂直位置 2．下肢柔韧性差，大小腿折叠不紧 3．大腿收得过多	1．讲解、示范，明确翻脚时小腿应收至与水面垂直位置 2．加强下肢柔韧性练习，尽量折紧大小腿 3．减小大腿收腿幅度
臂	直臂划水	1．动作概念不清 2．手臂外划后，未及时转手、屈臂	1．讲解、示范，明确划水动作要领。强调划水时臂应先直后屈 2．手臂外划后，应及时转手、屈臂内划
	划水时手掌抹水	1．动作概念不清 2．划水时肘部下沉 3．手臂力量差	1．讲解、示范，明确划水动作要领 2．加强陆上模仿和水中有固定支撑的练习，强调高肘划水 3．加强手臂力量训练
	向后划水幅度过大	1．动作概念不清 2．急于用力划水推动身体前进	1．讲解、示范，明确划水动作要领 2．多做水中有固定支撑的练习。采用矫枉过正的方法，减小划水幅度
配合	手臂前伸时边伸边划	1．动作概念不清 2．急于划水或急于抬头吸气 3．错误动作定型的影响	1．讲解、示范，明确伸臂动作要领 2．强调要有明显的滑行阶段 3．加强陆上模仿和水中有固定支撑的练习

（接续表）

（续表）

动作部位	常见错误	产生原因	纠正方法
配合	蹬腿同时划臂	1．动作概念不清 2．配合节奏紊乱 3．急于划臂	1．讲解、示范，明确臂腿配合动作要领 2．加强陆上模仿练习，体会正确动作 3．推迟划臂时间，强调蹬腿滑行后再开始划臂
	蹬腿同时伸臂	1．动作概念不清 2．急于蹬腿 3．内划后伸臂不及时，在胸前有停顿	1．讲解、示范，明确臂腿配合动作要领 2．加强陆上模仿、水上分解练习，强调先伸臂后蹬腿 3．内划后及时伸臂
	吸不到气	1．吸气前未呼气或呼气不充分 2．不敢张口吸气或用鼻吸气，呛水 3．口未能露出水面	1．提早呼气时间，口将出水时加速呼气 2．多做水中有固定支撑的手臂与呼吸配合练习，强调用口呼气，用口吸气 3．提早抬头，抬头时要求眼看天空

三、爬泳技术教学

（一）腿部动作

1．动作要领

两腿自然伸直，脚稍内旋，以髋关节为轴，大腿发力带动小腿和脚做上下交替的鞭状打水。上打时，直腿上摆；下打时，以大腿发力，带动小腿和脚向后下方用力打水。两脚打水幅度30～40厘米。

2．练习方法和步骤

（1）陆上模仿练习

①坐撑打腿：坐在地上或池边，两手后撑，眼看稍内旋的两腿动作，做

直腿打腿练习（如坐在池边，可将腿放入水中打水）。

②俯卧打腿：俯卧于池边或屈臂撑地，下肢放于水中，做爬泳打腿动作（图 4－12a）。

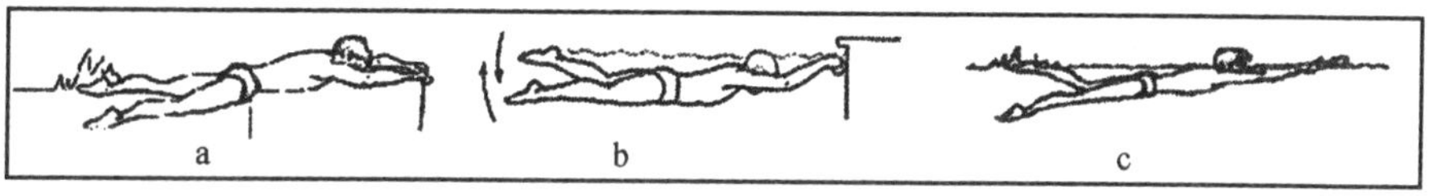

图 4－12

（2）水中练习

①扶池边打腿：手扶水槽或池边，身体平卧于水中，深吸气后闭气，将脸没入水中，两腿上下交替打水（图 4－12b）。

②滑行打腿：在蹬边滑行的基础上做爬泳打腿练习。

③扶板打腿：两臂伸直，两手扶浮板，身体平卧于水中做爬泳打腿练习（图 4－12c）。

④打腿与呼吸结合练习：采用双手或单手扶板打腿与呼吸结合练习。单手扶板打腿时，一手臂伸直手扶板，另一手臂置于体侧，向非扶板臂一侧吸气。动作熟练后，单手扶板练习可改为单臂徒手打腿结合呼吸的练习。

3．教法提示

（1）爬泳腿教学的重点是以髋关节为轴上下打腿，教学的难点是大腿带动小腿做鞭状打腿动作。

（2）陆上模仿练习及刚开始水中练习时可要求直腿打腿。直腿打腿有助于防止过度屈膝打水，有助于体会大腿发力和大腿带动小腿的动作。

（3）爬泳打腿练习枯燥易累，宜多变换练习的方式和方法。随着打腿距离的延长，要与呼吸结合。

（二）手臂和手臂与呼吸配合

1．动作要领

手臂的动作要领：两臂交替在同侧肩前入水前伸，然后向后下方屈臂、高肘抱水，并在身体下方向后做“S”形加速划水，划至大腿旁出水，经空中移臂再入水。当一臂入水时，另一臂正在水下划水。

手臂与呼吸配合的动作要领：以向右侧转头吸气为例，右臂入水后下划时，即开始呼气；划至肩下时开始向右侧转头；上划结束口转出水面时，张口快速吸气；右臂移至肩侧时，头回转还原并闭气。

2．练习方法和步骤

(1) 陆上模仿练习

①站立单臂模仿：两脚左右开立，上体前屈，一手扶在同侧膝关节上或在头前扶支撑物，另一臂做爬泳划水模仿练习（图 4－13a）。单臂练习可结合两臂轮流交替做爬泳划水模仿练习（图 4－13b）。先做分解练习，即一臂做完后再做另一臂，然后过渡到两臂按动作要领进行配合。

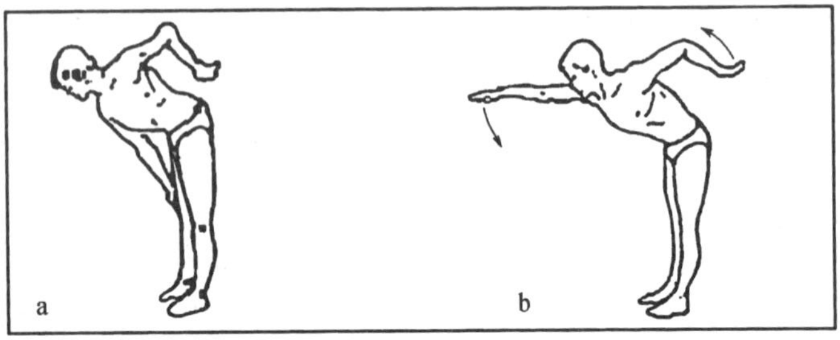

图 4－13

②转头吸气练习：两脚左右开立，上体前屈，两手扶膝或扶支撑物，做向侧转头吸气练习（图 4－14a）。

③臂与呼吸配合练习：两脚左右开立，上体前屈，做手臂与呼吸的配合练习（图 4－14b）。开始可先做单臂与呼吸的配合练习，然后做双臂与呼吸的配合练习。

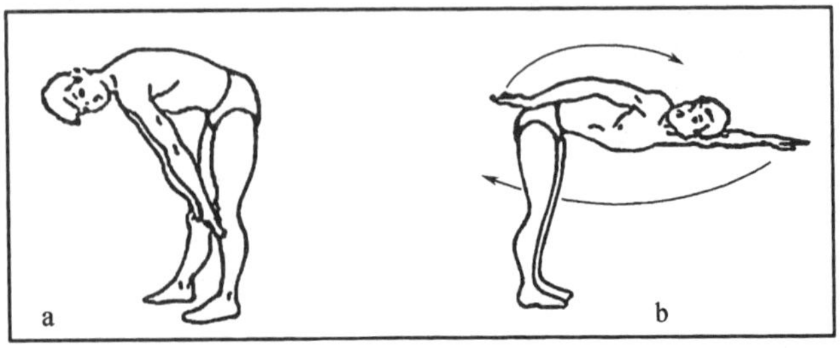

图 4－14

④俯卧池边单臂划水：俯卧池边，身体纵轴与池边平行，靠池边的手臂做爬泳划水动作，另一臂在头前伸直（图 4－15）。两臂交换进行练习。

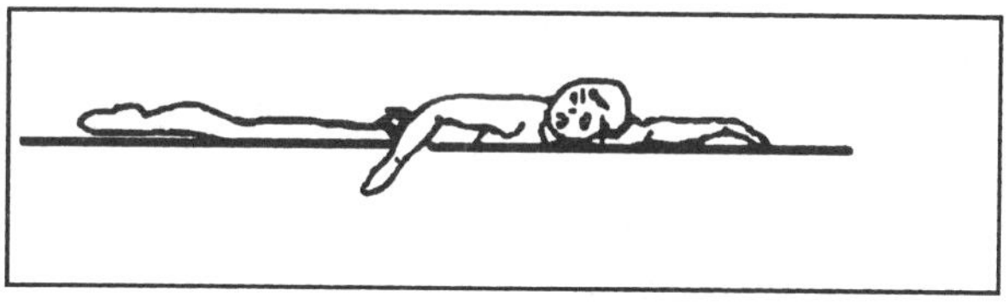

图　4－15

（2）水中练习

①站立划水：站在齐腰深的水中，上体前屈，做爬泳手臂动作练习。开始时可做单臂练习，然后两臂按动作要领进行练习。

②站立做臂与呼吸配合练习：站在齐腰深的水中，上体前屈，一手扶膝或支撑物，另一臂做划臂与呼吸配合练习。

③滑行打腿单臂划水练习：蹬边滑行打腿，一臂在前伸直，另一臂做划水动作。先采用闭气方式练习手臂动作，再做手臂与呼吸配合的练习。练习时可扶板或徒手进行。

④滑行打腿两臂交替划水练习：在蹬边滑行打腿的基础上，两臂分别做划水练习，即一臂做完动作后另一臂再做，两臂交替进行。练习时先闭气练习两臂动作，然后呼吸分别与划水臂配合。练习可扶板或徒手进行。

3．教法提示

（1）手臂动作教学的重点是高肘划水、高肘移臂和两臂配合形式，难点是划水方向；手臂与呼吸配合的教学重点是呼吸，难点是配合时机。

（2）强调手臂入水后的前伸动作要充分，不要急于向后划水；推水要到位，不可提前结束。

（3）注意身体应随两臂的划水动作而左右滚动。

（4）强调在身体滚动的基础上转头吸气，不能抬头吸气。

（5）转头吸气时，非呼吸一侧的手臂应在前伸直。练习时可要求非呼吸一侧的耳朵与同侧的手臂贴住。

（6）呼气应随呼吸一侧手臂的加速划水动作而加速，呼气要充分。

（7）爬泳呼吸技术是四种泳式中最难掌握的一种呼吸方式，呼吸教学应贯穿爬泳教学的全过程。

（三）完整配合动作

1．动作要领

身体平直地俯卧水面，两臂交替向后划水，两腿不停顿地上下交替打水，向侧转头吸气。有6次、4次、2次及2次交叉打腿配合之分。6次打腿配合技术是两腿各打3次，两臂各划1次，呼吸1次，即6:2:1的配合，这是多数运动员采用的配合方式。

2．练习方法和步骤

（1）陆上模仿练习

原地踏步做臂腿配合：上体前屈或直立，两臂交替划水，两脚原地踏步（表示打腿），做臂腿配合练习。在此练习的基础上，加呼吸，做爬泳完整配合练习。

（2）水中练习

①蹬边滑行做臂腿配合：蹬边滑行，先打腿，然后加划臂，闭气进行练习。

②扶板做单臂配合呼吸练习：一手臂在头前伸直扶板并打腿，另一臂做与呼吸的配合练习（图4－16）。在此练习的基础上，可进行两臂交替扶板划水的配合练习。也可徒手进行练习。

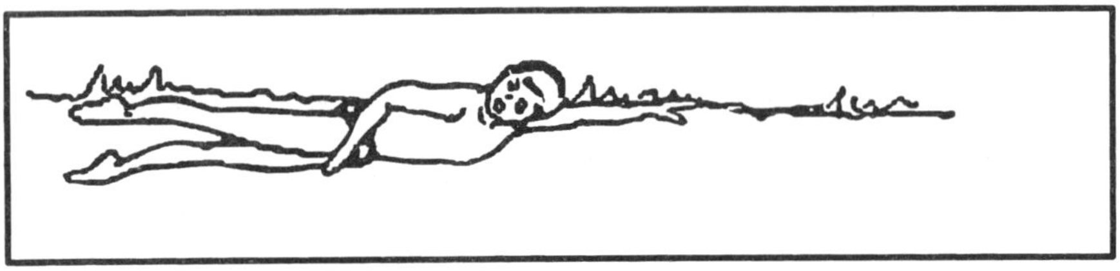

图　4－16

③完整配合：蹬边滑行，先打腿，然后按要领做爬泳完整配合练习。

3．教法提示

（1）爬泳完整配合教学重点是臂与呼吸的配合，难点是臂腿与躯干滚动整体动作的协调一致。

（2）教学中，首先抓好臂腿配合，然后再加呼吸配合。

（3）各种配合练习，都要强调不停地打腿。

（4）在教学中，不必数打了多少次腿，只要臂腿配合协调，划臂和呼吸时腿不停顿地打水即可。

（四）爬泳常见错误动作及其纠正方法

爬泳常见错误动作及其纠正方法如表 4－3 所示。

表 4－3 爬泳常见错误动作及其纠正方法

动作部位	常见错误	产生原因	纠正方法
腿	小腿打水（过度屈膝）	1. 动作概念不清 2. 大腿上打幅度不够	1. 讲解、示范，明确动作要领 2. 直腿打腿，体会大腿带动小腿的动作。强调大腿上抬
	屈髋打水	躯干未充分展开或收腹	陆上俯卧直腿打腿。水中练习时，注意大腿上摆
	勾脚打水	动作过分紧张或踝关节灵活性差	绷直脚尖打水。多做踝关节灵活性练习
臂	臂入水后向下压水	1. 直臂划水 2. 急于划水	1. 强调屈臂、高肘、拇指领先入水 2. 入水后不要立即用力划水，应先伸臂，再抱水、划水
	划水时手掌抹水	1. 动作概念不清 2. 沉肘划水 3. 手臂力量差	1. 讲解、示范，明确动作要领 2. 强调屈臂、高肘划水，掌心向后 3. 加强手臂力量训练
	手沿身体外侧划水	1. 动作概念不清 2. 入水点偏外 3. 入水后过度向外抓水、划水	1. 讲解、示范，明确动作要领 2. 入水点尽量靠近中线 3. 划水时应沿中线附近划水。加大身体滚动幅度

（接续表）

（续表）

动作部位	常见错误	产生原因	纠正方法
臂	划水路线短	1. 过早划水 2. 无推水动作	1. 入水后向前充分伸臂后再抓水、划水 2. 要求推水结束手触大腿
	划水结束时身体下沉或手出水困难	1. 动作概念不清 2. 划水结束时掌心向上，没有伸腕推水动作 3. 划水后段直臂向上划水	1. 讲解、示范，明确动作要领 2. 陆上模仿，反复练习伸腕推水动作，要求掌心向后推水 3. 强调划水后段向后伸臂推水
	直臂移臂	1. 动作概念不清 2. 肩、臂紧张 3. 旧的动作定型影响	1. 讲解、示范，明确动作要领 2. 多进行模仿练习，加强动作概念和肌肉感觉 3. 强调高肘移臂，放松移臂，移臂前段要求用拇指触及身体
	两臂配合不连贯	1. 动作概念不清 2. 推水或入水后，手臂停留时间过长	1. 讲解、示范，明确动作要领 2. 多做连贯配合动作模仿，强调推水和提肘出水动作一气呵成，强调一臂移至头的侧上方时另一臂开始划水
配合	抬头吸气	1. 动作概念不清 2. 害怕呛水、喝水	1. 讲解、示范，明确动作要领 2. 加强呼吸练习，消除不良心理。强调转头吸气
	吸不进气	1. 呼气不充分 2. 吸气深度不够 3. 吸气过晚	1. 反复练习加速呼气，强调口出水前将气呼完 2. 加大吸气深度 3. 适当提早呼气和吸气时间
	配合动作不协调	1. 动作概念不清 2. 配合节奏紊乱 3. 动作紧张 4. 腿部动作迟缓	1. 讲解、示范，明确动作要领 2. 多做陆上模仿练习，注意按正确节奏进行配合 3. 多进行放松慢游练习和呼吸练习 4. 加强打腿动作练习

四、仰泳技术教学

（一）腿部动作

1. 动作要领

两腿自然伸直，脚稍内旋，以髋关节为轴，大腿发力带动小腿和脚做上下交替的鞭状打水。上踢时屈腿，脚背向后上方用力踢水；下压时直腿下压。两脚打水幅度 40 ~ 50 厘米。

2. 练习方法和步骤

（1）陆上模仿练习

池边坐撑打水：坐在池边，两手后撑，上体后仰，两腿放于水中，做上下交替打水动作。

（2）水中练习

①助浮打腿：仰卧水中，将浮板置于腹上或头下，借助浮板的浮力帮助身体上浮，做打腿练习（图 4－17a、b）。

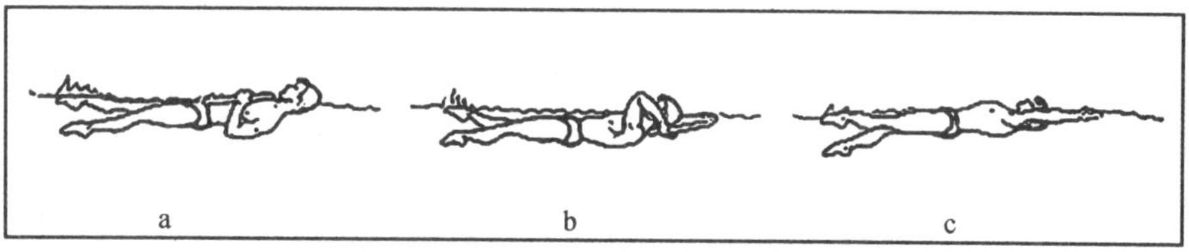

图 4－17

②徒手打腿：仰卧水中，两手臂在头前伸直并拢或两手放于体侧，两腿做打腿练习（图 4－17c）。开始时可将两手放于体侧，轻轻拨水，帮助身体上浮。然后过渡到两手臂在头前伸直并拢的打腿练习。

3. 教法提示

（1）掌握仰卧浮体是学习仰泳的前提，在教学仰泳腿前，必须通过仰卧浮体练习，使学生基本掌握仰卧漂浮及滑行动作。

（2）仰泳腿是基础，腿部动作好，才能保持正确的身体姿势。

(3) 仰泳腿的教学重点是以髋为支点，大腿带动小腿做鞭状打水，难点是直腿下压和向上踢水的发力顺序。在教学中，可先要求直腿打水，然后过渡到屈腿鞭状打水。抬头、收腹、屈髋对形成正确打腿动作负面影响较大，在教学中要加以注意。

(4) 在开始进行仰卧打腿练习时，可先由同伴托住腰或头进行练习。

(5) 仰泳时，脸部基本在水面上。开始练习时，为防止鼻子进水，可用鼻子呼气，用口吸气。

(二) 手臂和手臂与呼吸配合

1. 动作要领

两臂轮流在同侧肩前直臂入水，向前、向下、向外屈腕抱水，屈臂高肘在体侧向后做"S"形加速划水，至大腿旁鞭状下压，提肩直臂出水，沿垂直面经肩的上方直臂前移再入水。当一臂入水时，另一臂划水结束。仰泳呼吸是一臂移臂时呼气，另一臂移臂时吸气。

2. 练习方法和步骤

(1) 陆上模仿练习

①手臂动作模仿练习：两脚并拢站立，做仰泳手臂动作模仿练习（图4-18)。练习时，先做单臂，后做两臂配合；先要求直臂划水，后逐渐过渡到屈臂划水。熟练后手臂练习应与呼吸配合。

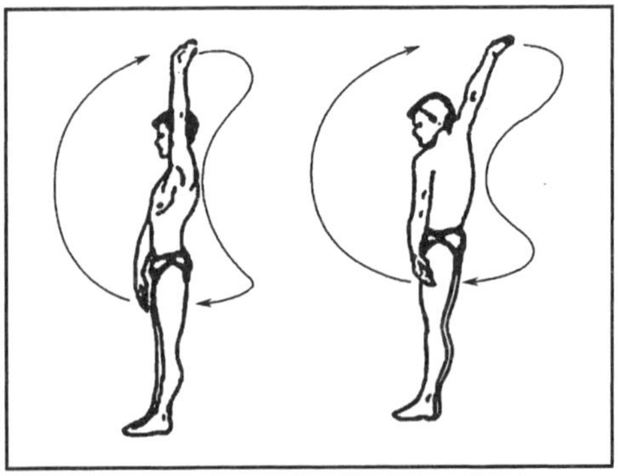

图 4-18

②仰卧模仿：仰卧池岸边（身体纵轴与池边平行），单臂做在水中划水并经空中移臂的模仿练习。

（2）水中练习

①助力划臂：在浅水中，由同伴抱住双腿或握住脚踝，仰卧水中做仰泳手臂动作练习（图 4－19）。

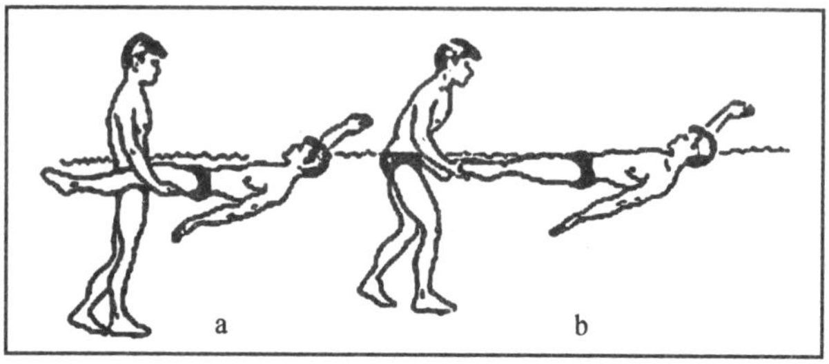

图 4－19

②夹板划水：将浮板夹于两大腿之间，身体仰卧水中，做仰泳手臂动作练习（图 4－20）。

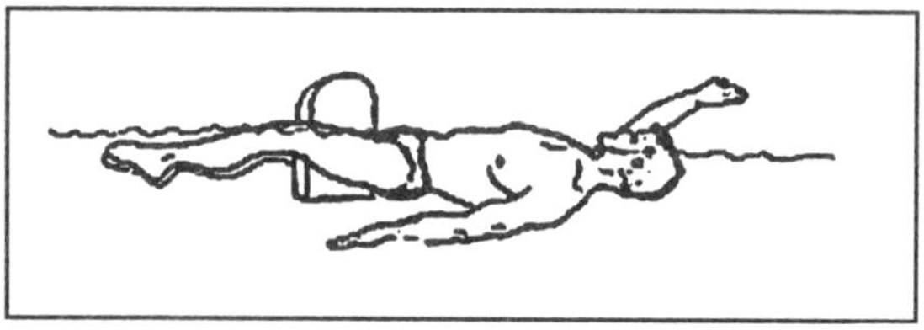

图 4－20

3．教法提示

（1）仰泳手臂动作的教学重点是屈臂高肘划水和两臂配合，难点是转肩。

（2）在做仰泳手臂动作练习时，身体应随划臂动作绕纵轴自然转动。

（3）在做仰泳手臂动作练习时，应有节奏地进行呼吸。

（4）在开始做手臂动作练习时，可先做直臂划水，然后逐渐过渡到屈臂划水。

(5) 划水结束时，强调臂不能在体侧停顿，两臂划水动作应连贯、协调。

(三) 完整配合动作

1. 动作要领

身体平直地仰卧水面，两臂交替划水时，两脚不停地交替打水，打水 6 次、划臂 2 次、呼吸 1 次，即 6:2:1 配合方式。

2. 练习方法和步骤

(1) 陆上模仿练习

踏步配合：两脚并拢站立，原地踏步（表示打腿）做仰泳完整配合模仿练习。

(2) 水中练习

①单臂配合：仰卧滑行打腿，一臂前伸（或置于体侧），另一臂做与腿的配合练习。

②双臂分解配合：仰卧滑行打腿，一臂划水并移臂入水后，另一臂再做动作，两臂交替进行。

③完整配合：仰卧滑行打腿，加手臂动作做仰泳完整配合练习。

3. 教法提示

(1) 仰泳完整配合的教学重点是臂与腿的配合，难点是肩和身体的转动，在配合中保持正确的仰卧身体姿势。

(2) 在做配合练习时，强调两腿不停顿地打腿即可，不一定强调 6 次打水配合。

(3) 在教学初期，可有意降低两臂划水频率和手臂入水速度，强调手臂划水结束后立即出水，不要在体侧停顿。

(四) 仰泳常见错误动作及其纠正方法

仰泳常见错误动作及其纠正方法如表 4 – 4 所示。

表 4－4 仰泳常见错误动作及其纠正方法

动作部位	常见错误	产生原因	纠正方法
腿	打腿时膝部出水，脚掌蹬水	1．动作概念不清 2．大腿直腿下压不够	1．讲解、示范，明确动作要领 2．多做直腿打腿模仿练习。向下打腿时直腿下压
	小腿踢水	1．动作概念不清 2．以膝为轴打水 3．大腿未参与打水或打水幅度过小	1．讲解、示范，明确动作要领 2．多做直腿打腿模仿练习 3．强调大腿带动小腿的正确踢水动作
	踢水时脚踢不出水花	1．动作概念不清，踢水方向不对 2．头高脚低，身体过于倾斜	1．讲解、示范，明确动作要领，强调向后上方踢水 2．多做仰卧浮体和呼吸练习，消除怕水心理。打腿练习时要求保持正确的仰卧姿势
臂	两臂配合不连贯	1．动作概念不清 2．划水结束时臂在体侧停顿	1．讲解、示范，明确动作要领 2．多做两臂配合模仿练习 3．强调推水结束时，借水的反作用力迅速提臂出水
	臂划水用力过早、过猛	1．动作概念不清 2．急于划水 3．动作紧张	1．讲解、示范，明确动作要领 2．强调入水下滑做抓水动作后再开始划水 3．要求慢慢游，适当放松，强调划水应逐渐加速
	手臂入水点过于偏外	1．动作概念不清 2．身体转动不够 3．肩关节灵活性差	1．讲解、示范，明确动作要领 2．适当加大身体转动幅度 3．加强肩关节灵活性训练
	拖肘划水或直臂划水	1．动作概念不清 2．没有做好抓水动作 3．手臂入水顺势拖肘后划	1．讲解、示范，明确动作要领 2．靠近池边，单臂划水，强制屈臂 3．强调入水后做好抓水动作

（接续表）

（续表）

动作部位	常见错误	产生原因	纠正方法
配合	头高脚低“坐”着游	1．含胸、收腹、屈髋，腿踢不起来 2．怕呛水，抬头过高，急于划水	1．脑浸水略挺胸腹 2．降低划水频率和游速，加强打腿练习。多做仰卧浮体和呼吸练习，消除怕水心理
	配合动作不协调，动作不连贯	1．脚慢手快 2．呼吸紊乱 3．手臂推水结束后在体侧停顿	1．加强打腿练习，强调配合时积极快速不停顿地打腿，适当放慢划水频率 2．注意呼吸节奏，强调手臂与呼吸的正确配合方式 3．强调推水结束时，借水的反作用力迅速提臂出水
	侧向摇摆，蛇形游进	1．移臂不在垂直面上，侧摆移臂。入水点偏内或偏外 2．划水过早 3．腿部动作差 4．身体没有转动 5．直臂划水	1．多做移臂动作模仿练习，水中练习强调在垂直面上移臂，手的入水点在同侧肩的延长线上 2．放慢手臂入水速度，强调抓水后再开始划水 3．加强腿部动作练习，提高打水效果 4．强调身体要随划臂动作沿身体纵轴左右转动 5．改直臂划水为屈臂划水

五、蝶泳技术教学

（一）躯干与腿部动作

1．动作要领

两腿自然伸直并拢，脚稍内旋，由腰部发力，带动臀部、大腿、小腿和脚做上下鞭状打水。下打时提臀伸膝，足背向后下方用力；上打时挺腹，腿部自然伸直。脚打水幅度为 40 ~ 50 厘米。

2. 练习方法和步骤

(1) 陆上模仿练习

站立模仿：两脚并拢站立，两臂伸直并拢上举，做打腿模仿练习（图 4 - 21）。开始按挺腹、屈膝、提臀伸膝 3 拍进行练习，然后把 3 拍连起来进行练习。

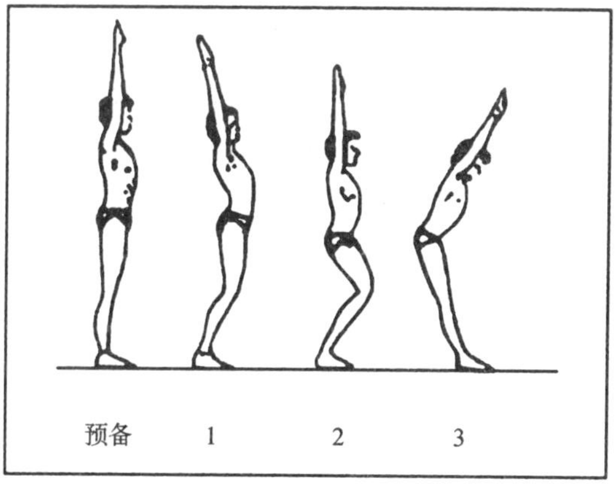

图 4 - 21

(2) 水中练习

①潜泳打腿：蹬边潜入水中，身体呈俯卧或侧卧姿势，两手置于体侧或在头前伸直并拢，做蝶泳打腿练习（图 4 - 22a）。

图 4 - 22

②滑行打腿：蹬边滑行，闭气做蝶泳打腿练习（图 4 - 22b）。

③扶板打腿：双手扶板做蝶泳打腿练习。开始先低头闭气进行练习，基

本掌握后再将头抬起。

3．教法提示

(1) 躯干和腿部动作教学的重点是腰部发力，带动大腿、小腿和脚做鞭状打水，难点是正确的发力顺序。

(2) 做打腿练习时，要求臂和头不上下摆动。

(二) 手臂和手臂与呼吸配合

1．动作要领

蝶泳臂的动作要领：两臂同时对称地在肩前入水，向外下后方屈臂转腕抱水后，在身体下方保持屈臂高肘向内、向后、向外做双“S”形加速划水，划至大腿旁提肘出水，经空中前移再入水。

臂与呼吸配合的动作要领：手臂开始划水时开始呼气，随着划水的进行，肩部位置逐渐升高并逐渐抬头，当两手划至腹部下方时，口露出水面并快速吸气，手臂出水移臂时低头闭气。

2．练习方法和步骤

(1) 陆上模仿练习

手臂动作模仿：两脚前后开立，上体前屈，做蝶泳手臂动作和手臂与呼吸配合模仿练习（图 4－23）。

图 4－23

(2) 水中练习

①原地划水：站在浅水中，上体前屈，做蝶泳手臂动作和手臂与呼吸配合练习。

②跳跃配合：站在浅水中，身体前倾，屈膝后两脚蹬离池底，身体向前上方跃起，两臂同时向后划水并呼气，身体跃出水面时抬头吸气。下落时，两臂迅速摆动前移，身体前扑，低头闭气入水，滑行后收腿站立（图4－24）。

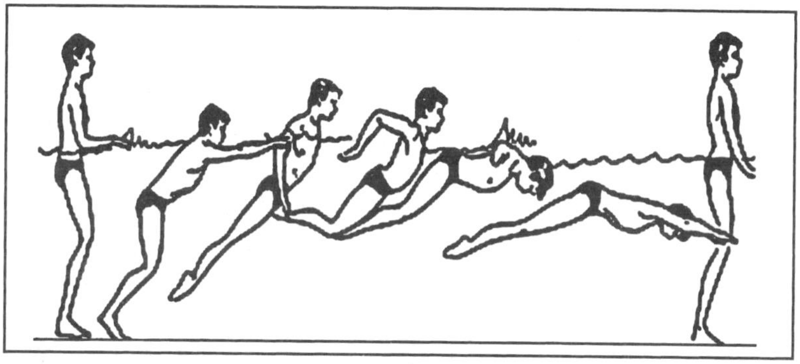

图 4－24

③滑行划水：蹬边或蹬池底滑行后做一次手臂动作，反复进行练习。

④夹板划水：俯卧水中，将浮板夹于两大腿之间，做手臂与呼吸配合练习。

3．教法提示

（1）教学中应强调手臂入水后不要急于向后划水，要先伸后划。

（2）手臂动作教学的重点是高肘屈臂划水，难点是划水方向。

（3）蝶泳时，呼吸能否顺利进行与划水效果有较大关系，教学中应加强手臂动作练习。

（4）练习时，强调配合的时机，即手臂一开始划水，就开始呼气并逐渐抬头。早抬头有利于口露出水面吸气。

（三）完整配合动作

1．动作要领

蝶泳配合方式是2:1:1，即腿打2次、臂划1次、呼吸1次。两臂入水前伸时打第一次腿，开始划水时呼气，推水时打第二次腿并抬头吸气，空中移臂时闭气。

2．练习方法和步骤

(1) 陆上模仿练习

①臂腿配合：一腿支撑站立，另一腿向后伸直，身体前倾，两臂与单腿做臂腿配合模仿练习。

②完整配合：在上一练习的基础上，加呼吸进行完整配合模仿练习。

③俯卧游泳练习凳做模仿：俯卧游泳练习凳上，做蝶泳完整配合练习。

(2) 水中练习

①单臂配合：一臂前伸（可扶板或徒手）或置于体侧，另一臂与腿、呼吸做配合练习。臂入水时打第一次腿，推水时打第二次腿，同时抬头吸气。

②两臂交替配合：两臂交替与腿配合，如左臂与腿配合三次，然后右臂与腿配合三次，依次进行；再如左三次右三次，完整配合三次等，通过改变单双臂配合次数，可组成许多练习方法。非练习手臂可前伸（可扶板或徒手），也可置于体侧。

③完整配合：在水中做完整配合动作练习。

3．教法提示

(1) 蝶泳完整配合教学重点是臂腿配合，难点是臂腿配合的节奏。

(2) 在教学中，臂腿分解配合练习的时间不宜过长，在学生基本掌握后，应及时转入配合练习。

(3) 教学中，先做单臂与腿配合练习，强调臂腿配合的时机，然后再进行完整配合练习。

(4) 练习时，要提醒学生手臂入水后不要马上向后划水，手臂入水后要前伸，压肩提臀，然后再开始划水。

(四) 蝶泳常见错误动作及其纠正方法

蝶泳常见错误动作及其纠正方法如表 4－5 所示。

表 4－5 蝶泳常见错误动作及其纠正方法

动作部位	常见错误	产生原因	纠正方法
躯干和腿	屈伸小腿打水	1．动作概念不清 2．躯干未参与动作	1．讲解、示范，明确动作要领 2．多做以腰带动腿的模仿练习，打腿时强调腰部发力
	直腿打腿，无波浪动作	1．动作概念不清 2．下肢过分紧张 3．腿下打时无屈膝动作，腰、大腿、小腿和脚未按顺序依次发力 4．沉髋打水 5．躯干参与动作不够	1．讲解、示范，明确动作要领 2．小腿和脚要放松 3．多做模仿练习，下打时适度屈膝，强调腰发力带动下肢依次用力 4．注意提臀、收髋、展腹、沉髋动作的交替进行 5．多做潜水打腿，加大躯干动作幅度
	上体起伏大	1．动作概念不清 2．发力的部位上移	1．讲解、示范，明确动作要领 2．陆上做上体不动的腰、腿模仿练习。强调腰部发力带动下肢，头、肩和上体保持相对稳定
臂	手臂出水、移臂困难	出水与推水动作不连贯，推水后有停顿。出水时掌心向上	强调掌心向后加速推水，利用惯性提肘出水、移臂
	直臂划水	1．动作概念不清 2．错误动作定型的影响	1．讲解、示范，明确动作要领 2．多做陆上模仿和水中屈臂划水练习
	划水路线短	1．动作概念不清 2．无推水动作或推水动作不充分 3．怕吸不到气，过早抬头吸气	1．讲解、示范，明确动作要领 2．陆上反复模仿推水动作，水上练习时要求手推至大腿侧 3．强调推水后段抬头吸气

（接续表）

（续表）

动作部位	常见错误	产生原因	纠正方法
配合	臂腿配合脱节	1．动作概念不清 2．第二次打腿过早 3．臂在头前入水后停留时间过长	1．讲解、示范，明确动作要领 2．陆上模仿，强调推水时打第2次腿 3．臂入水后要积极前伸做抓水动作
	躯干无波浪动作	1．动作概念不清 2．臂入水时，没有积极压肩、提臀	1．讲解、示范，明确动作要领 2．反复进行陆上模仿练习，水中练习时强调臂入水时要压肩、提臀
	头抬不起来，吸不到气	1．抬头过晚 2．划水效果差	1．多做模仿练习，强调一开始向后划水就开始逐渐抬头并呼气 2．加强手臂划水练习

六、出发技术教学

（一）出发台出发

1．动作要领（抓台式）

两脚与肩同宽，平行开立，脚趾扣住出发台前沿，低头、向前屈体、微屈膝，两臂下垂，两手从前面或从两侧抓住出发台，重心落在前脚掌上。听到出发信号后，两臂迅速提拉使身体前倒，接着屈膝抬头，摆臂展体，用力蹬离出发台。然后制动手臂，低头，微收腹，并手、夹头入水。身体在水下呈流线型姿势滑行，当速度接近游速时，开始游泳动作。

2．练习方法和步骤

（1）陆上模仿：两脚左右开立，与肩同宽，听到“各就位”时，模仿出发预备姿势，听到“跳”的口令时，手臂带动身体向上跳起，在空中含胸收腹，身体适度紧张（图 4－25a）。

（2）池边蹲跳：两脚左右分开，与肩同宽，蹲于池边，脚趾扣住池沿，两臂上举，头夹于两臂之间。身体前倒，当失去平衡时，脚蹬池边，身体向前上方跃起。在空中低头、含胸、收腹，然后按手臂、头、躯干、腿的顺序依次入水。入水后身体呈流线型姿势滑行。基本掌握后，改为半蹲进行练习（图 4－25b）。半蹲入水可从池边→池端→出发台进行练习，逐步升高起跳点。

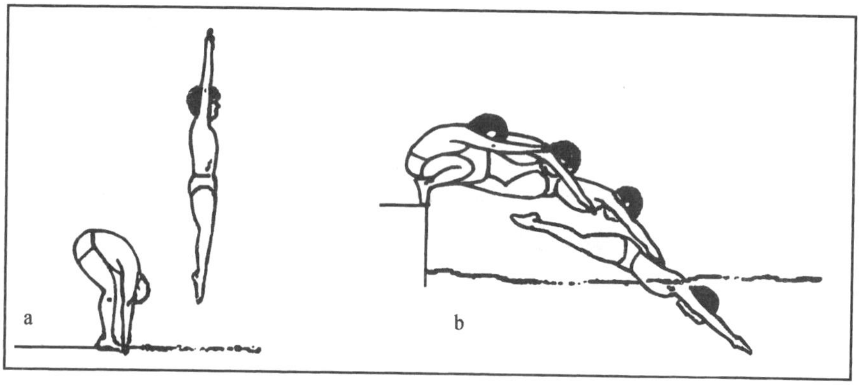

图 4－25

（3）站在出发台上按动作要领做出发练习，并逐步过渡到听口令做出发练习。

3．教法提示

（1）出发台出发技术的教学重点是起跳，难点是入水。

（2）出发台出发技术教学，一般安排在蛙泳和爬泳教学之后，在学生能游一定距离并学会踩水的前提下进行。

（3）为了确保安全，在进行出发台出发练习时，游泳池水深一般不应少于 1.50 米。

（4）在教学中应加强思想工作，采用诱导练习，从易到难，从低到高进行练习。

（5）在基本掌握动作后，再提高起跳力量、空中姿势、入水及起游的衔接要求。

（二）仰泳出发

1．动作要领

面对池壁，两手握住握手器，两脚蹬在池壁上。听到“各就位”口令时，两臂将身体拉起；听到出发信号后，两手立即下压握手器，手臂迅速向头上方前摆，同时仰头、挺胸，两脚用力蹬池壁，两臂摆至头前时伸直并拢，身体在空中形成反弓形。入水后，呈流线型姿势滑行；速度接近游速时开始打腿，第一次划手结束时身体应升至水面。

2．练习方法和步骤

（1）陆上模仿：两脚分开，与肩同宽蹲于地上，挺胸、抬头，两臂上摆，同时，两脚蹬地，做向上跃起、展体的仰泳出发模仿练习（图4－26a）。

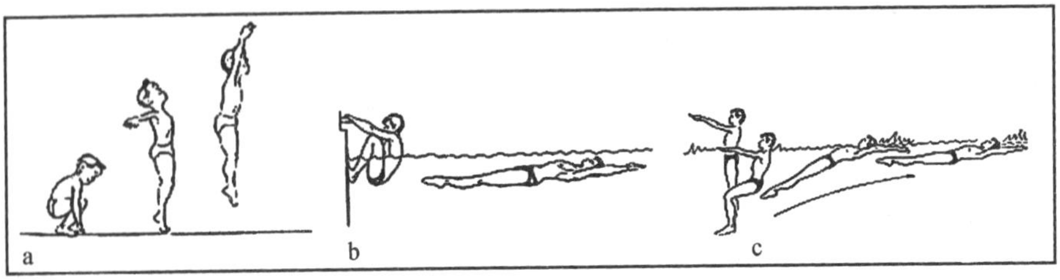

图 4－26

（2）蹬壁滑行：面对池壁，两手握住握手器（或池沿），两脚蹬在池壁上。两手下压握手器，身体后倒，两臂后摆，两脚向后蹬离池壁，头夹于两臂之间，身体成流线型姿势在水中滑行（图 4－26b）。

（3）反跃滑行：站在齐腰深水中，两臂前举。下蹲后，两臂向后上摆，两腿用力蹬池底。仰头、挺胸、展体，身体向后上方反身跃起。入水后身体成流线型姿势滑行（图 4－26c）。

（4）完整练习：手握握手器，按仰泳出发动作要领进行练习。

3．教法提示

（1）仰泳出发技术的教学重点是起跳，难点是腾空入水。

（2）初学者在水中仰卧时鼻子容易进水，或呼气过急而影响动作的掌握，练习时，在水中可用鼻慢慢呼气。

（3）做完整练习时，开始预备姿势不要拉得过高，以免蹬滑或过于向上蹬出。

（4）蹬出时，强调仰头、挺胸和两臂摆动。

（三）出发常见错误动作及其纠正方法

出发常见错误动作及其纠正方法如表 4－6 所示。

表 4－6 出发常见错误动作及其纠正方法

出发方式	常见错误	产生原因	纠正方法
出发台出发（抓台式）	胸腹拍水	1．腾空阶段抬头挺腹 2．起跳角度太大 3．害怕，不敢向前倒体	1．起跳后低头含胸，微收腹，腰背肌保持紧张 2．强调先倒后蹬 3．在同伴帮助下先倒体，手接近水面时再蹬腿
	屈膝入水	小腿放松	强调起跳后两腿并拢伸直，保持紧张。要求入水前眼看脚尖
	入水过深	1．入水角度过大 2．入水后未及时伸腕	1．向前上方跳起，适当增加腾空距离，减小入水角度 2．入水后及时伸腕
仰泳出发	无腾空或起跳后两脚拖水	1．摆臂、蹬腿力量不够 2．起跳后两腿未上摆	1．加大摆臂、蹬腿力量 2．起跳后两腿适度上摆
	背先入水	没有仰头、挺胸、展体	强调起跳时摆臂、展体、仰头、挺胸
	入水过深	1．头过于后仰 2．入水后未及时展平身体	1．适当控制头后仰的幅度 2．入水后稍收下颏，及时展平身体

七、转身技术教学

(一) 爬泳前滚翻转身

1．动作要领

当游近池壁时，最后一次划水动作，使两臂处于体侧位置，同时做一次海豚式打腿借助向后划水的速度和提臀动作，低头团身滚翻。当翻至头处于臀部下方时开始屈膝，使两脚从水面上甩向池壁，同时两手掌向下压水。当两脚触及池壁时，两手在头前并拢前伸，然后两脚用力蹬离池壁。蹬出后，身体仰卧滑行过程中绕纵轴转动成俯卧姿势，速度接近游速时开始打腿，第一次划水身体升至水面。

2．练习方法和步骤

(1) 垫上前滚翻：蹲于垫上，两手撑地，低头、收腹、提臀，屈体前滚。前滚至四分之三时屈膝，完成滚翻后蹲立（图 4－27a)。

图 4－27

(2) 绕水线滚翻：两臂伸直，手握水线，直体浮于水面。拉臂、低头、团身、收腹、提臀，身体绕水线向前滚翻（图 4－27b)。

(3) 游进滚翻：游进过程中，做低头、团身、收腹、提臀、屈体前滚的滚翻练习。反复进行。

(4) 对池壁滚翻：游进距池壁适当距离时，做前滚翻，成仰卧姿势蹬出。熟练后再做蹬出成俯卧姿势。

(5) 完整练习：游近池壁，按要领做完整前滚翻练习。

3. 教法提示

（1）爬泳前滚翻转身的教学重点是向前滚翻，难点是向侧转体。

（2）在滚翻过程中，要用鼻慢而均匀地呼气，避免鼻子进水。

（3）要加速游近池壁，借惯性加快身体翻转。同时，强调低头、团身、提臀，头要有意识地去靠近大腿，以加速旋转。

（4）判断好做前滚翻的距离，要根据身高、游速来确定距离。一般在距池壁 1~1.5 米处开始做前滚翻转身。

（二）仰泳前滚翻转身

1. 动作要领

当游近池壁时，身体先绕纵轴翻转为俯卧姿势；接着做一次划水动作，使两手位于体侧；同时两腿海豚式打腿。借助划水和打腿产生的惯性，低头团身滚翻，两脚甩向池壁。当两脚触及池壁时，两手臂在头前并拢，身体呈仰卧姿势然后两脚用力蹬离池壁，稍滑行后开始打腿动作。第一次划水身体升至水面。

2. 练习方法和步骤

（1）陆上模仿：背对墙，距离 4~5 米站立。向后碎步行进，两臂做仰泳划臂，距离墙 2~3 米时，向后转身，单脚站立，模仿转身动作的划水、低头、提臀动作。

（2）仰泳转爬泳：游进中，反复做以手臂带动身体做从仰泳转成爬泳的练习（图 4－28）。

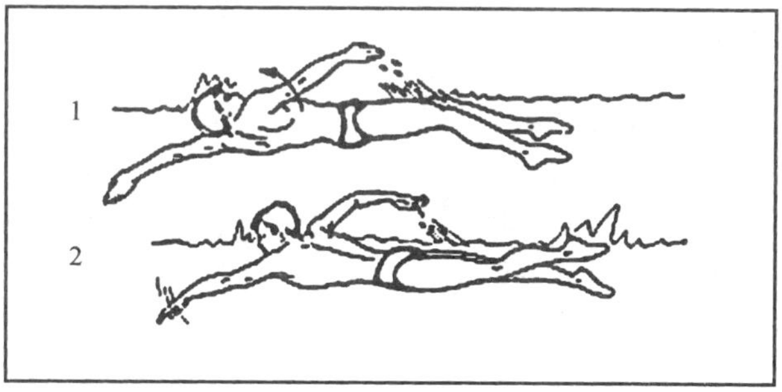

图 4－28

(3) 游进滚翻：在游进过程中，做仰泳前滚翻练习，反复进行。

(4) 完整练习：游近池壁，按要领做仰泳前滚翻练习。

3．教法提示

(1) 仰泳前滚翻转身的教学重点是滚翻，难点是“仰转俯”的时机。

(2) 仰泳前滚翻转身的滚翻动作与爬泳类似，练习方法可参考爬泳前滚翻的练习方法。

(3) 转身时要判断好距离。

(4) 强调身体由仰卧转成俯卧后，要立即划臂开始滚翻动作，不要有停顿。

(三) 蛙泳转身

1．动作要领

快速游近池壁，两手同时触壁后，借惯性屈臂和屈膝收腿，头和肩出水并吸气。右手离开池壁（以向右转身为例），在水下向转身方向伸出，同时身体右转，成侧对游进方向。左手推池壁加速身体转动，并经空中向前摆与头同时入水，与右臂在头前会合。此时，两脚已触及池壁，身体成侧卧。然后两脚蹬离池壁，身体逐渐转成俯卧，并呈流线型向前滑行。滑行速度接近游速时，开始做一次长划臂或直接接蛙泳划臂动作。

蛙泳长划臂的方法是：两臂直臂外划，然后屈臂高肘做向内后方划水，当手划至胸腹之间下方时，再向后外方推水至大腿两侧，两手臂紧贴体侧。稍滑行后，两手贴近身体向前收手，收至胸腹之间时开始收腿，手臂向前将伸直时蹬腿使身体上升至水面，然后开始做蛙泳动作。

2．练习方法和步骤

(1) 陆上模仿：面对墙站立，两臂伸直扶在墙上。然后单腿支撑，做蛙泳转身的模仿练习（图 4－29）。

(2) 行进间模仿：面对墙碎步行进，两臂向前并拢伸直，当手触及墙壁时，单腿支撑，做蛙泳转身的模仿练习。

(3) 长划臂模仿：两脚并拢站立，两手臂向头上伸直并拢，做蛙泳长划臂的模仿练习（图 4－30）。

(4) 拉边转身：蛙泳游向池边，当游到池边时，双手拉住池边，将身体

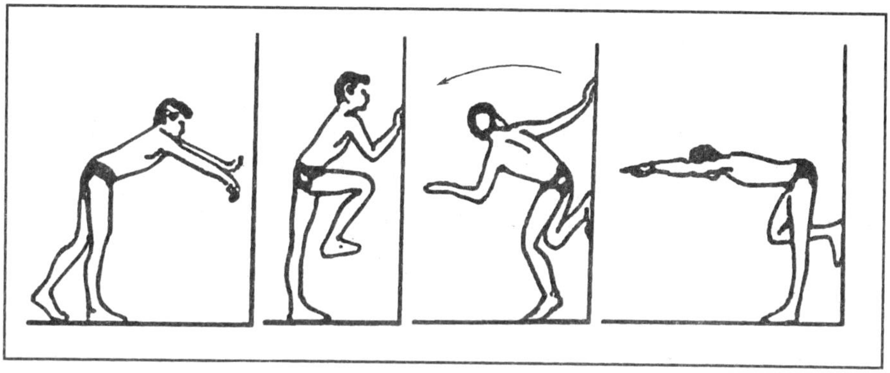

图 4-29

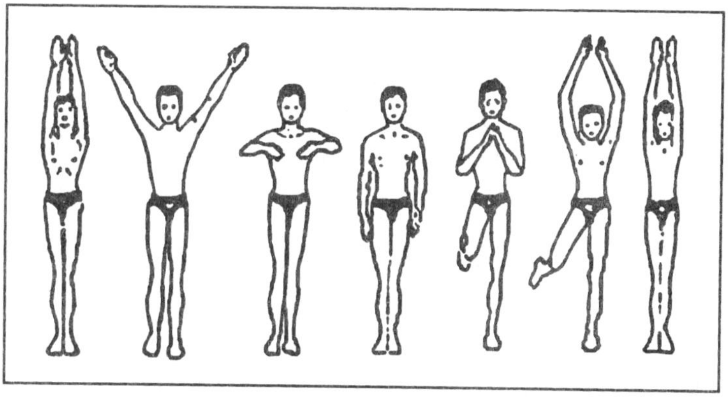

图 4-30

拉向池壁，做蛙泳转身练习。

(5) 连续长划臂练习：蹬边滑行后，在水下连续做2~3个长划臂动作。

(6) 完整练习：游近池壁，按动作要领做蛙泳转身练习。

3. 教法提示

(1) 蛙泳转身的教学重点是转体倒肩，难点是侧卧蹬壁；长划臂的教学重点是手臂长划的动作，难点是控制身体在水中的深度。

(2) 为保证有较大的转身速度，要求不减速地游近池壁，最后一次蹬腿后，两手应紧接着触壁。

(3) 强调两手触壁后应先屈臂，借惯性将身体引向池壁后再转身推手，推手不宜过早。

（四）蝶泳转身

蝶泳转身的动作要领和练习方法与蛙泳基本相同，不同的是蹬壁滑行时两腿做一次或多次海豚式打水动作，然后配合划臂动作，第一次划臂身体升至水面。在教学中，蝶泳转身教学应安排在蛙泳转身教学之后进行。

（五）转身常见错误动作及其纠正方法

转身常见错误动作及其纠正方法如表 4－7 所示。

表 4－7　转身常见错误动作及纠正方法

转身方式	常见错误	产生原因	纠正方法
爬泳前滚翻转身	前滚翻不畅或滚翻不过来	1. 游近池壁时减速 2. 低头、团身、提臀的速度不够或配合不协调 3. 两脚出水后未屈膝甩腿 4. 前翻后展体太早	1. 加快游近池壁的速度 2. 加快低头、团身、提臀的速度，头应积极靠近大腿 3. 两脚出水后应积极屈膝甩腿 4. 推迟前翻后的展体时间
	蹬壁无力	1. 未掌握好转身时身体与池壁的距离 2. 滚翻后脚未贴好池壁，急于蹬腿	1. 反复练习，调整好转身时身体与池壁的距离 2. 注意先将两脚在池壁贴好，然后再用力蹬离池壁
	蹬出方向不正	1. 侧转时间过早 2. 蹬离池壁时，用力方向不正	1. 反复练习先翻后转动作，基本掌握后再过渡到翻转结合 2. 强调蹬离时身体纵轴与池壁垂直，蹬腿方向与身体纵轴一致
仰泳前滚翻转身	转身动作不连贯，转身后附加划臂、打腿、滑行动作	1. 动作概念不清 2. 距离判断不准确，离池壁太远 3. 转成俯卧后未及时做滚翻动作	1. 讲解、示范，明确动作要领 2. 反复练习，调整好转身时身体与池壁的距离 3. 强调转成俯卧后应及时做滚翻动作

（接续表）

（续表）

转身方式	常见错误	产生原因	纠正方法
仰泳前滚翻转身	滚翻不畅或滚翻不过来	同爬泳前滚翻	同爬泳前滚翻
	蹬壁无力	同爬泳前滚翻	同爬泳前滚翻
蛙泳转身	转身动作不畅	1. 游近池壁时减速 2. 头、肩未出水，身体在水中平转 3. 未甩头、转体就先推手	1. 加速游近池壁，充分利用游进惯性转身 2. 强调转身时头、肩出水，减小阻力 3. 收腿后，先甩头、转体再推手
	蹬壁方向不正，有蹬滑现象	1. 未完成转身动作就蹬离池壁 2. 蹬壁时身体纵轴不正	1. 注意完成转身动作后再蹬离池壁 2. 强调蹬离时身体纵轴应与池壁垂直
	蹬壁无力	1. 转身后收腿不紧或臀部未靠近池壁 2. 转身后两脚未贴好池壁	1. 转身后注意腿部收紧，臀部尽量靠近池壁 2. 强调转身后两脚贴好池壁后再蹬壁
	蹬壁滑行时身体出水	1. 转身后身体未沉入水中 2. 蹬壁方向不对，向后下蹬壁 3. 蹬壁时上体向上抬起	1. 注意转身后身体沉入水中后再蹬壁 2. 蹬壁时应向后蹬 3. 蹬壁时身体适度向下倾斜
	长划臂时身体出水	开始做长划臂时过度向下划水	开始做长划臂时，两臂应先直臂向两侧划水，不要向下划水

思考题：

1. 游泳教学的环境、教学对象的心理有什么特点？游泳时的呼吸有什么特点？

2．游泳教学的特点是什么？

3．游泳课的主要任务是什么？

4．如何做好游泳课的安全组织工作？

5．如何在游泳教学中预防错误动作？

6．选择教学方法时，需要考虑的依据主要有哪些方面？

7．分解教学法和完整教学法在游泳教学中如何运用？运用时应注意哪些问题？

8．游泳教学中讲解、示范应注意的事项有哪些？

9．确定游泳教学的首教泳式的依据有哪些？一种泳式的教学应按什么顺序进行？每个单一动作的教学顺序应如何进行？

10．什么是单一教学法和综合教学法？各有什么特点？采用时需注意哪些问题？

11．试编写一份12次课的蛙泳（或爬泳）教学进度表。

12．熟识水性教学的内容有哪些？

13．简述蛙泳和爬泳的腿、臂及配合技术的动作要领、教学重点、难点和练习方法。

第五章　学校游泳训练

内容提要：

本章重点讨论学校游泳训练的意义、组织管理形式和游泳训练的一般规律与方法。阐述了学校游泳训练的基本特征以及训练过程的特点；少年儿童体能训练、技术训练、心理训练和恢复训练、训练与控制；运动负荷的特征、安排和控制等。旨在使学生通过学习，掌握学校游泳训练的基本规律、组织形式和训练方法，为开展和指导学校游泳训练工作奠定基础。

第一节　学校游泳训练的特点与组织

学校是竞技游泳后备人才储备基地，抓好学校游泳训练是我国竞技游泳可持续发展的根本保证。学校游泳训练要在学校体育健康课程的指导下组织和开展，依据不同年龄特征进行科学训练，促进少年儿童的生长发育和身心健康发展，提高运动成绩。

一、学校游泳训练的特点

学生从小学到中学毕业，时间跨度为 12 年，身体的成长发育经历了儿童、少年两个阶段，其中青春前期和青春期的发育水平不仅影响到他们的终生，而且从游泳训练的多年过程来看，也直接影响到他们的成才与否，以及成才后的运动寿命。

（一）文化学习与训练紧密结合

中小学学生正处于长身体长知识的时期，游泳训练应紧密结合这一特点，促进学生的身体健康，提高学习效率。文化学习与训练之间存在一定的矛盾，如时间和精力上冲突等。在处理这对矛盾时，应该首先强调文化学习的重要性，这也是训练能否在学校继续存在和能否得到家长支持的关键。因此，要合理安排训练时间和运动负荷，精选训练内容和手段，提高训练实效；同时，要检查督促学生进行文化学习，并将学习成绩作为评定学生的重要指标之一。

（二）各学科交叉有助于科学训练

各学科并存是学校训练的最大优势所在。学校游泳训练应立足于发挥各学科的指导作用，优势互补，资源共享；充分调动各学科教师参与训练工作的积极性，利用各学科实验室进行游泳训练的医务监督、训练诊断和技术分析，从而保证游泳训练的科学性，提高游泳训练效果。

（三）训练的系统性是关键

根据目前我国学校的设置，参加游泳训练的学生，其小学阶段基本能保证在一个学校就读，而初中和高中就很难在同一个学校就读，使训练的系统性受到影响。就读于不同的学校，虽然能够继续训练，但不同学校教练员训练的指导思想是不同的，这就存在一个训练的衔接问题。为保证训练的系统性，首先要依据中国游泳协会审定的《游泳年龄组教学训练大纲》指导训练，其次是做好交接工作。学生从一所学校输送到另一所学校，一定要移交运动员训练资料和运动员个人训练档案，同时根据所处训练阶段制订短期的过渡训练计划，其目的是使新任教练员通过观察，对新学员的训练水平和状态有进一步的了解，为制订训练计划提供依据，保证游泳训练的系统性。

（四）遵循少年儿童生长发育规律

中小学学生正处于生长发育时期，这一时期的训练必须遵循少年儿童生长发育的规律，运动成绩的增长不应超过少年儿童生长发育水平。运动素质的发展要与运动素质的敏感期相适应（表 5－1），运动素质要全面协调发展，逐步突出专项素质。另一个值得注意的问题是，男女少年儿童运动员入学年龄和学习年限基本相同，但在生长发育水平和心理水平方面性别差异较大。研究表明，女孩比男孩早 1～3 年，这一点在少年儿童游泳训练期间尤其要注意。因此，学校游泳训练的安排上，要充分考虑少年儿童游泳运动员的生物年龄、性别等因素。

表 5-1　游泳运动员各项素质敏感期的年龄情况

生理素质	男孩敏感期的年龄	女孩敏感期的年龄	与青春期时间差（年）
柔韧	7~13	6~12	-4~-6
平衡	9~11	8~10	-3
灵敏	10~12	9~11	-2~-3
肺活量、心血管系统耐力	12~14	11~13	-1
最大摄氧量，氧债	14		0
手臂拉力	14~15	12~13	+0.5
纵跳	14~15	12~13	+0.5
一般力量	14~16	13~15	+1~+2
专项力量	14~16		+1
水中力量	15~16		+1.5

（五）训练周期的划分要与教学安排相适应

学校教学安排有自身的规律，例如一年两个学期两个假期、一个学年跨两个年份，每学期都有考试，作息和课程安排以周为单位等等，这便形成了学校教学安排的基本模式。游泳训练应充分考虑学校教学安排的模式特点，科学合理地调整训练计划安排，使学习和训练时间能够有机结合，保证学习和训练两不误，这是学校训练安排的基本原则和要求。

（六）技术训练是重点

技术训练是少年儿童时期训练的重点，也是提高运动成绩的保证。根据少年儿童不同训练阶段的任务，技术训练要循序渐进逐步提高，全面发展有所侧重。在基础训练时期，运动成绩的进步应主要依赖技术的改进和提高，而不应过早动用体能来提高运动成绩。技术训练应与发展运动素质结合，采用渐进式和螺旋式多次重复的模式改进、巩固和提高技术水平。

（七）训练手段多样化

中小学学生游泳训练兴趣培养中的一个重要环节，是训练方法与手段要紧密结合少年儿童生长发育特点和心理特点。训练方法非成人化，从兴趣入手，形式多种多样是早期训练的特有的特征。另外，训练手段的设计要有准确的作用方向，多样性和目的性要紧密结合。随着学生升学和生长发育的逐步成熟，训练手段和方法才逐步向成人化转移。

（八）训练水平平衡发展

游泳训练要促进中小学生身体全面发展，因此，在训练中，必须始终注意他们训练水平平衡发展的问题。在体能训练上，要处理好素质敏感期的重点发展与全面平衡的关系；在技术训练上，要强调打好全面的技术基础，泳式有所侧重，但不宜过早专项化；在训练中要合理安排三个供能系统的训练比例，重点发展有氧供能能力。

二、学校游泳训练的组织与进行

学校游泳训练是在学校统一领导和管理下，由体育教师专门组织和实施的，是学生体育教学训练的一部分。学校要根据本校的条件、设施和地方特色，有组织、有计划地开展游泳训练。学校游泳训练的组织与进行，包括选材和组织训练。

（一）选材

游泳是人体在水中的竞速运动。由于人长期生活在陆上，这就使得在挑选适合游泳运动的运动员时，不得不优先考虑符合水环境运动的条件。

游泳运动员选材包括两个方面：一是从游泳运动的特点出发，挑选适合游泳训练的运动员苗子，其重点是观察和测量身体结构和身体机能潜能；二是根据运动员自身的潜力，确定最适合发挥其潜能的游泳项目。这两个方面对运动员的发展都具有极大的影响。

1. 选材的主要指标

（1）水感：水感是适合游泳与否的先决条件，虽然身体结构好和机能水平高的人并不难找，但不具备良好的水感就很难训练成高水平的游泳运动员。水感是一种天生的能力，其遗传度高，也难以定量分析，且训练可改变的程度不大，必须更加依赖从选材中发现具有天赋的游泳苗子。水感作为游泳选材的重要指标，测量难度较大，更多的是依赖间接的观察进行评定。美国教练员认为，水感与水性和水中平衡能力密切相关，控制好平衡是掌握好技术的基础，平衡能力可通过滑行距离和静卧平衡进行测量；水感还反映在打腿速度上，一般认为打腿快而轻松的运动员水性和水感都较好。另外，可在训练和比赛中观察或测量运动员的划水效果，水感好的运动员划水效率高，滑行流畅，比较“走水”。

（2）浮力：浮力好，游进时身体位置高，阻力小。浮力与身体结构和身体成分有关，浮力的判定指标常用水中抱膝团身，凡背部能够露出水面者浮力好。浮力与平衡也有关系，平衡好漂浮位置高，反之浮力差。

（3）柔韧性：绝大多数水感好的运动员柔韧性也好。胸和腹部能大幅度伸展，就会增加氧的摄入量；肩和上体的柔韧性好，就能轻松地完成移臂，避免身体因移臂而横向摆动；入水后手臂自然而充分地前伸，有利于抓水和增长划水距离；脚踝和髋关节的灵活性对腿部动作影响很大，有利于提高鞭状打腿和蛙泳蹬腿的效果，柔韧性评价可选择后面“柔韧训练”部分的图5-2中的柔韧性练习方法进行测量，作为评价指标。

（4）协调能力：协调能力对学习和掌握各种游泳技巧、增强水中运动能力十分重要，也有利于调整自己在水中的身体姿势来保持平衡。游泳运动员既要控制身体姿势，又要迅速完成力的传递，全身协同配合是必不可少的。协调能力强，有利于提高游泳技术中的放松能力、节奏感和恢复能力。协调性是人体各肌群同步活动的能力，因此评价学生的协调能力有一定的难度，简单的方法可以从观察学生学习各种动作的快慢和完成动作的准确性等方面评价其协调能力。

（5）身体形态：在身体形态中身高最为重要。德国研究证明：身材高、体重轻的游泳运动员，在极限速度游泳时，单位体重消耗的能量相对较少。有关研究根据身高和身体宽度，计算人体的水动力指数，作为游泳选材对身体形态综合评定的指标。

$$\text{HI（水动力指数）} = （Y+100）/\text{身高}$$

$$Y = （\text{肩宽}+\text{髋宽}）/ 2$$

游泳运动员身体形态总体要求是肢体长、手脚大、瘦长的体型、窄臀、宽肩。这些指标反映各泳式的身体形态的基本特点。

(6) 机能水平：身体各类围度指标、肌群的大小和肌纤维类型，客观上反映了游泳运动员力量潜能；肺活量、肺活量体重指数，则反映了机能潜能。研究表明：最大有氧能力通过训练只能提高15%～20%，ATP－CP的遗传概率为70%～80%，乳酸为99%，无氧能力和最大摄氧能力为79%。机能水平主要通过专门的测试项目和仪器进行综合评定。

(7) 选材还要考虑学生家长的态度和支持，学生本人训练态度要端正，并具有可接受高水平训练的潜能。

有关游泳选材的具体指标和方法，可参考《游泳年龄组教学训练大纲》。

(8) 选项：运动员选项就是确定运动员比赛的项目，即平常说的主项或专项。对儿童选项不应过早，应提倡四种泳式全面训练。但随着训练深入和进入少年时期，逐步确定专项和同步发展专项能力应成为训练的重要内容。

选项时要根据项目特点和运动员潜力确定其专项，一般来说，爆发力好、速度快的运动员宜选择短距离项目，而心肺功能强、耐力好的运动员适合参加中长距离项目的比赛；在泳式方面，蝶泳对运动员腰腹肌力量、动作的节奏性和协调性要求较高，蛙泳则对运动员的腿部力量、动作配合的节奏等方面要求较高。这些都是教练员在确定运动员比赛项目时必须认真考虑和分析的因素。

在确定运动员比赛项目时还应注意：少年儿童比赛项目宜逐步确定，这是因为少年儿童生长发育尚未成熟，身体潜能尚未显示出来，仅仅凭一两次比赛或测验，还不能准确地确定下来，所以少年儿童宜多参加不同泳式和不同距离的比赛或测验，尤其是多参加长距离项目比赛。选项时不能忽略培养运动员对比赛项目的兴趣。

2. 选材步骤与方法

第一阶段的选材（小学1—3年级）。这一阶段应在评定运动员形态机能与运动能力是否符合运动专项要求的基础上，确定运动员是否适合从事游泳训练。这一阶段选材，主要分析形态指标（身材和身体各部分比例），同时要考虑健康状况指标。教练员在教学与训练过程中，根据运动员的一般身体训练水平、浮力、游泳技术掌握状况、“水感”天赋和运动成绩等，进一步验证自己的预测。

第二阶段的选材（小学4—6年级）。这一阶段选材，要评价基础训练过程中运动员进步的状况。这一阶段（女孩9～10岁、男孩11～12岁）除一些形态指标（身高、四肢长度、肩宽、髋宽、肺活量、手长、足长、体重），还应增加与游泳成绩相关度较高的指标，体现浮力和身体平衡能力的滑行距离、关节灵活性、身体流线型指标和浮力指标，还应设计一些针对性强的水上体能和机能测试作为评价的生理指标。在对各类身材、运动能力和机能能力指标与优秀运动员模型值对比的基础上，选出最有游泳潜质的少年游泳运动员。

学校游泳训练的选材，主要采用在体育教学和游泳活动中发现和培养游泳苗子的方法。游泳活动开展得越普及，就越有可能从中发现具有游泳天赋的学生。在选材过程中，要广泛发动班主任、教师和学生推荐，以弥补专业教师观察的局限性。有游泳训练条件的学校，如游泳传统学校，也要注意吸收无游泳训练条件学校里，具备良好游泳潜力的学生参加游泳训练，可通过代训、转学或招生达到这一目的。

（二）组织训练

1．训练形式

学校游泳训练形式，主要有校内训练和校外训练两种模式。校外训练主要指在校学生参加体育管理部门组织的业余体校训练。从目前我国学校体育的基本现状和条件看，大部分学校还很难担负起游泳专项训练的任务，因此，校外训练成为学校游泳训练的替代模式。随着学校游泳训练场馆和设施的不断配套和完善，校内训练应该是未来学校训练的主要模式之一。从国外体育发达国家的经验来看，学校是国家竞技体育发展的重要基地，学校专项训练是国家竞技体育发展的主要途径之一，优秀运动员绝大多数来自学校，校内训练的模式是体育发达国家的主流形式。

校内训练模式能较好地解决学生专项训练与文化学习的矛盾；有利于发挥各学科教师和仪器设备等优势为训练服务，充分利用和发挥学校人力、物力和财力等资源，起到了资源共享、优势互补的作用；有利于训练管理和激发学生荣誉感；有利于开展学校游泳活动。

2．训练管理

学校游泳训练的管理，要充分发挥各学科专家、学者和教师的作用，成立专家组参与指导学校游泳训练，如生物学、心理学、卫生学、数学、物理学、化学参与训练水平诊断，校医、营养师（食堂）等参与训练医务监督，为科学训练服务。而班主任、家长应参与训练管理，加强学生的思想教育，提高训练的出勤率和训练的积极性。

为了使学校游泳训练工作有条不紊地进行，应根据学校具体情况，建立训练管理机构；制定规章制度（训练纪律、训练队宗旨、宣誓词、入队仪式、奖惩制度等）和训练档案（训练文件和运动员训练档案等）；定期召开会议，检查和评估训练。

教练员既是组织者和管理者，又是执行者。教练员应积极主动地配合和协调各部门的工作，为训练指导和评价、医务监督等提供训练的第一手材料，并接受专家、学者的指导和建议。为了更好地开展游泳训练工作，教练员还应重视三个方面管理技巧的运用，提高管理水平和管理效益：

一是管理方法要符合少年儿童生理心理特点。在初训阶段，首先让初学游泳的学生对训练产生兴趣，建立自信，形成正确的技术；通过比赛、训练交流、联谊、参加学校活动等，提高运动员社交能力，学会接受他人。进入高年级训练阶段时，教练员要善于引导运动员在个人追求、集体目标和职业目标之间寻求平衡，使运动员在体能、技术、心理素质和思想道德品质等方面得到良好的发展。

二是重视训练民主，严爱结合。开展互动教学与训练，建立双方的信任、尊敬和理解。教练员、运动员和家长之间要相互交流和建立联系，相互督促，变被动训练为主动训练。教练员要善于根据运动员的训练水平和他们面临的比赛任务以及对手水平制订训练计划。

三是合理安排训练。学校训练有其特殊性，教练员一定要根据学校教学规律安排训练和调整训练，取得训练与学习的平衡。

3．训练医务监督

为保证青少年儿童身体健康，促进训练效果提高，加强训练的医务监督是游泳训练的重要环节。训练医务监督要结合学校健康教育和学校卫生工作进行。学校游泳训练要与学校医务部门紧密配合，充分发挥校医的作用，使他们能积极参与游泳训练的医务监督工作。

训练医务监督工作主要包括两个方面，即平时训练的医务监督和竞赛期间的医务监督：

平时训练的医务监督工作，主要是对参加游泳训练的学生进行定期的体格检查，掌握好他们在训练后身体的动态变化和及时发现因训练不当造成的不良现象；加强训练现场观察及检查，直接观察和检查比成人重要，不能仅听他们在训练后自述，因为当少年儿童自述疲劳时，实际上往往疲劳已达到相当严重的程度；注意负荷后心血管和呼吸系统等的机能反应是否正常，并进行综合分析，以免作出错误的判断。

竞赛期间的医务监督工作，主要是通过赛前检查了解运动员的身体健康情况、机能水平和训练状态，以便在对全队运动员进行医疗保健的基础上，确定重点观察和保护对象；加强卫生管理，检查食宿安排是否符合卫生要求，避免发生过度紧张、过度疲劳及其他运动性伤病，特别注意传染病和食物中毒的预防；去外地比赛如有时差反应，则要注意旅行疲劳和时差影响的消除，以尽快地适应新环境。运动员出发前可适当改变作息制度，重新安排进食、睡眠和训练时间等。比赛期应积极治疗慢性和急性伤病；女运动员在月经期要注意个别对待，为避免在月经期比赛，要在医生指导下采用药物使月经推迟或提前，要掌握好用药时机，最好在赛前用药，赛中不用，使其赛前一周来潮。实践证明，采用口服短效避孕药使月经周期提前的方法最佳，但不能连续 3 个周期用药调整月经，每年最多调整两次，以免引起日后月经不调。

第二节 游泳负荷与恢复

一、组成负荷的因素

运动负荷包含两个方面，即数量和强度。数量和强度通过练习方式、练习强度、练习距离、间歇时间与休息方式、练习重复次数五个因素组成运动负荷。负荷因素的变化必然会改变负荷的作用方向，使负荷作用机体的某种能力发生本质上的变化，这就决定了不同运动负荷结构对应着不同的训练效应，为科学地安排负荷、设计合理的负荷结构提供了依据。

（一）练习方式

练习方式是指完成练习所采用的手段与方法。练习方式影响负荷对运动员机体机能的作用。因此，在游泳训练中，必须严格区分各类练习手段与方法，根据训练目的与任务进行选择、设计和组合，提高训练效果。

在其他条件相同的情况下，采用不同的方式来完成同一练习其效果不同，因此，练习方式是影响负荷的重要因素之一，如采用具有竞赛性质的比赛练习，其特点是绝对强度达到极限，重复次数少，总量极少，心理负荷强度达到极限，负荷类型单一。运动员为了创造优异成绩，战胜对手，就必须通过比赛练习使负荷强度达到自己的极限。因此，现代训练十分强调用比赛练习来提高训练强度，培养比赛能力，提高心理应激水平。比赛能力只有通过比赛练习来培养和增强。比赛练习比例的增加是现代游泳训练的一个明显特性。

再如技术练习中分解练习和完整练习，前者是以身体某部分为练习对象，如打腿、划臂等，其特点是身体局部负荷大，强化技术环节动作的技能和体能，局部负荷也是调节负荷、负荷转移的重要手段。而后者主要指配合游或半配合游（单臂配合腿动作的练习），则属于全身负荷，其特点是强调臂腿配合的全身运动，负荷分布比较均匀，对身体机能的循环系统作用大，是训练的主要形式。

在游泳身体练习中，一般性练习是提高运动员起基础作用的技能和体能水平，平衡专项身体练习负荷，是专项练习的基础。包括陆上练习的各种跑跳、力量练习和柔韧体操练习，水上练习所采用的蹼泳、水球、花样游泳和各种非专项泳式的臂腿和配合练习等。而专项练习则强调练习动作幅度与动作路线应与比赛动作一致；练习动作用力大小、用力速度应与比赛动作一致，肌肉供能方式应与比赛时肌肉供能方式一致；训练时肌肉协调过程（即肌肉开始和结束工作过程）应与比赛的要求一致。归纳起来有两个特征，即泳式和供能方式。凡符合这两个特征的练习所构成的负荷，应称为专项训练负荷。随着竞技游泳水平的不断提高，训练的个体化和专项化特征越来越明显，专项练习的比例有增大的趋势。

（二）练习强度

评定练习强度主要有三种方法，即按心率评定练习强度、按成绩百分比评定练习强度、按机体供能机能和代谢机能的作用评定练习强度。

1. 按心率评定练习强度

根据运动员晨脉和最大心率，确定训练强度分级（表 5－2）。由于受最大心率限制，在最大负荷强度下，心率判断强度的灵敏度降低，其准确性也受到影响。

表 5－2 按心率划分游泳强度等级表

强度等级	类 型	心 率（最大心率%）	功 能	其 他
一	中慢速游	50%～60%	热身、放松、恢复、消除血乳酸	
二	力量游	60%～70%	消耗脂肪、发展有氧能力、技术训练	
三	一般有氧游	70%～80%	发展基础耐力，乳酸处于动态平衡、增进健康、强壮体质，发展有氧速度	
四	较高的有氧强度	80%～90%	无氧阈训练，体验疲劳，呼吸困难	练习间歇时间的比例为 2:1 或 1:1，赛季中、后这种练习可超过 30%
五	无氧强度	90%以上	提高比赛能力，增强耐乳酸能力	平时训练时这种练习不多，比赛减量阶段提高到约 30%

2．按成绩百分比评定练习强度

以最好成绩为百分之百计算练习强度。计算公式如下：

$$X = Y + Y\ (100\% - Z)$$

X，表示成绩要求

Y，表示最好成绩

Z，表示完成练习所需要的强度百分比。

例：某运动员 100 米蝶泳最好成绩为 58.00，训练设计练习强度 80%，则 100 米练习强度成绩为：

$$\begin{aligned} X &= 58.00 + 58.00\ (100\% - 80\%) \\ &= 58.00 + 11.6 \\ &= 69.60\ (1{:}09.60) \end{aligned}$$

3. 按机体供能机能和代谢机能的作用评定练习强度

在游泳训练中，游泳速度决定了负荷强度，不同的负荷强度或速度取决于供能的形式和途径。能量训练理论从生理学和生物化学的角度揭示了训练的实质，但在划分能量训练的强度等级和训练运用上，存在着不同的观点和看法。表 5－3 是根据几个国家的能量训练分类综合制定的游泳能量训练强度分级，供参考和运用。

（三）练习距离

练习距离与练习强度成反比关系，距离短则速度快，反之速度慢。练习距离与供能也存在着密切的关系，这种关系与练习的持续时间相关。10 秒钟左右的练习，肌肉工作主要依赖储存的 ATP 供能，随着练习时间延长，不仅使 ATP 再合成的途径和方式发生变化，并得到动员，而且还有选择地发展了那些对提高运动成绩有良好作用的各种素质。不同距离的练习增强了相对应距离的主要供能系统的能力，同时也提高了所对应的体能。短距离快速练习主要发展 ATP－CP 供能能力，有助于发展速度力量，改进快速动作的技术；中距离练习则发展乳酸无氧供能能力，有助于发展速度耐力和提高技术的稳定性；长距离练习着重提高肌肉利用氧的能力，在血液循环系统和呼吸系统都积极动员的情况下，提高长时间运动的能力和保持技术的能力。

（四）间歇时间与休息方式

在针对性发展运动员某种体能时，应该根据练习后恢复时期的特点来设计间歇时间和休息方式。有关研究表明，恢复期的前 1/3 可恢复体能的 60%，第二个 1/3 期恢复 30%，第三个 1/3 仅恢复 10%。教练员制订重复练习的间歇时间计划时，就必须考虑体能恢复时期的特征，调整负荷的作用方向。

间歇的方式是指练习后所采用的休息方式。通常间歇的方式有两种，一是消极性休息，二是积极性休息。研究证明，消极性休息时运动员体能恢复较积极性休息慢。

在设计间歇时间方面，通常根据心率来安排。也有根据运动员的主观感觉来控制间歇时间的。在日常训练中，设计间歇时间取决于练习任务和训练

表 5－3 游泳能量训练强度分级

类型	能源物质	心率	速度(最好成绩)百分比	一次不间断练习持续时间	pH 值	血乳酸值	典型的练习	练习/休息比
速度训练	磷酸肌酸	—	110～120	10～20 秒钟	7.35～7.25	3.0～7.0	25 米速度牵引 15～25 米短冲	>1:2～1:8
速度/爆发力训练	磷酸肌酸	—	110～120	10～20 秒钟	7.35～7.25	3.0～7.0	25 米抗阻牵引 15～25 米短冲	>1:8
乳酸峰值训练	糖类	最大	95～110	1～2 分钟	7.20～7.10	10.0～18.0	4×(50+25 放松) 2 分钟包干	1:2～1:8
耐乳酸训练	糖类	最大	90～100	2～4 分钟	7.25～7.20	9.0～12.0	4～8×100 米	1:2～1:8
最大吸氧量训练	糖类	160～180	95～105	5～15 分钟	7.35～7.30	4.0～8.0	5～10×200 米 间歇 20 秒	间歇 20 秒钟或 1:1
无氧阈训练	糖类	140～170	85～95 T30 测试*	30 分钟以内	7.40～7.35	3.0～4.0	6×400 间歇 20 秒钟 40×50 间歇 20 秒钟	间歇 10～40 秒钟
中等强度有氧训练	脂类	120～150	80～85	120 分钟以上	7.42～7.38	1.5～2.5	1000 米划水	间歇 10～30 秒钟
低强度有氧训练	脂类	>120	<80	120 分钟以上	7.42～7.38	1.5～2.5	3×400 配合、打腿、划水(热身)	间歇 10～30 秒钟

*T30 测试，是美国教练员采用的最简单的无氧速度测试方法，即运动员全力匀速游 30 分钟(年龄组也可全力游 2000 米)，并根据平均速度制定不同距离、不同水平运动员的无氧阈速度供训练参考。

方法，如间歇训练法和重复训练法在间歇时间上就有很大的区别。

（五）练习重复次数

练习重复次数反映了练习的数量特征，没有一定数量的练习刺激，就不可能使机体发生适应性变化；在练习强度和距离一定的情况下，重复次数少游进速度快，重复次数多则游进速度慢。因此，在训练负荷设计中，重复次数对训练效果有直接的影响。关键在于重复次数不能影响预先设定的练习强度，使练习强度能够最大限度地保持而不至于明显降低的重复次数是最佳的强度负荷量。这也是重复次数设计的关键所在。当然，这一目的的实现还需依靠运动员完成重复练习的速度控制能力，时快时慢、过快过慢，都不能达到重复次数的训练目的和效果。

二、负荷安排

游泳属于周期性体能类项目，运动负荷水平、技术水平和心理水平是决定游泳运动成绩的三大要素。体能水平的提高，其核心是科学合理地安排运动负荷，负荷安排的实质是解决练什么、练多少和怎么练的问题。

现代游泳训练负荷安排的特征，是渐进性增加运动负荷与极限负荷的统一，追求最大负荷并进行科学安排，是提高运动成绩的有效途径。运动负荷的增加，受生物学应激的局限性和负荷对象现阶段水平的制约，是一个动态发展和逐步提高的过程。

（一）项目的特点是负荷安排的重要依据

游泳的泳式和距离，都影响运动中能量系统的动用和运动素质的侧重，这就需要根据项目的特点合理设计负荷。从比赛距离能量比例关系可以看出（表5-4），不同的比赛距离所对应的能量系统比例不同，决定了该距离的供能特征，但这并不等于在日常训练中都要按此比例进行能量训练。这是因为，其一，以比赛速度进行训练，虽然能够使供能系统的比例与比赛时大致相同，但只能使主要系统得到充分训练，达到最佳效果，而其他的供能系统则不能得到充分的刺激，这反而限制了比赛中这些能量系统的作用。其二，以比赛速度进行训练，不能使 ATP-CP 供能系统得到充分的刺激和提高，因为这个系统的训练需要用超过比赛的速度进行才能构成超量负荷。针对不同距离项目的特殊能量系统，必须进行专门化的训练。提高专项能力的核心是训练负荷方向要准确，同时处理好三个能量系统的相互促进和相互制约的关系。

表 5-4　不同游泳距离全力游时的供能比例

竞赛用时	竞赛距离	% ATP - CP	% 无氧代谢	有氧代谢	
				% 糖代谢	% 脂肪代谢
10 ~ 15 秒	25 米	50	50	忽略不计	忽略不计
19 ~ 30 秒	50 米	20	60	20	忽略不计
40 ~ 60 秒	100 米	10	55	35	忽略不计
1 分 30 秒 ~ 2 分	200 米	7	40	53	忽略不计
2 ~ 3 分	200 米	5	40	55	忽略不计
4 ~ 6 分	400 米	忽略不计	35	65	忽略不计
7 ~ 10 分	800 米	忽略不计	25	73	2
10 ~ 12 分	900 米	忽略不计	20	75	5
14 ~ 22 分	1500 米	忽略不计	15	78	7

对我国运动员不同泳式赛后血乳酸测定结果是：200 自，15.5mmol/L；200 蛙，15.03 mmol/L；200 蝶，15.24 mmol/L；200 仰，11.80 mmol/L；200 混，15.00 mmol/L。测定结果表明，不同泳式也存在各自的负荷特点。训练产生两种效果，即一种是经过训练，循环和呼吸系统能够向全身各个组织，包括那些未经训练的组织输送更多的氧和营养物质。这种训练效果是中枢性的，因为这种训练能够提高机体的机能，使其他没有经过专门训练的能力也得到提高。另一种训练效果是外周性的，只有参与运动的肌纤维发生了变化。游泳运动员不能用爬泳进行所有的耐力训练，如果蝶泳、仰泳和蛙泳只进行短冲训练，游这些泳式所运用的肌纤维的耐力水平就难以提高。

（二）结合学校教学规律安排负荷

负荷安排应根据学校教学计划设计负荷大小、作用方向、能量训练比例和负荷走向，如假期重点发展专项负荷能力，提高承受负荷的能力；学期初发展一般耐力和绝对速度，重点进行技术训练；学期中逐步提高专项耐力和速度，比赛完整技术环节训练，提高无氧训练能力；学期末训练调整，迎接考试，进行维持性训练。

（三）负荷安排要符合少年儿童特点和个体特点

区别对待是负荷安排的重要原则之一。学校训练的对象是少年儿童，负荷安排必须符合少年儿童生理和心理特点，如：负荷大中小结合，单一负荷不宜持续时间过长；负荷手段与形式要多样性和趣味性；不宜过早追求极限负荷，要随着身体发育成熟逐渐加大到极限负荷；负荷要全面，重点发展有氧能力；负荷与恢复有机结合等。同时，负荷安排要针对运动员个体的情况。少年儿童个体差异大，主要体现在发育水平上，在负荷结构和负荷程度上应有明显区别。

（四）负荷安排与恢复训练有机结合

在训练和比赛中，运动员都承受着一定的运动负荷，运动负荷对机体的刺激伴随着能量消耗和疲劳的产生，要维持运动能力就必须补充能量和消除疲劳。训练就是在消耗—补充、再生—再消耗—再补充、再再生过程中循环。现代训练理论认为，恢复是另一种形式的训练，没有恢复就没有训练。负荷安排应遵循这一规律，使负荷与恢复有机结合，促进训练效果的提高。负荷安排与恢复有机结合主要有三种形式：其一是训练与休息交替；其二是在训练中采用负荷调控手段，如能源物质交替供能、负荷转移、强度与数量调节、技术与体能转换、局部与整体的协调、心理调节、素质迁移等；其三是根据负荷的作用方向和能量物质消耗的特点，合理调配运动员饮食营养和必要的药物补剂。通过科学安排和调节，提高运动员负荷能力和恢复能力。

（五）集训期间的负荷安排

集训是学校训练的重要组成部分，尤其是对于业余训练的学生，集训是提高训练水平和运动成绩极其重要的训练时段。集训的时间因具体情况而定，多则一个多月，少则一两个星期。集训期间的负荷，无论在数量上还是在强度上，都相对比选拔赛前的训练要高。集训应加大最大摄氧量的训练量，强化以磷酸原供能为主的短距离速度训练，减少乳酸峰值训练和耐乳酸训练量和比重，使运动员能够保持高水平的有氧能力，并在比赛中表现出高水准的技术效率，创造优异成绩。这种训练安排，能使运动员在无氧和有氧能力方面都受益，通过模拟训练提高比赛能力。

三、恢复训练

现代游泳训练的显著变化是比赛频繁、运动负荷大、专项性强，训练导致过度疲劳和过度训练的可能性增大。为了保证极限负荷下的正常训练，提高运动员的负荷承受力和耐受力，恢复训练已经成为现代运动训练的重要组成部分，也是体能训练的内容之一。尤其对少年儿童的游泳专项训练更应从长远着眼，重视恢复训练，不断提高自身的恢复能力。

恢复训练主要包括训练计划中的恢复训练、训练课后的恢复两个方面。

（一）训练计划中的恢复训练

在训练中，应根据训练课负荷特点和运动员的恢复能力制订训练计划，合理安排各种训练学恢复手段，使运动员的自然恢复过程加快，从而确保训练效果，如技术练习和发展速度的训练内容不时地融合到一起，或者强度游与放松游结合安排等；在练习之间安排积极性休息的练习，如转身练习、任意游等，从而使运动员的训练达到最佳训练效果。教练员制订训练和比赛计划时，应考虑运动员个体的恢复能力，有针对性地安排恢复训练，从而保证提高强度训练后和比赛后的恢复。

（二）训练课后的恢复

训练课中运动员的体能消耗大，能量物质急需补充，疲惫的精神状态也需要调节，因此，训练课后的恢复效果直接影响下一次训练课的进行。训练课后的恢复着重在四个方面：

1．睡眠。睡眠是最好的恢复方式，尤其是对少年儿童，要充分保证他们有足够的睡眠时间和安静舒适的睡眠环境。少年儿童一天睡眠时间不应少于 8 小时，集训期间的睡眠还应不少于 10 小时。

2．主动与被动恢复手段结合。少年儿童训练课后的恢复，应强调以自我主动恢复为主，可采用运动形式转移的方式，如游戏、跳舞、散步、乒乓球、羽毛球、台球等活动，增强自身的恢复能力，提高恢复水平。被动恢复主要指利用物理学手段（按摩、推拿、桑拿浴、理疗、电作用法等）和医学手段（药物制剂的维生素、蛋白制剂和运动饮料等）。对于少年儿童，这类恢复方法与手段应该是辅助性的，应根据运动负荷和运动员的具体情况有针对性和有选择地采用。

3．营养。在少年儿童游泳的恢复训练中，营养是仅次于睡眠的第二重要的恢复手段。要根据游泳运动的特点和运动员训练消耗的具体情况，科学安排运动员膳食营养。游泳运动员应该补充高糖食品，如面包、谷物、点心、豆、玉米、大米、苹果、香蕉、葡萄、橘子和牛奶等。还应针对运动员蛋白质消耗，多吃奶制品、坚果和大豆。游泳运动员在训练阶段需要更多的维生素和矿物质，他们大量摄入的热量通常可以为他们提供一些所需的维生素和矿物质。游泳运动员每天呼吸、排尿和出汗消耗大约3升液体，因此，保证每日有足够的液体供其消耗十分重要。

4．心理调节。训练疲劳首先反映在心理疲劳上。少年儿童的精神状态最能体现其疲劳程度，教练员应多注意他们在训练中和训练后的精神状况，从中判断训练负荷是否适宜，负荷后身体反应是否正常等，以调整训练计划。少年儿童游泳训练后，疲劳程度首先是通过情绪表现出来的，疲劳程度深，训练后的主要表现是不想多说话，也不想动，对什么都不感兴趣，精神萎靡不振；而训练疲劳程度浅，则有说有笑，行为举止活泼。情绪调节主要采用转移心理定向的方法，将学生的心理从训练目标引向他们感兴趣的目标，减缓心理压力，从而调节其情绪。具体做法有音乐欣赏、唱歌、看电影、下棋、绘画、手工制作等，这完全可以与开设的相应课程结合，达到消除疲劳的目的，这也是学校训练的优势所在，即通过其他学科课程的学习转移心理定向。

第三节　学校游泳训练的内容与方法

一、少年儿童游泳运动员的体能训练

游泳运动员体能的发展水平，受身体形态、机能、素质三个因素的影响，而运动素质是体能训练的基本内容，体能水平通过运动素质水平表现出来。

在运动训练过程中，运动员竞技能力构成因素之间的关系，是相互联系、相互促进和相互制约的，并表现在始终处于不断变化的相对平衡状态。处于青春发育前后的游泳运动员，体能结构的平衡是相对于不同素质发展敏感期快速增长和个人潜能优势差异的不平衡状态，竞技能力结构的非平衡性就显得格外突出。因此，对青少年儿童的体能训练应依据这一规律特征，设计不同年龄阶段、不同训练时期的体能训练结构与训练方案。

（一）力量训练

力量在游泳训练中占有十分重要的位置。为有效地发展力量，提高力量训练效果，游泳力量训练必须有针对性。游泳力量训练的针对性包含两个方面：

其一，应重点发展与游泳推进力密切相关的肌群力量。根据对游泳技术动作结构分析，参与手臂划水的肌群有肩带肌、背肌、背阔肌、胸大肌、肱二头肌、肱三头肌、大圆肌和三角肌前部，这些肌群又称功能肌。参与蛙泳蹬腿和出发转身蹬台（池壁）的工作肌有股四头肌、股二头肌、臀大肌、腓肠肌、阔筋膜张肌和趾屈肌，这些肌群既是功能肌，也是蝶、仰、爬泳的稳定肌。稳定身体平衡和保持身体流线型姿势的有竖脊肌和腹内、外斜肌等。

其二，力量训练要体现游泳力量特点。游泳力量的特点是等动性用力，游泳动作发力强调动作的面，划水和蛙泳蹬腿属于远端支撑用力，而鞭状打腿则属于近端支撑用力。游泳力量训练的目的是提高专项力量水平，改善动态力量工作的机能保障，并在划水动作中表现出力量能力。

1．影响力量的因素

（1）神经调节的改善是决定力量大小的生理因素之一。肌肉调节的改善包括运动员参加活动的肌纤维的数量增多，皮层神经过程的强度和灵活性的改善。依靠肌肉间协调的改善能提高肌肉力量，却又不会使肌肉的体积增大，对减小游泳时的形状阻力十分有利。

（2）肌肉的收缩能力，除取决于肌肉的解剖学结构及其生理横断面之外，还取决于肌纤维的类型，即肌纤维类型百分比。

（3）快慢肌纤维不会同时投入工作，因为支配它们的运动神经元，依兴奋阈的不同分为很多种类。改变练习的重量、速度、频率、每次练习的持续时间和间歇时间，会使快运动单位或慢运动单位优先参与工作，从而促使不同类型肌纤维收缩，改变整个肌群和肌纤维收缩强度、收缩速度和收缩动力，可使极限力量，或爆发力量，或速度力量能力，或不同强度工作的耐力得以增加。

2. 力量练习主要方法

游泳运动员力量训练有两种方法，一是加强肌肉本身的力量训练；二是强化肌肉间的协调。发展不同力量类型的手段与方法如表 5 - 5 所示。

游泳力量练习还可利用杠铃、哑铃、实心球等器械，发展上下肢力量、腰腹肌力量和指腕关节类的小肌群力量。力量练习的组织形式，可采用一个练习内容完成后再接下一个练习的单一组织形式，也可采用“站式”循环练习形式（图 5 - 1），提高学生对力量练习的兴趣。

3. 力量训练注意事项

（1）力量训练时间安排。力量训练应根据不同力量类型的恢复时间和训练任务，安排训练的间隔时间和不同力量类型的搭配。极限力量训练后，体能恢复需要 36 ~ 48 小时，应每隔 1 ~ 2 天进行一次；力量耐力训练，体能恢复要 10 ~ 16 小时，新手每星期 1 ~ 2 次，已适应的运动员每星期 2 ~ 3 次。

（2）力量训练应采用在运动学和动作节奏上与游泳动作相似的练习器进行练习。采用的练习器不仅应发展游泳时承担主要负荷的肌群，而且应使各肌群开始投入工作和结束工作的顺序与游泳动作的实际要求相符。在发力性质和运动学特征方面，等动练习器符合游泳运动员专项力量训练的要求。为避免出现技术动作的负转移，建议游泳运动员在力量训练过程中，采用多种力量训练器材、运用多种力量训练方法进行练习，如等长、等张、等动、退让、近端支撑和远端支撑等方法，这样才能使运动员的肌肉力量得到显著提高。

（3）陆上与水上力量训练的结合。游泳力量训练主要借助陆上力量训练，陆上力量训练可迅速有效地增加游泳运动员的极限力量和力量耐力。为提高陆上力量的转换率（即陆上力量转换为游泳推进力的百分比），从 20 世纪 70 年代末起，水上专项力量训练量大大增加。水上力量训练的主要手段与方法有划水掌、阻力衣、牵引游、拖拉游、垂直打腿等练习，促进了游泳运动员水上专项力量能力的提高。

表 5－5　游泳力量训练的手段与方法

训练方法		动作名称	阻　力	组　数	次　数	间　歇	说　明
陆上力量训练	综合力量训练	10～15 个练习，每个练习做 30 秒钟，休息 10 秒钟，循环 2 组，心率为 150～160 次/分					
	重力量训练		90%～100%	6～8	1～3		在联合力量器上做滑轮拉力 25～40 千克快速拉
	爆发力训练		70%～80%	4～6	8～10		
	专项力量训练	等动器	中等阻力 30 秒钟、1 分钟、2 分钟	6～8	3～4	15～30 秒钟	
		橡皮带	12～18 千克	4～6 组	4×1 分钟为一组	15～20 秒钟	
		跳深		3	15～20		
	辅助力量训练	小肌肉群平衡和转动的能力	中小	3	极限	不休息	采用集中刺激法和加大难度法
			体重	2～3	50		
水中力量训练		牵引训练	铁片	4～6 组	30 秒钟、1 分钟或 3～4 分钟		
		戴划水掌和穿阻力衣训练		2×200 米、　5×400 米、　2×1500 米			
		扶板打水和穿阻力衣训练					
等动力量训练		专项力量	80%～90%		6～10		心率 27 次/10 秒钟
			90%～95%		2～5	1～3 分钟	
		力量耐力	中等	4～6			心率 29 次/10 秒钟

（引自万德光，万猛．现代力量训练．北京：人民体育出版社，2003：185．）

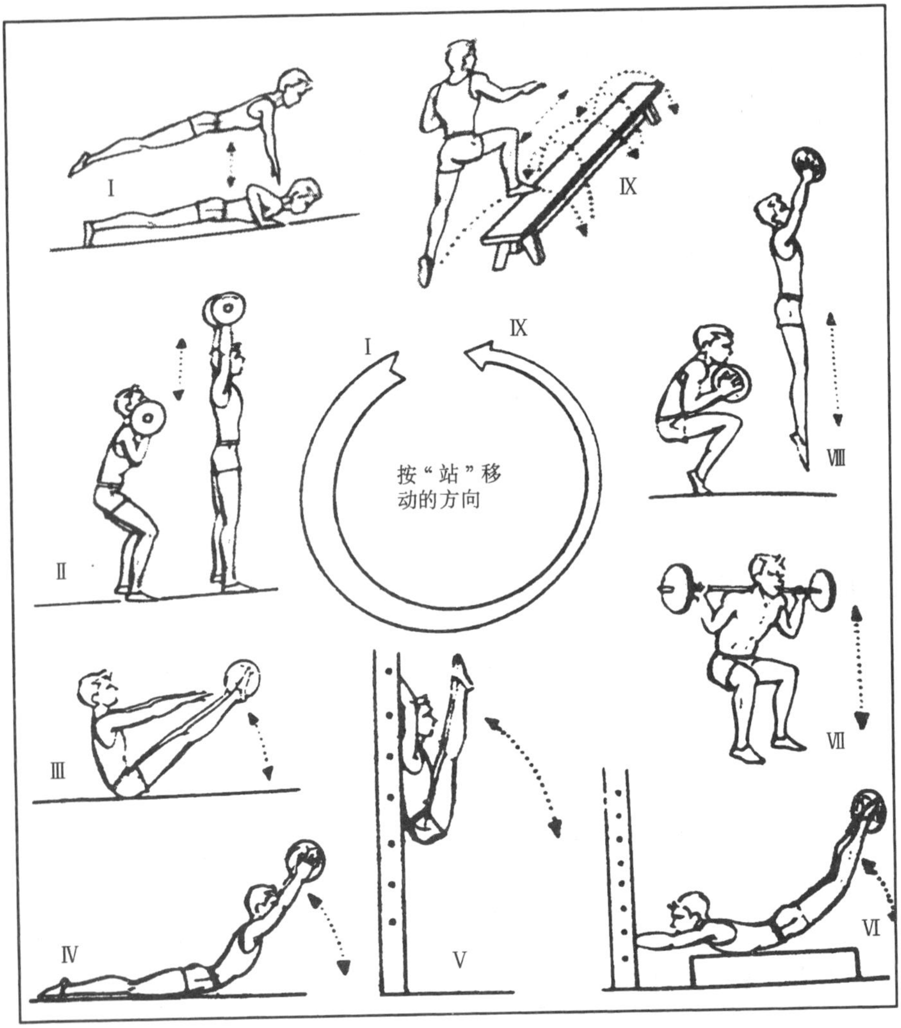

图5－1 “站式”循环力量训练

（4）力量训练要结合少年儿童生长发育的特点，合理安排力量训练的手段和方法。小学低年级增加力量的最佳方法就是让他们练习游泳，并逐步增加克服自身重量的练习，如攀爬、俯卧撑、奔跑、跳跃、爬肋木、仰卧起坐等。做这些练习不要计时，只要完成指定次数即可，这样有利于运动员把注意力集中在良好的技术而不是速度上。

小学高年级可利用克服自身重量进行力量练习，如俯卧撑、引体向上、双杠屈臂撑、跑和跳的练习等，还可以运用一些轻重量器材进行力量练习，如实心球、哑铃、橡皮拉力等。做这些练习要限制练习数量，还应考虑到全身所有大肌群的锻炼。

青春期的力量训练，进行动力性练习和快速低强度练习最为适宜。因为处于生长阶段的脊椎和椎间盘是异常敏感的，在负重力量训练方面应特别注意练习重量要适宜，练习方法和姿势要正确，切忌将负荷集中在脊椎上。青少年运动员可以逐步地适应成年运动员的训练计划，14 岁以上年龄的力量训练就可以全面展开了。

（5）力量训练要合理设计动作速度，提高神经系统之间的协调性。游泳时，肌群之间的协调性是力量提高的重要表现形式，而肌群间的协调性是建立在神经系统之间协调性的基础上。结合游泳技术动作，采用不同动作速度或变速练习进行力量训练，是提高游泳时参与工作肌群协调性的有效途径。

（6）力量训练要与柔韧练习结合，柔韧练习可安排在力量训练前，也可安排在力量训练后。前者是预先拉长了肌纤维，预热了肌群，力量练习时不易受伤；后者是通过牵拉活动，既放松了紧张的肌肉群，也有助于肌群恢复。力量训练时，身体局部负荷大，甚至达到极限，因此，练习前的准备活动尤为重要，准备活动要充分，且时间要持续 30 分钟以上，匆匆忙忙地做准备活动容易导致伤害事故。

（二）速度训练

1．影响速度训练效果的因素

速度能力在一定程度上取决于中枢神经系统运动部位神经过程速度和灵活性、神经肌肉调节过程特点、工作肌群肌纤维的类型、运动器官特征（肌肉、肌腱、韧带的弹性和关节的灵活性）、肌肉中高能物质储备数量、意志力水平和运动技术水平。速度训练效果还受速度发展的敏感期和速度训练方法与手段的影响。速度发展的敏感期是速度训练的最佳时机，选择有效的速度训练方法与手段，会取得事半功倍的效果。

2．发展速度能力的方法与手段

对发展速度能力起决定性的刺激是动作的极限强度。发展速度能力时，选择每次练习的性质、持续时间、强度和间歇时间有重要意义。游泳速度训练虽然可以采用各种练习，但更广泛采用运动员熟练的技术，如专项训练和比赛动作的练习，进行持续时间在5～15秒钟之内的短距离冲刺和短时间的臂、腿分解与配合练习，以及牵引游。在强度设计上，一般采用大的和接近极限强度的练习，使动作频率快、幅度大，达到最高的速度水平。同时，应该注意过多安排极限强度或接近极限强度，限制了练习的数量，这样就容易形成速度障碍，因此，在速度训练中要善于变化训练强度（表5－6）。

表5－6　游泳速度练习方法

方法	作用	内容	强度	重复次数/间歇时间
短冲训练	发展ATP－CP供能系统	10～25米蹬边或出发游	110%的最大速度	4～6组/1～1分30秒钟
牵引训练	发展极限速度和动作频率，发展神经系统的灵活性	练习的距离不超过50米，以最好成绩的110%～120%的速度牵引	110%～120%极限速度	重复不超过10次/充分休息
动作频率训练	建立划水速度与划水效果的最佳匹配模式	根据训练要求，设计速度、划距、划频三者变化参数，采用距离25～100米	110%最大速度	4～6组/1～3分钟
动作速度训练	发展动作环节速度	出发10米或15米 转身15米（前后各7.5米）或50米（25米池）转向练习	110%最大速度	5～10组/1～3分钟

3．速度训练的注意事项

（1）正确处理动作频率与划距的关系。动作频率和划距是影响游进速度的主要因素，在不同的训练时期，两者对游速的影响程度是不同的，教练员必须善于发现主要影响因素，采取针对性的练习发展游泳速度。发展速度应建立在提高划水效果的基础上，加快动作频率。运动员都有自己适合的划频和划距组合，游进时不应超出自己的最佳频率界限，否则就影响了划水效果。经常改变动作频率和练习条件，有助于避免形成顽固的动作定型和出现速度障碍。为使力量能力和游泳技术同时得到改进，可将极限强度（频率）的练习和相当极限游速 90% ~ 95% 的极限下游速的练习交错安排，通过这一类练习，改善运动员控制划水动作质量的能力，为极限游速的提高打下基础。

（2）速度训练宜安排在训练课的前半部分，此时运动员已经完全进入工作状态，兴奋性高，体能状况好，进行速度练习效果最好。也有把速度训练安排在课的后半部分的，这有利于发展速度耐力，提高抗疲劳能力和保持技术动作的能力。速度练习的设计，应以完成强度质量为核心，调整练习的其他因素，如长间歇、短距离、少重复、高强度。

（3）提高快速运动时肌肉紧张与放松的能力，对发展速度和保持速度的能力至关重要。

（三）耐力训练

1．影响耐力训练效果的因素

耐力是保持速度的能力。发展耐力首先要在疲劳不断加剧的情况下，提高心血管和呼吸系统的工作能力，提高供能系统的潜能和效率，使臂、腿动作保持力学效率和工作强度。

决定耐力发展水平的因素有解剖形态因素（肌肉结构及肌纤维类型因素），血液动力学，机体供能过程的强度、容量和效率，肌肉和植物性系统机能工作的协调性，以及神经体液调节特点和激素调节状况。植物性系统和运动器官协调能力强，有助于运动员在游泳专项练习中充分发挥出机能潜力。

2．耐力训练方法与手段

（1）发展一般耐力。提高游泳运动员有氧运动能力，应着重发展无氧阈训练速度和最大摄氧量训练速度。无氧阈训练可以改善骨骼肌的代谢，提高肌肉耐力和氧的利用率；最大摄氧量训练可以提高最大摄氧量和氧的运输能力，改善乳酸的排除能力。

一般耐力训练的主要方法和手段有持续训练，变速训练，中、短距离间歇训练和重复训练等。

（2）发展专项耐力。专项耐力训练是游泳运动员训练体系中的主要内容，发展专项耐力的目的是提高供能机制中的无氧糖酵解能力和发展乳酸耐受力，提高疲劳逐步加深条件下维持最佳划频和划步的能力。

在能量训练中，乳酸峰值训练和耐乳酸训练是发展游泳专项耐力水平的主要手段。通过主项配合游，模仿比赛条件下的中、长距离（200～400 米，800～1500 米）练习，短距离（50～100 米）和中距离（200～300 米）的高强度间歇训练（间歇时间相当练习时间的 0.5～2 倍），以及“分段游”形式的重复间歇练习，提高运动员乳酸无氧过程的强度，发展专项耐力水平从而提高保持高速度运动能力和维持高效技术的能力。

3．耐力训练的注意事项

（1）耐力训练的练习距离，应由多种距离结合组成，如超长距离训练（可采用泳式交替游，保持良好技术动作游），超短距离训练（重复次数多，间歇时间短），变换练习条件训练（变换泳式、距离、强度），负分段训练，包干训练和臂、腿训练等。这些训练手段与措施，有助于提高青少年运动员有氧能力和保持正确游泳技术的能力。

（2）耐力训练应结合四种泳式进行，使训练效果能够发生在不同的肌纤维中。虽然有些肌纤维在游各种泳式时都会被动用，但也有些肌纤维只在游某种姿势时才会被使用。要使这些肌纤维对训练产生适应，就只有用特定的泳式进行训练，而且既要进行耐力训练，又要进行速度训练。

（3）对于少年儿童耐力训练要抓住耐力发展的敏感期，不失时机地提高耐力水平。少年儿童游泳训练的重点应该是最大限度地发展有氧能力，宜多参加长距离项目比赛。

（四）柔韧训练

良好的柔韧性有助于游泳运动员取得更好的成绩。游泳运动员关节的活动幅度大，能够形成良好的对水面，增加动作幅度；还可以减少肌肉内阻力，降低能量消耗，提高游泳速度。游泳专项柔韧性的特征，主要体现在肩关节、踝关节、膝关节和躯干脊柱等柔韧程度，因为这些关节的柔韧水平直接与产生推进力大小密切相关。

游泳柔韧训练分为一般柔韧性训练和游泳专项柔韧性训练，一般柔韧性训练是指发展全身各关节的柔韧性，其作用是改善肌肉工作状态，提高肌肉放松能力，增加肢体运动的动作幅度等；而游泳专项柔韧性是针对专项运动的特点发展相应关节的柔韧性，提高专项动作的幅度和技术效果，提高专项肌群的放松能力和恢复能力。

1．影响柔韧训练效果的因素

柔韧性与年龄有着密切的关系，年龄小则柔韧性好，年龄大则柔韧性差。少年儿童阶段是发展游泳专项柔韧的最佳时机，尤其在10～14岁前。发展柔韧性的效果与时间间隔有关。研究证明，柔韧性练习隔天一次最好，间隔时间长会使柔韧水平下降，柔韧水平下降的速度是以天为单位。在柔韧训练中，防止肌肉受伤、消除肌肉中微纤维是提高柔韧性水平的重要保证。柔韧性水平的表现与关节周围肌肉韧带和肌腱的伸展范围与弹性、肌肉放松能力和协调能力有很大关系。

2．发展游泳专项柔韧性和提高关节灵活性的方法

发展柔韧的一般练习有屈、伸、弯曲和转体，通过屈、伸、内收、外展、旋转等练习可以发展关节的灵活性，增加肢体活动范围和幅度。发展游泳专项柔韧性和关节灵活性要与游泳技术特点的要求相适应，在发展全身关节的柔韧性和灵活性的基础上，重点发展肩、踝和脊柱的柔韧和灵活性（图5－2）。

（1）关节柔韧性练习方法

发展柔韧性的练习方法主要有两种形式，即被动牵拉和主动牵拉。被动牵拉是在同伴的帮助或利用各种负重物情况下完成的，主动牵拉是利用自身的力量或体重完成各种柔韧练习。两种柔韧练习形式都可采用动力性牵拉和静力性牵拉。动力性牵拉练习和静力性牵拉练习既可以分开单独进行练习，也可以动静结合进行练习，后者的效果更好。在制订柔韧发展计划时，被动牵拉练习应比主动牵拉练习要多1.5～2倍，这有利于提高柔韧训练水平。

每天在训练前安排10～20分钟的牵拉练习，可以增大游泳时的动作幅度，并改进技术。也可安排在训练课后进行柔韧训练，此时牵拉肌肉既能促使恢复加快，又发展了柔韧性，具有双重作用。

（2）关节灵活性练习方法

关节灵活性取决于跨关节肌群韧带的伸展程度、参与工作肌群紧张与放松的协调一致和关节活动的频率。关节灵活性练习应与柔韧性练习结合，关节灵活性练习着重在关节的转动、旋转、摆动和环绕等，通过改变练习的速

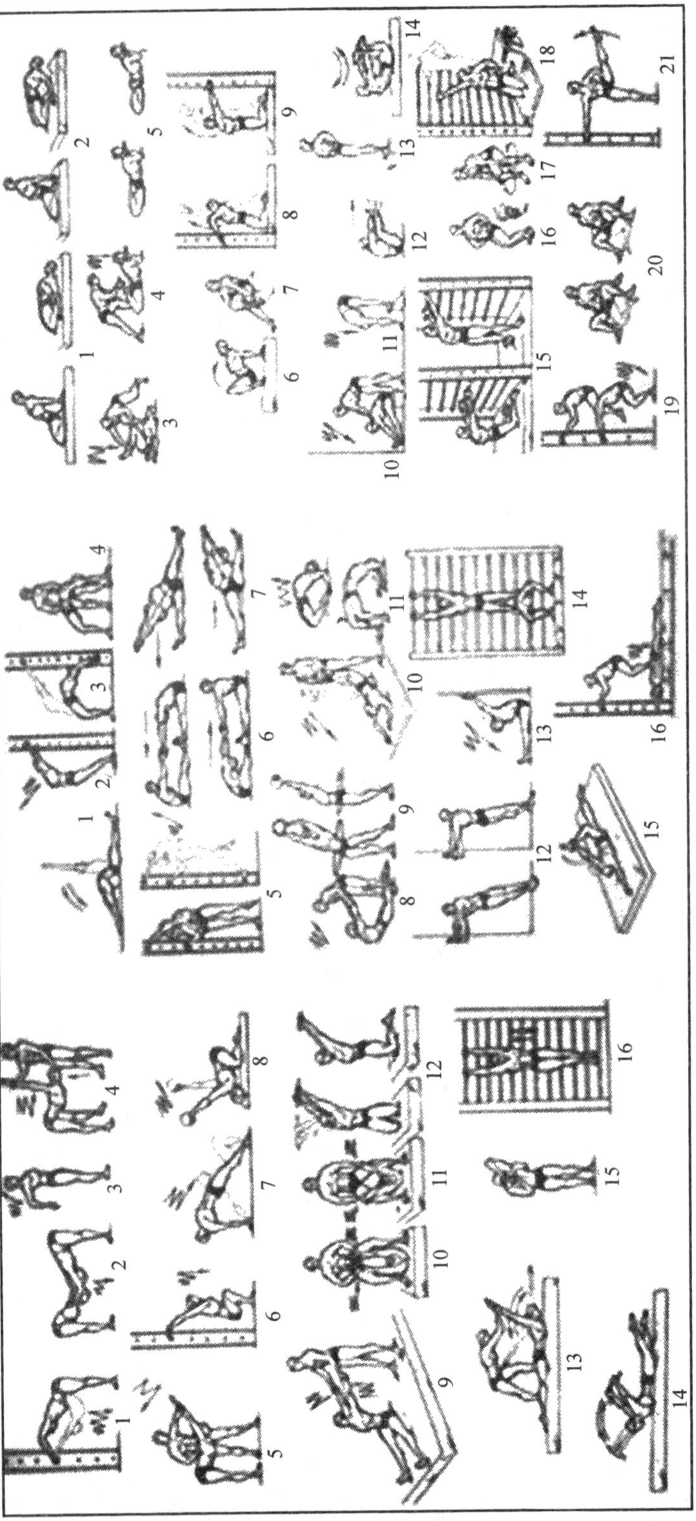

图5-2 游泳专项柔韧性和灵活性练习方法

度、频率、幅度和方向等手段，提高关节活动的强度和频度。

3．柔韧性和关节灵活训练的注意事项

柔韧性和关节灵活性训练，都是在关节处于最大活动幅度、肌肉充分伸展和拉长的前提下进行的，容易造成肌肉拉伤。在做这类练习之前，必须充分做好准备活动，使肌肉发热，这有助于柔韧性练习，也不容易在练习中使肌肉拉伤。练习时要充分放松参与练习的肌群，练习幅度由小到大，练习速度由慢到快，循序渐进。柔韧和关节灵活性练习时要与力量练习结合，这有利于提高肌肉弹性，使肌肉柔而有力。发展柔韧和关节灵活性应长期坚持，不可急于求成，以免造成伤害事故。

二、少年儿童游泳技术训练

技术训练是为发展先进或稳定的运动方式而采用的将技术的某方面分离出来训练的教学过程。美国科研人员对奥运会游泳比赛的研究表明，进入决赛的运动员与未进入决赛的运动员在力量上没有明显差异，区别在于决赛运动员阻力小、技术效率高。对此，许多专家认为，花费在技术训练的时间和精力应该与发展体能的时间相同，甚至更多。

少年儿童游泳训练期间，是游泳技术形成、改进和提高最有利的阶段，技术训练应占较大的比重。在游泳训练基础阶段，运动成绩的提高主要是依靠技术的不断改进和提高实现的，不宜过早依赖体能来提高运动成绩。游泳技术训练应遵循的原则是尽可能提高推进力，最大限度地减小阻力。

（一）影响游泳技术训练效果的因素

影响游泳技术训练效果的因素主要有运动员的协调性、技能形成规律、运动员个体特征和体能水平。协调性是影响技术学习的主要因素，加强协调性的训练，提高协调能力，对学习和掌握游泳技术有良好的作用。虽然游泳属周期性运动，技术动作不复杂，但对动作的准确性和动作的节奏感要求高，而这恰恰与协调性有密切的联系，这也是游泳技术的核心。游泳技术教学和训练，必须遵循学生的认知心理和技能形成的规律，合理设计技术训练计划以提高训练效果。运动员个体特征体现在身体结构比例等方面，在技术训练的基础阶段，这一特征对技术训练不构成影响，但随着技术训练的深

人，个体特征对形成个人技术风格便成为至关重要的因素。对于这一点，技术训练应有明确的导向性，既要遵循技术的一般原理，又要充分体现个体的个性，使其能最大限度地发挥运动员个人潜力和身体特征的优势。体能水平影响技术训练效果，力量、速度、柔韧和耐力等体能水平决定着技术的质量和技术的稳定性。

（二）游泳技术训练的手段与方法

1．徒手模仿练习方法

徒手模仿练习方法是陆上游泳技术训练的主要手段。通过陆上技术动作的模仿，增加运动员动作的肌肉感，对水上技术动作的体会与改进很有帮助。陆上游泳技术模仿练习可采用在教练员指导下练习和自己对着镜子练习的方法，这两种方法都可使练习者获得及时、准确的练习反馈，调整动作要素，建立正确动作肌肉感觉。在模仿练习中，也可采用改变动作速度和动静结合的方式进行，前者可提高动作节奏的控制能力，后者可强化某一技术环节的动作，如高肘划水和移臂动作、抱水动作等。

2．附加阻力技术练习方法

增加技术练习的阻力有助于加深动作的肌肉感觉，对改进动作有一定的效果。这类技术练习可与力量练习结合，这就需要在力量练习中尽可能地依据技术动作要求设计力量练习动作，尤其在拉力类的力量练习中，更应该按技术要求进行力量练习。持哑铃做移臂练习、划水掌练习、垂直打腿练习、一臂或双臂停留在空中的仰泳打腿练习和反蝶泳打腿练习等，都属于附加阻力技术练习。

3．定向技术练习方法

定向技术练习方法可分为条件限制法和语言限制法。在游泳技术练习中，可根据技术要求设计一些限制性条件，约束技术练习中某些动作要素，强化和改进技术动作，例如窄泳道练习，主要强化游进的直线性，使臂腿动作向前性加强；两臂体侧后伸蛙泳收腿触手指的蛙泳蹬腿练习，能使运动员蛙泳收腿充分到位；仰泳练习时在运动员额头上放置小物件（如苹果之类），能收到保持头部稳定性的良好练习效果。陆上模仿练习靠墙（保持合适的间隔距离）做爬泳和仰泳移臂动作，前者强化高肘，后者强化垂直移臂动作。

当然，在游泳技术训练中，并不是所有技术动作练习都能用条件限制的方法进行练习的，例如用“眼看池底”控制爬泳头部动作、用“手指向正上方”约束仰泳移臂等，就是运用语言限制法，控制运动员的练习动作。运用定向技术练习方法的关键，是设置的限制条件一定要符合正确技术动作的要求。另外，限制条件要合理，能达到提高技术练习效果的目的。两种限制练习方法结合运用时收效会更好。

4. 组合性技术练习方法

组合性技术练习可分为单一动作练习，如夹板划手和扶板打腿类的练习；半完整组合练习，如单臂爬泳、单臂仰泳、单臂蝶泳配合练习、两臂交替配合练习；不同姿势搭配组合练习，如蛙泳手蝶泳腿或爬泳腿练习、仰泳划臂反蝶泳腿练习、爬泳划臂蝶泳腿练习等。组合性技术练习不仅仅是改进和提高技术动作，也是效果十分明显的协调性训练。

5. 划水效果练习方法

划水效果在训练中主要通过一定距离内的划水次数来衡量和评价，提高划水效果是技术练习的核心。提高划水效果的练习，通常与培养运动员的水感和屈臂高肘的动作紧密结合在一起，常采用的练习方法有：手掌与握拳交替划水练习，这主要是使学生感觉手掌划水的压力；固定距离减少划水次数练习；计算法（计算一定游距不同速度的划水次数，求出划水效果）等。

6. 最佳频率练习方法

划频必须建立在划水效果的基础之上，每一名运动员都有自己最有效的频率。常用练习方法有：固定游距相对固定划水次数，以加快动作频率、提高速度的练习；计算最佳频率法，即通过对某一游距划水次数、划水频率和速度的反复测试，描述三者关系并进行计算分析，确定最佳动作频率。

（三）游泳技术训练的注意事项

1. 技术训练应与力量的发展结合，但力量并不能代替高效的技术。

2. 正确处理体能训练与技术训练的关系。体能训练应不影响技术效率，技术效率提高保证了体能的训练质量。常采用的训练措施有：控制训练的质量（在训练中保证技术）；用目标控制训练的质量（划水的次数）；用速度控制训练的质量（时间）；用目标和速度共同控制训练的质量；用目标、速度、稳定性和频率控制训练的质量。

3．结合少年儿童优先发展耐力的机会同步提高运动员的技术水平。游泳运动员必须从小打好正确技术的基础，并在日常训练中不断完善。耐力训练保证了技术训练的适宜强度，有利于正确技术的形成、掌握、巩固和提高。因为，如果运动员不通过低速游练技术并表现出高效的技术，那么快游时也很难发挥出较好的技术。在获得并保持最佳动作幅度和力量过程中，运动员必须能够做到在用最快速度和最大力量游进时发挥出最高的效率。这个效率应该不断提高，通过运动员比赛的速度和节奏表现出来。

4．教练员必须了解优秀运动员的技术参数和效果指数，并结合运动员的实际情况制定训练目标、设计具体的技术练习手段和要求。赛前训练期间应根据比赛的具体情况（如参赛选手、比赛任务、兼项和项目时间间隔等）模拟比赛现场，包括比赛全程技术的整合训练和薄弱技术环节的强化训练；根据比赛过程中运动员心理状态变化和战术计划，确定比赛目标和分段目标；设定分段成绩；为比赛各环节选择合理的技术方式，确定划步、划频；确定比赛过程中机能保障系统变化模式等。

三、少年儿童游泳运动员心理训练

运动员心理素质与项目特点有很大关系，并具有专项特征。游泳是个人运动项目，即便是接力比赛也是运动员个人独立作战，竞争性极强，比赛时要求运动员最大限度地发挥身体潜能和技术水平，对意志要求极高，是一项挑战运动员生理、心理极限的运动项目。对心理要求最明显的特征是应激能力，即能在比赛中迅速动员极限水平的运动潜力。心理素质对游泳运动员来说是非常重要的，在任何情况下，身体与心理都不能分离，整个训练过程就是塑造运动员良好心理素质的过程。

游泳运动员心理训练的目的是提高调节和控制感情、情绪的能力，提高赛前心理稳定水平，为比赛创造良好的心理准备。其训练任务是学习和掌握基本的心理技能和有关技术，形成优良品质，提高心理素质，善于调控赛前心理状态，在重大比赛中激发身体潜力，创造优异成绩。

（一）心理训练方法

心理技能训练常采用特殊手段，使运动员学会调节和控制自己的心理状态，并进行调节和控制自己行为的过程。

1. 目标设置训练法

目标是激发运动员动机的有效的心理训练手段，目标意义、目标明确和目标切合实际是形成和诱发运动员参与动机的基本保证。运动员动机的培养贯穿训练的全过程。

2. 意念训练法

意念训练是纯意识的训练，由运动员独立进行。训练时，运动员进行积极的思维活动，或发出明确的指令，或作出间接暗示，影响、指挥或控制自身的心理活动，以使其个性心理特征和心理过程得到改善。意念训练主要有两种形式：一种是借助于想象或者表象进行意念训练，通过运动员对技术、战术、对手、训练比赛场景等，获得充分的心理准备，提高心理调控能力；另一种是自我诱导训练，运用预先确定的“套语”，达到集中注意力、放松肌肉和心理的目的。也可利用暗示语言，进行自我暗示、自我动员和激励。

3. 诱导训练法

诱导训练法是由教练员或心理学专家，采用特定的手段引导运动员的思维过程，从而进行心理训练的一种方法。与意念训练法不同之处是诱导主体发生了变化，诱导者可能是教练员、心理学专家或其他人，也可能是媒体制作者。诱导训练通过语言、示范、展示多种媒体（音乐、图片、录像等）等诱导信息，经由运动员视觉、听觉传递给运动员，并按预定要求去实施。

4. 模拟训练法

模拟训练法是指在模拟比赛条件下所进行的心理训练。为提高运动员比赛心理活动（情绪）的控制能力，在赛前训练期间，在一些测验或教学比赛中，尽可能地把比赛中的场景（如观众喧哗声、对手、组别、泳道、比赛程序、比赛时间等）进行实景模拟和想象模拟，使运动员感到亲临其境，从而提高运动员的比赛适应能力和应变能力。

（二）心理训练的注意事项

心理调节能力可通过训练获得和提高，其训练也遵循一般技能学习的规律，必须长期地、系统地进行。因此，心理训练应有计划性，心理训练计划应该与训练计划的每一阶段紧密配合，在教练员或心理专家的指导下，结合体能、技术、战术等具体的训练内容和任务进行训练，掌握心理训练技能提高心理素质。赛前是极其重要的心理训练阶段，应针对运动员个人赛前心理变化的具体情况，采用有效、有针对性的心理训练方法，调节运动员情绪到最佳状态，帮助运动员在比赛中发挥体能和技术水平，创造优异成绩。

第四节　水上训练的基本方法

游泳运动负荷都是通过具体的训练方法实现的。严格地讲，不同训练方法决定了负荷的作用方向，产生不同的训练效果。训练方法是通过练习距离、重复次数、练习强度、间歇时间和形式、练习方式五个组成因素变化，组成不同性质的训练方法。

一、持续训练法

持续训练法是指采用超过比赛距离、低于比赛速度，以匀速或变速的方式进行练习的方法。主要发展有氧耐力和提高心肺功能。练习距离通常在800米以上，血乳酸值低于4mmol/L，心率在130~150次/分。长距离耐力训练通常采用爬泳姿势，但现代训练理论认为，在发展有氧耐力时，也应该安排专项泳式进行一般耐力训练，使专项泳式适应各种速度、各种距离的训练，使之动用的肌纤维的功能得到全面提高。

发展有氧能力、提高有氧速度是游泳训练的基础，在游泳训练的任何时期都占有较大的比例。持续训练法作为发展有氧耐力的主要手段在各训练期都有安排，初级训练阶段、准备阶段和恢复期持续训练法所占比重较大，少年儿童训练时期占的比重更大。随着训练水平的提高，持续训练法的练习强度（游泳速度）也应逐步提高，用无氧阈强度来完成的效果更佳。持续训练法应与技术训练结合，强调在保证技术质量和动作效果的前提下达到练习要求。持续训练法还应与速度练习结合，在持续训练后安排短冲练习，能有效地克服因单一刺激而形成的慢节奏动作频率。

二、间歇训练法

间歇训练法是指在反复游时，练习之间有一个严格控制的时间间歇，间歇时间以运动员的心率在不完全恢复的状态下即开始下一次练习的方法。间歇训练法的练习距离等于或短于主项距离，强度控制在 75% ~ 95%，血乳酸 3 ~ 12mmol/L，心率 130 ~ 180 次/分以上。练习与休息之比为 1:1 ~ 1:2，间歇的休息方式是组间放松游，组内静止性休息，也可采用原地做放松性活动。根据间歇训练法的组合形式，主要有表 5 - 7 所示的几种形式。

间歇训练法可根据训练任务与要求，变动练习的组成因素，设计多种形式的间歇训练方案。有关研究表明，间歇训练法的重复次数不宜超过 30 次，下一次练习开始的心率不要低于 130 次/分，否则影响间歇训练的效果。要注意间歇训练法与持续训练法结合运用，以利于恢复和持续训练。

三、重复训练法

重复训练法是指多次重复同一练习，练习之间有相对充分的休息，心率和呼吸基本恢复。重复训练法是发展速度、速度耐力、肌肉力量，培养比赛速率，学习分配体力，改进和巩固技术的有效训练方法。重复训练法最主要的特点是突出强度，休息时间长短和重复次数多少都以达到练习所要求的成绩为基础，以发展乳酸供能能力为核心。采用 50 米以下距离重复训练，主要发展肌肉力量和速度；采用 75 ~ 400 米距离的重复游，则主要发展速度耐力。

重复训练法的练习距离一般短于主项距离，强度为 95% ~ 120%，血乳酸 12mmol/L 以上，心率接近最高水平。练习强度决定重复次数。主要以主项泳式进行练习。间歇时间长，使运动员能够充分休息和恢复，练习与休息比为 1:2 ~ 1:8，休息方式为静止性休息或活动性休息。

重复训练法是高强度训练，宜安排在基本期后和竞赛期，由于强度大，不宜过于集中。

表 5-7　游泳间歇训练法的形式与要求

形　式	功能	强度	间歇或练习与休息比	安　　排
慢速间歇	发展有氧能力	74% ~ 85% 或无氧阈	10 ~ 20 秒钟	采用主项距离，重复次数多，强调技术质量，逐步提高练习速度，发展无氧阈速度
快速间歇	有氧无氧混合，发展专项耐力	85% ~ 90%	20 ~ 45 秒钟或1∶1	采用短于主项距离，重复次数以保证练习强度为限
变换间歇时间和练习距离	发展有氧能力，发展专项耐力	80% ~ 85%	依练习而定，通常为 1∶1.5	间歇时间变换有逐步缩短或逐步延长间歇时间；距离变换有上梯形和下梯形，也可将间歇时间和距离结合起来变换
包干训练	发展心肺功能，提高耐乳酸能力	80% ~ 90%	游得慢休息时间短，游得快则休息时间长	在规定的时间内完成练习和间歇，便于运动员自己掌握练习
心率控制训练	发展心肺功能，提高有氧无氧混合能力	最大心率的80% ~ 90%	以运动员个人心率恢复到练习要求所规定的数值开始下一练习	心率控制要求运动员练习应达到负荷要求的心率强度，而休息时间长短取决于心率恢复到规定的心率数值，这种训练控制可满足不同水平运动员对负荷的要求。关键是运动员心率测定要准确
负分段	提高耐乳酸能力	从 75%逐步升高到 100%		距离和间歇时间固定，逐步提高练习强度

四、短冲训练法

短冲训练法是指运动员以全力游出最高速度的练习。短冲训练法能有效地提高运动员肌肉中 ATP－CP 的储备和无氧代谢酶的活性，使糖酵解速度加快，是发展无氧代谢能力、速度和肌肉力量的有效方法。短冲训练可提高神经系统的灵活性，是游泳速度训练的主要手段。

短冲训练距离在 15～50 米之间，练习强度 110%～120%，达到最高速度；比最高心率低 10 次/分；以保持练习强度为确定重复次数的前提条件；练习与休息比 1:6～1:8，休息方式为原地活动性休息或放松游。短冲训练法可以结合憋气和控制呼吸节奏等进行缺氧训练，以提高无氧能力。

五、模拟比赛训练法

模拟比赛训练法是指在训练条件下，根据比赛项目、技术和战术要求、成绩目标设计各种组合训练，模拟比赛情景的一种训练方法。模拟比赛训练法旨在使运动员体会比赛技、战术，培养速度感，预测比赛成绩。

模拟比赛训练法通常将比赛项目按距离分段组合成训练方案，以比赛目标成绩作为练习强度进行训练，如 100 米项目，组合成 50 米＋50 米或 25 米＋75 米或 50 米＋25 米＋25 米。各距离的成绩相加应比比赛目标成绩好或相等，取决于组合距离：组合距离短，要求成绩要高于比赛成绩；否则等于比赛目标成绩。组间间歇时间可长一些，以保证组内各距离练习的质量，但各距离练习间的间歇时间不宜长。开始模拟比赛时，各距离练习间的间歇时间可延长一些，以保证比赛目标成绩的完成；随后，逐步缩短间歇时间，控制在 5～15 秒。模拟比赛训练一般安排在赛前训练中，以提高运动员的比赛能力。

第五节 游泳训练计划的制订

游泳训练计划是对游泳训练过程预先作出的理论设计，是运动员由现实状态向目标状态转移的通道，对游泳训练具有战略性和现实性指导意义。

训练计划根据时间跨度分为五类，即多年训练计划、年度训练计划、大周期训练计划、周训练计划和课训练计划（表 5－8）。

表 5－8　运动训练计划的分类和基本任务

训练计划类型		时间跨度	基本任务
多年训练计划	全程性	10～20 年	系统培养高水平选手
	区间性	2～6 年	完成阶段性训练任务或准备并参加一轮大赛
年度训练计划	单周期	6～12 个月	准备并参加一次或一组重要比赛
	双周期	每个周期 4～8 个月	准备并参加两次或两组重要比赛
	多周期	各周期 2.5～5 个月	准备并参加三次或三组以上重要比赛
大周期训练计划	准备期	5～20 周	提高运动员竞技能力
	比赛期	3～20 周	参加比赛，创造好成绩
	恢复期	1～4 周	促进心理/生理恢复
周训练计划	训练周	4～10 天	提高运动员竞技能力
	比赛周	或	参加比赛，创造好成绩
	恢复周	3～20 次课	促进心理/生理恢复
课训练计划	综合训练课	0.5～4 小时	综合完成多项训练任务
	单一训练课	0.5～4 小时	集中完成一项训练任务

训练计划的基本内容包括：

1．运动员基本概况；

2．确定训练指导思想及目标；

3．对运动员现实情况的诊断分析；

4．训练阶段划分，各训练阶段主要任务和基本内容；

5．比赛安排；

6．训练负荷的动态变化趋势；

7．训练方法和手段；

8．各手段、练习的负荷要求；

9．主要训练措施和恢复措施；

10．检查评定训练效果的内容、时间及标准。

学校游泳训练计划既要遵循一般训练计划的基本原则与要求，又要符合学校游泳训练的特点。首先，学校游泳训练计划要根据学校教育规律，结合学期划分的特点进行安排；其次，学校游泳训练计划应注意各层次学校之间的衔接。

一、多年训练计划

多年训练计划分全程性和区间性多年训练计划。有关研究表明，培养一名高水平运动员需要 8 ~ 12 年的时间，这恰好贯穿从小学到中学的全过程。由于学校教育体系与结构的特殊性，学校基本上是按教育层次（或教育阶段）设立，如小学、中学、大学。小学六年（或五年）、中学六年包括初中和高中阶段。在制订多年训练计划时，就面临着各学校如何衔接和如何保持系统训练的问题。学校游泳训练的多年训练计划的制订，要将全程性多年训练计划与区间性多年训练计划结合起来。全程性多年训练计划应遵照并执行全国《游泳年龄组教学训练大纲》的总体计划，各级学校重点是在大纲的指导下针对各自学校所处的训练阶段，围绕完成阶段性训练任务这一目的制订区间性多年训练计划。一般多年训练计划分为四个渐进的训练阶段，即初训阶段、基础训练阶段、专项提高训练阶段、专项高水平训练阶段。根据学校训练的具体情况，全程性多年训练计划又分为相对独立且又相互紧密联系的两个区间性训练。

（一）小学训练区间

小学训练区间包括全程性多年训练计划的两个阶段，即初训阶段和基础训练阶段。小学学习阶段是在一个学校完成的，因此，在保持训练计划的系统性、教练员稳定和医务监督跟踪等方面具有有利条件。小学是游泳训练的基础阶段，有举足轻重的作用。游泳较其他体能类项目出成绩早些，而小学训练几乎占了全程训练的一半时间，小学训练的成效直接影响运动员未来的发展程度和方向。

（二）中学训练区间

中学训练区间虽然也跨两个训练阶段，但其特殊性在于初中和高中阶段大部分不在同一所学校（也有初中和高中合办的学校），而专项提高和专项高水平训练阶段是出成绩的关键时期，因此，做好两个阶段的训练计划，并保持两个阶段训练计划的有机衔接至关重要。初中阶段是在小学六年训练的基础上，逐步转向专项训练的时期，此阶段承担着选项、定项和逐步提高专项运动成绩的双重任务；高中训练阶段是出成绩的最佳训练时期，此时运动员生长发育基本成熟，是由少年训练向成人训练过渡的时期，训练计划要体现这种训练转换的特点。

二、年度训练计划

（一）周期划分

制订年度训练计划的首要任务是划分训练周期。划分训练周期是以运动员参加重要比赛取得好成绩为目标，以运动员竞技状态发展过程的阶段性特征为依据而确定和划分。年度训练计划的周期数，反映了年度训练过程结构特征的主要内容，通常有单周期、双周期和多周期三种类型。

由于学校教学安排的规律和年度比赛时间通常安排在学生暑假期间，所以年训练计划中准备期较长。为此，准备期分为两个阶段（冬训和春训）就比较好安排训练（表 5－9）。年训练计划还应根据具体的比赛时间安排训练周期。学生进入高年级后，运动水平提高，代表省市参加比赛的机会多，这就很难避开学习时间，必要的停课训练和比赛是免不了的，但在训练设计上应兼顾学习与训练两不误。

表 5－9　学校年训练周期划分参考模式

<table>
<tr><td rowspan="2">年训练计划类型</td><td colspan="4">上学期</td><td colspan="2">暑假</td><td colspan="5">下学期</td><td>寒假</td></tr>
<tr><td>3月</td><td>4月</td><td>5月</td><td>6月</td><td>7月</td><td>8月</td><td>9月</td><td>10月</td><td>11月</td><td>12月</td><td>1月</td><td>2月</td></tr>
<tr><td>单周期</td><td colspan="4">准备期Ⅱ（春训）</td><td colspan="2">竞赛期</td><td rowspan="2">恢复期</td><td colspan="5">准备期Ⅰ（冬训）</td></tr>
<tr><td>双周期</td><td colspan="3">准备期Ⅱ（春训）</td><td>竞赛期</td><td>准备期</td><td>竞赛期</td><td colspan="5">准备期Ⅰ（冬训）</td></tr>
</table>

（二）各周期训练任务和主要内容

1. 准备期

（1）冬训期——训练重点：发展基础耐力、力量、柔韧、心理承受能力并提高技术。主要训练内容：每周发展主要肌肉力量 3～4 次，长距离可多增加水上训练量，柔韧练习每天进行，采用多种方法改进和提高技术。通过表象和放松练习进行各种形式的心理训练。在基础耐力训练（约占70%）中，结合技术训练以提高技术水平；速度耐力（约占20%）和短冲训练逐渐增加，但不是重点；其他训练（约占10%）应为准备和放松活动。每种姿势和每种重复距离的训练都应有安排。

（2）春训期——训练重点：提高耐力水平。主要训练内容：提高耐力训练强度，较高耐力强度增加15%～20%，有氧训练水平达到最高。陆上力量训练应以快速力量为主发展爆发力，力量练习应与游泳技术动作、比赛频率结合，增加水中抗阻练习，也可适当安排牵引练习。短冲练习量应增加一倍。继续进行伸展练习。心理训练应逐渐侧重对直接影响训练和比赛的心理活动和现象进行训练，如加强运动员自我表象和自我放松的训练。短距离训练数量较少，平均强度高，而且应比长距离提前2～3周转入下一个训练阶段。长距离应停止陆上训练，增加水中训练量。

2．竞赛期

竞赛期训练重点是从耐力训练转为速度训练，注重比赛能力训练、无氧训练和爆发力训练，并保持前两个阶段发展的耐力水平。训练任务旨在使运动员通过训练，在比赛期间实现超量恢复和提高应激水平，心理状态处于良好的最佳状态，在比赛中创造优异成绩。

短距离运动员可采用更多的速度牵引训练手段、比赛速度训练和爆发力训练。中长距离运动员应采用较多的短间歇训练，提高与比赛有关的有氧和无氧供能能力。

伸展练习应继续进行，但时间可以减少，只要能够维持原来的水平即可。陆上训练应模仿游泳动作进行，提高肌肉的爆发力。力量训练既可在陆上进行，也可在水中进行。

这个阶段最好不要再改变运动员的技术，除非有严重的技术缺陷。运动员不必因改变技术而分神，导致不能尽最大力量游泳。但是，运动员仍然需要注意尽量用最省力、最经济的技术游进，以最少的能量消耗，达到比赛所需要的最佳划幅和频率组合。

赛前2～3周为减量期，赛前减量期训练的主要特点是减量提质，负荷安排主要有逐渐减量、突然减量和波浪式减量三种模式。逐渐减量模式，每周训练量大约应减少25%，保证较长的间歇时间和较高的强度。基础耐力和速度耐力训练各减少10%，无氧训练和速度训练各增加约10%。突然减量（即在一天内将训练减少到平时的30%）可能更适合有过度训练或慢性疲劳的运动员，使他们有更长的恢复时间，还可以减少减量不足的可能。但在赛前1~2周会过度兴奋，应再次增加训练量（即“练上去”），然后再慢慢减量，把运动员调整到最佳状态。波浪式减量实质是边调边练的训练方式，先减少训练量和强度，使运动员状态上升，然后再次增加训练量和强度，如此反复，但总负荷趋势是逐步下降，使运动员状态呈波浪状起伏，直至达到最佳竞技状态。

模拟比赛训练是竞赛期训练的主要手段之一，要求运动员必须按照比赛的速度和要求进行训练。通常采用模拟比赛训练提高和整合比赛各环节技术，增强心理适应水平。模拟比赛训练着重提高运动员运用比赛战术的能力，包括速度感、体力分配、划步与划频的比例和各赛次比赛成绩方案（速度储备），提高运动员比赛心理的应激和调控能力，使其在比赛中保持良好的心理状态。

3．恢复期

恢复期训练重点是积极恢复，消除生理和心理疲劳；总结经验，制订新计划。主要训练内容：以游戏和变换法进行训练，提高运动员的兴趣，调节中枢神经系统，保持一定的体能水平；降低练习强度，维持一定的训练量。训练中可采用其他运动调节，如球类、越野跑、划船、自行车等运动。

三、周训练计划

周训练计划是根据大周期训练计划的目标和所在时期的任务制订的。周训练计划是组织训练活动极为重要的基本单位，时间跨度为4~10天或3~20次课。目前，周训练计划有三种类型：第一种，是以能量训练类型和训练任务划分小周期，时间一般以7天为一个小周期，也有跨2~3周的，如有氧训练小周期、无氧耐力训练小周期、高原训练小周期等。第二种，是以所处的大周期位置划分小周期，如基本训练小周期、赛前训练小周期、比赛小周期和恢复小周期。第三种，是以运动员身体机能变化为依据划分小周期，如根据红细胞新陈代谢时间为3周，应激适应需要3~4天，心率训练的效果需要2周以上等，安排小周期的时间和训练内容。我国游泳训练主要采用第一种和第二种类型，也采用两者结合的形式安排周训练计划。而俄罗斯、澳大利亚和美国等，主要以第三种类型安排周训练。游泳训练属体能性竞技项目，身体机能改善是体能提高的决定性因素，根据运动员身体机能变化规律安排周训练计划的这种模式，应引起我国游泳教练员的重视。

周训练负荷安排的特点：负荷安排应根据各次训练课运动负荷而引起的疲劳过程特点和恢复过程的特点设计。不同负荷作用方向其疲劳性质不同，所消耗的能量物质不同，恢复的时间长短也不同，如技术训练心理负荷大，中枢神经系统与骨骼肌系统的高度协调；体能训练心理负荷小，呼吸与心血管承受高强度的负荷。在制订周计划（安排各种训练内容）时应考虑的几个方面：不同负荷程度结合与休息交替（表 5－10）；不同体能素质组合、交替与持续（图 5－3）；训练手段与方法选择与安排。

表 5－10　不同周课次负荷分配参数

周训练次数	大负荷	中负荷	小负荷（恢复性训练）
3～4	1 2	1～2 0～1	1
5～6	2	2～3	1～2
7～8	2～3	2～4	2

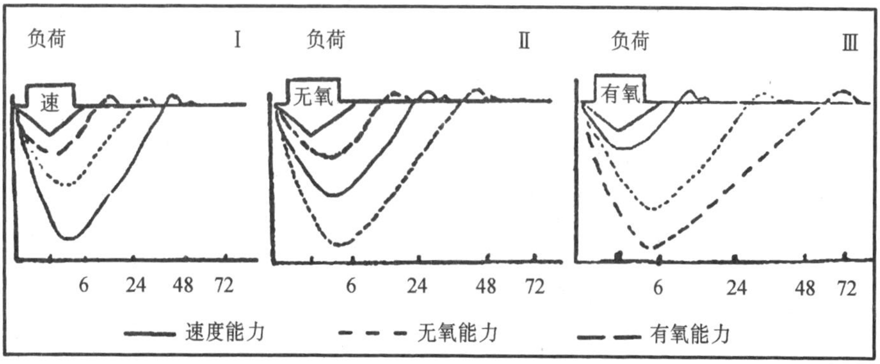

图 5－3　不同代谢特点的大负荷后，三个供能系统的恢复时间

周训练课次安排，儿童平时每周训练 2～3 次，最多 4 次，假期可适当增加到每天一次（表 5－11）。随着训练水平的提高和成长发育的逐渐成熟，应采用先增加日数再增加每天训练次数的方法增加训练课次。在假期和集训期间，应采用一天多课次（表 5－12），每次训练时间 1.5～2 小时的训练安排，这有利于增加运动负荷和减少疲劳积累。

表 5－11　周训练计划参考模式之一

	星期一	星期二	星期三	星期四	星期五	星期六
上午/下午	技术训练 基础耐力 短冲	综合力量 速度耐力	基础耐力 短冲 技术训练	专项力量 基础耐力 短冲	速度耐力 技术训练 短冲	比赛能力

表 5－12　周训练计划参考模式之二

	星期一	星期二	星期三	星期四	星期五	星期六
上午	综合力量 基础耐力 短冲	技术训练 基础耐力 短冲	技术训练 速度耐力	技术训练 基础耐力 短冲	综合力量 基础耐力 短冲	比赛能力
下午/晚上	技术训练 速度耐力	基础耐力 短冲	专项力量 基础耐力 短冲	速度耐力 短冲	技术训练 基础耐力 短冲	

四、课训练计划

训练过程的主要结构单位是各个训练课。在训练课中，可以采用各种旨在解决体能训练，技、战术训练，心理训练和专门的意志品质训练任务的手段和方法。训练课是运动训练最基本的组织形式，亦称训练单元。各种训练计划都是通过每一次训练课组织、贯彻和落实的。课训练计划根据训练任务可分为单一训练课和综合训练课。

单一训练课在培养运动员的过程中多用于目的有所侧重、训练手段形式与练习方法多样的训练课中，使运动员某种运动能力得到较大程度的提高，但不宜长时间采用。

综合训练课有两种方案：一是训练课分成两个或三个相对独立的部分，如提高速度与发展有氧训练；二是并列发展几种体能，如提高速度能力的同时提高无氧耐力或同时提高有氧和无氧耐力。

课的结构通常由准备部分、基本部分和结束部分组成。

准备部分：目的是使运动员身体机能进入工作状态。对不同运动水平的运动员来说，准备活动的内容和强度都影响进入工作状态的时间。一般准备部分的时间占20%～30%。准备部分内容，分为一般性和专门性准备活动。一般性准备活动通常以陆上各种体操和柔韧性练习为主，也可结合力量练习进行。专门性准备活动主要安排水上持续游、各种手腿练习、技术快速游等。

基本部分：目的是完成训练课的主要任务，通过多种训练手段与方法实现。持续时间取决于所采用的各种练习性质和练习方法，取决于负荷大小。负荷安排的特点、练习活动的选择、练习活动的次数对于训练目的和负荷起决定性作用。通常基本部分安排2～3个主要练习内容，负荷曲线与此对应，呈2～3个波峰。基本部分的时间占70%～80%。

结束部分：结束部分也称整理部分，其目的是促进运动员机体恢复。通过逐步降低负荷强度，使运动员生理和心理紧张程度下降，恢复到运动前水平。训练课结束部分的安排，对运动员机体的恢复效果有一定的影响，因此，其一，结束部分的活动要保持一定的负荷强度和持续时间。研究证明，负荷强度在60%并持续运动15分钟左右，血乳酸消除最快，恢复效果明显。其二，为了调节运动员心理状态，放松活动宜采用游戏、任意姿势游、水球等。其三，针对基本部分的主要任务和内容，选择有效的整理活动形式，如基本部分肌肉力量负荷大，则选择一些肌肉牵拉放松练习；如耐力练习比重大，则安排游戏内容放松等。

思考题：

1. 学校游泳训练如何处理训练衔接？如何利用学校各学科的优势进行科学训练？
2. 为什么学校训练要遵循少年儿童生长发育的规律？运动成绩的增长为什么不能超越少年儿童生长发育水平？
3. 你是如何理解少年儿童训练平衡问题的？
4. 为什么强调少年儿童运动成绩的提高首先应以改进提高技术为主要途径，不宜过早依赖体能？

5. 学校游泳选材主要采用哪些指标？如何组织和进行游泳选材？
6. 如何建立学校游泳训练的管理体系？
7. 阐述教练员在训练管理中的作用和技巧。
8. 游泳训练医务监督包括哪些内容？如何组织和开展学校游泳训练的医务监督工作？
9. 影响负荷的因素有哪些？如何调控这些因素？
10. 负荷设计与安排要考虑哪些方面？
11. 专项负荷与一般负荷有何区别？各自的作用有何不同？
12. 能量负荷分级的特征、依据是什么？如何在实践中运用？
13. 合理的负荷安排要注意哪些方面？少年儿童游泳训练负荷安排的特点是什么？
14. 为什么负荷安排要与恢复训练紧密结合？
15. 恢复训练包括哪些内容？如何在训练实践中进行恢复训练？
16. 简述少年儿童体能训练的特点、内容、方法及注意事项。
17. 自己设计几种技术训练的手段与方法。
18. 对少年儿童游泳运动员如何进行心理训练？如何提高其比赛能力？
19. 水上训练有哪些方法？各训练方法的特征及功能有何区别？在训练中怎样运用这些方法？
20. 如何根据学校游泳训练的特点制订年度训练计划？周训练计划制订要考虑哪些因素？

第六章　游泳竞赛

内容提要：

本章主要阐述游泳竞赛的筹备、赛前工作的流程、竞赛规程和秩序册的内容，以及总裁判、技术检查、转身检查、发令、计时、终点、编排记录、检录、宣告等裁判员的职责及工作方法。学生通过学习，应掌握游泳竞赛的组织和裁判法的基本知识，会制定游泳竞赛规程，能编排竞赛日程和竞赛分组表，为以后组织游泳竞赛和担任游泳裁判员工作打下基础。

第一节　游泳竞赛的组织

游泳竞赛，是开展游泳运动的一项重要内容。也是游泳教学和训练的组成部分。通过竞赛可交流经验，互相学习，增进友谊，更好地促进游泳技术水平的提高，培养运动员的意志品质和集体主义精神。同时，通过游泳比赛还能有效地促进群众性游泳活动的开展，推动全民健身计划的实施。组织游泳竞赛要贯彻执行国家有关体育运动竞赛的方针政策，有组织、有计划地进行。游泳竞赛的组织，可分为赛前的筹备、竞赛期间的工作和竞赛的结束工作三个阶段。

一、游泳竞赛的筹备

（一）成立领导机构，确定组织方案

首先成立组织委员会（前期为筹备委员会），负责竞赛的组织领导工作，研究决定运动会的组织方案、竞赛规程和工作计划等重大问题。组织方案是大会一切工作的依据，内容包括竞赛名称、目的、任务，竞赛规模、时间、地点，竞赛组织机构、人员，经费预算等。

（二）设立组织机构，明确分工

比赛大会在组委会领导下，设立必要的工作机构，如办公室、竞赛处（组）、行政处（组）、宣传处（组）、场地器材处（组）、保卫处（组）和仲裁委员会等。各机构按工作职责明确分工，团结协作，将大会各项工作做好。基层比赛，组织机构应精简，尽量减少开支，但各组的工作一定要有专人负责。

（三）制定游泳竞赛规程

游泳竞赛规程是举办游泳竞赛的指导性文件，是组织者和所有参加者必须遵守的章程，是整个竞赛工作的依据。竞赛规程由主办单位根据举办比赛的目的任务及具体条件而制定。竞赛规程要具体明确，并及早发给有关单位，以便各单位做好准备工作，及时报名和参赛。竞赛规程内容如下：

1．运动会名称。

2．竞赛日期和地点。

3．竞赛项目。

4．参加单位。

5．参加办法。包括参加条件，每单位男、女运动员可报人数，每人限报项数，每项每单位限报人数，教练员、工作人员限报人数等。

6．竞赛办法。包括明确规定比赛采用什么游泳竞赛规则，以及根据本次运动会的实际而制定的竞赛办法，如预、决赛的规定，弃权、犯规的处罚规定等等。

7．报名和报到时间。

8．录取名次与奖励。

9．裁判员。包括总裁判、裁判员的选派、报到时间及要求。

（四）编排竞赛日程

根据《竞赛规程》规定的比赛时间（场次）、项目，预计参赛人数，编排竞赛日程。竞赛日程随竞赛规程一起寄送给参赛单位，以作报名参考。

编排竞赛日程时要注意：

1．先安排自由泳项目。因为游泳竞赛中自由泳项目最多，长距离、短距离、接力要兼顾，分散安排。

2. 尽量把可能有运动员兼项的项目排开，例如同一泳式的 50 米和 100 米或 100 米和 200 米不要安排得太近。

3. 每场中的各种泳式和男女项目应交错安排。

4. 同项目的预、决赛不要排在同一场，也不宜间隔太远。

（五）组织报名

组织报名时，应将竞赛规程、竞赛日程和报名表一起尽早地发（寄送）给参赛单位。要求参赛单位按时、按要求报名。

收到各参赛单位的报名表后，按规程的要求，严格审查各单位的报名人数、运动员的报名资格和报名项数，对违反规程、规则的情况及时处理。

（六）总裁判及裁判员的选派、聘任

（七）编印秩序册

秩序册是提供运动会全面情况的基本文件，是大会竞赛工作的重要依据。秩序册应在赛前编印好，其内容一般包括：

1. 竞赛规程及补充通知；
2. 组委会及办事机构人员名单；
3. 仲裁委员会名单；
4. 裁判员名单；
5. 各代表队名单；
6. 大会日程；
7. 竞赛日程；
8. 竞赛分组表；
9. 各代表队人数统计表；
10. 有关记录及运动员等级标准。

上述第 8 项由编排记录组提供（竞赛分组表的编排方法见本章第二节的二），其他由大会有关部门提供。秩序册全部内容齐备，经负责人审阅后，由大会印制成册。在编印过程中应反复校对，不断补漏。基层比赛的秩序册内容可酌情精简。

（八）比赛场地器材的准备

确定了比赛场地后，要切实检查，确保场地、泳池、水质、水温、灯

光、标志线等符合竞赛规则要求。裁判组工作所需的器材、用具也要预先准备好。

（九）住宿、交通的准备

（十）游泳竞赛赛前工作流程

游泳竞赛赛前工作流程如图6－1所示。

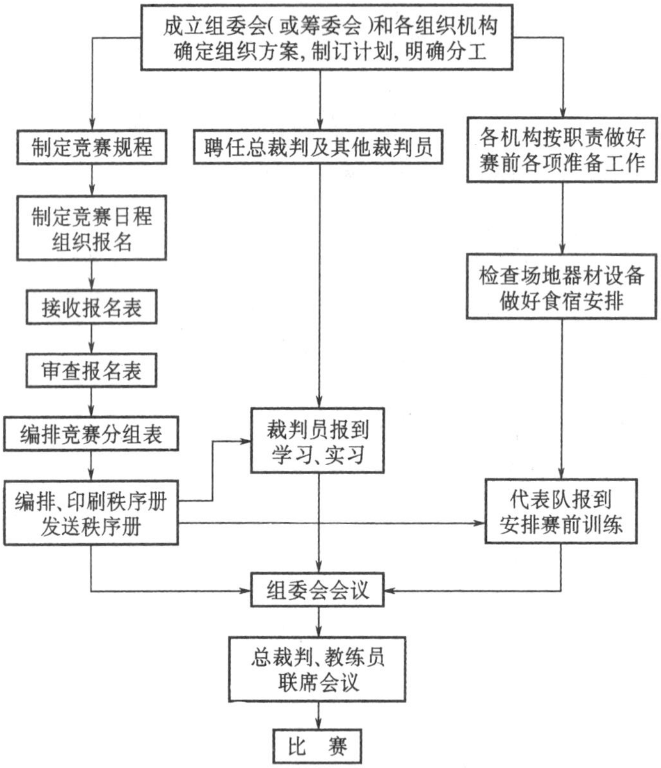

图6－1　游泳竞赛赛前工作流程图

二、竞赛期间的工作

（一）根据大会报到日期，做好大会工作人员、裁判员和各参赛队的接待工作。

（二）召开各类会议，如组委会会议、裁判员动员大会、总裁判和教练员联席会等。

（三）开幕式。

（四）组织比赛。根据竞赛规程和规则，按比赛日程和竞赛分组表组织比赛。

（五）比赛期间，大会各部门应经常与裁判员及各参赛队联系，深入听取意见，不断改进工作，使竞赛工作顺利进行。

三、竞赛结束后的工作

（一）闭幕式及团体颁奖。

（二）整理成绩资料，印、发成绩册。

（三）各部门总结。

（四）安排和办理各队及裁判员离会事宜。

（五）组委会总结，向上级汇报工作。

（六）大会人员离会。

第二节 游泳竞赛裁判方法

在游泳竞赛中，为保证参赛运动员能处于同等条件下公平竞赛，使整个竞赛活动得以顺利进行，就必须确定统一的竞赛规则，以及设置执行规则、规程的裁判工作人员。因此，裁判员必须熟悉规则和规程，掌握一套科学、合理的工作方法，并不断地熟练、提高。同时，在工作中必须做到严肃、认真、公正、准确。一场游泳比赛，根据比赛规模的大小，所需裁判员 40～80 名不等，包括总裁判、技术检查、转身检查、检录、发令、计时、终点、编排记录、司线、宣告等。本节主要是根据裁判员的职责论述其工作的顺序和方法。

一、总裁判

总裁判在竞赛大会的领导下全面领导和分配全体裁判员的工作，是竞赛裁判工作的组织者和领导者。总裁判根据规则和规程精神，解决比赛中的有关问题，保证规则、规程的正确执行。根据规则规定的职责，总裁判的工作顺序和方法如下：

（一）赛前准备工作

1．接受任务后，认真学习竞赛规程，了解报名和编排情况。

2．提前报到，了解和熟悉大会的组织机构、日程安排、秩序册编印情况；召开正、副总裁判会议，研究确定裁判员分工；制订裁判员学习、实习工作计划；讨论决定总裁判和教练员联席会议要明确的问题，制订“本次比赛有关问题的说明”。

3．召开裁判长会，使各裁判长预先了解大会情况及自己的职责。

4．召开全体裁判员大会，进行动员，使全体裁判员明确各自的职责和工作要求，宣布分工和学习、实习计划。

5．带领裁判长检查场地、器材。深入各组了解学习情况，解释有关规则、裁判法问题。

6．组织全体裁判员实习。通过实习，发现问题，解决问题。

7．配合竞赛组，开好总裁判、教练员联席会议，印发有关说明、要求，对容易引起争议的问题要统一认识。

（二）临场工作方法

1．每场提前1小时到赛场，检查赛前工作，处理创纪录申请等问题。

2．赛前30分钟集合全体裁判员（要求裁判员赛前40分钟到场），进行上一场小结，提出本场工作要求。

3．检查各裁判组赛前准备工作。

4．赛前3~5分钟带领裁判员入场，裁判员按工作位置就位（图6－2）。

5．每组比赛开始时，示意宣告员宣布开始比赛，然后站立池边，用连续短促哨声示意运动员脱外衣，用长哨声示意运动员上出发台（仰泳项目运动员下水，发出第二声长哨示意运动员迅速游回池端），当所有运动员和裁判员都做好出发准备时，向外伸展手臂通知发令员可以开始发令，发令结束，收回手势。

6．每组比赛进行中，在池边巡视，注意观察游进、转身、到终点、接力交接棒等情况。最后一名运动员到达终点后，用手势与技术检查、转身检查长联系，了解是否有犯规。

7．赛中，注意观察全面情况，及时处理、解决出现的问题；观察终点

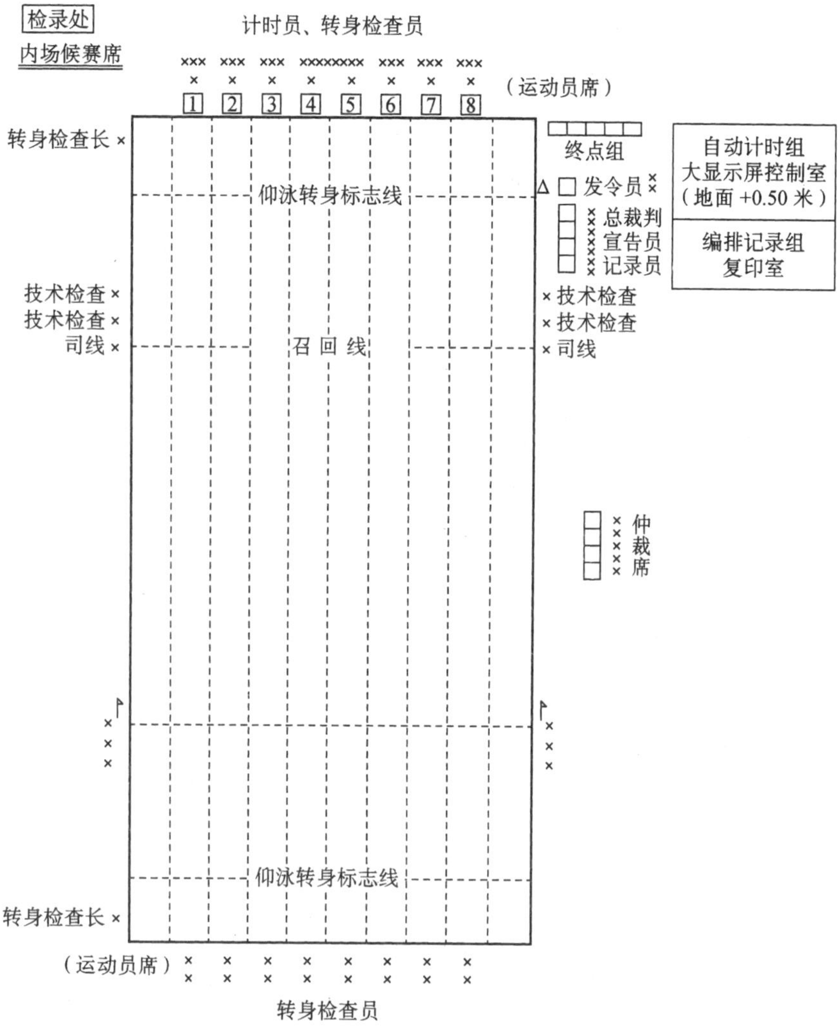

注：Δ代表总裁判执行工作时的位置

图6-2 游泳裁判员各组工作位置图

名次。

8．每组赛后审查犯规检查表和竞赛卡片，处理计时与终点名次交叉。每项预赛后审查决赛、半决赛、重赛名单。

9．每项比赛结束后审核名次，并配合颁奖组工作。

10．每场比赛结束，组织裁判员退场。

（三）赛后工作

1．每场比赛结束，督促各组小结，召开裁判长会，解决存在的问题。

2．全部比赛结束，在各组总结的基础上进行全面裁判工作总结，督促编排记录组及时完成成绩册印发工作。

3．为破纪录、运动员成绩证明、裁判员证书签名。

二、编排记录

编排记录裁判的职责是：比赛前，根据规则、规程、报名单、大会日程及有关材料，编制秩序册；比赛开始后，准确地记录和及时公布每项、组比赛的成绩；预赛后，按成绩编排决赛秩序；比赛结束后，尽快编制成绩册。编排记录工作是保证比赛按计划、有秩序进行的关键。要求编排记录员做到周密、细致、准确、及时、认真、负责。

（一）赛前准备工作

1．熟习规程，审理报名单，填写竞赛卡片

审理报名单时需注意有无违反规程的问题。

按照报名单填写竞赛卡片，各项内容填写清楚、齐全，反复核对，然后将卡片按组别、项目分开，按成绩顺序排好。

2．编排竞赛分组表

（1）认真学习规则中有关编排的规定。竞赛规则规定：

①泳道安排：在设有8条泳道的游泳池比赛时，同一组成绩最好的运动员或接力队，应安排在第4泳道上，其他运动员按成绩的优次，依5、3、6、2、7、1、8泳道的顺序进行安排（表6-1）。

表6-1　一组比赛泳道编排方法

泳道	一	二	三	四	五	六	七	八
运动员排序	7	5	3	1	2	4	6	8

②预赛编组规定：两组比赛的编排方法如表6-2所示，三组比赛的编排方法如表6-3所示，超过三组的编排方法如表6-4所示。任何预赛组内

至少应有 3 名运动员，其编排方法如表 6－5 所示。

表 6－2　两组比赛编排方法

泳道 / 排序 / 组别	一	二	三	四	五	六	七	八
第一组	14	10	6	2	4	8	12	16
第二组	13	9	5	1	3	7	11	15

表 6－3　三组比赛编排方法

泳道 / 排序 / 组别	一	二	三	四	五	六	七	八
第一组	21	15	9	3	6	12	18	24
第二组	20	14	8	2	5	11	17	23
第三组	19	13	7	1	4	10	16	22

表 6－4　超过三组比赛编排方法（以 40 人为例）

泳道 / 排序 / 组别	一	二	三	四	五	六	七	八
第一组	39	37	35	33	34	36	38	40
第二组	31	29	27	25	26	28	30	32
第三组	21	15	9	3	6	12	18	24
第四组	20	14	8	2	5	11	17	23
第五组	19	13	7	1	4	10	16	22

表 6－5　25 名运动员比赛编排方法

泳道 / 排序 / 组别	一	二	三	四	五	六	七	八
第一组			25	23	24			
第二组	21	15	9	3	6	12	18	
第三组	20	14	8	2	5	11	17	
第四组	19	13	7	1	4	10	16	22

③半决赛的编排方法如表 6－2 所示，决赛的编排方法如表 6－1 所示。采用分组决赛时（无预赛），编排方法如表 6－6 所示。

表 6－6　38 人分组决赛编排方法

排序 \ 泳道 / 组别	一	二	三	四	五	六	七	八
第一组		37	35	33	34	36	38	
第二组	31	29	27	25	26	28	30	32
第三组	23	21	19	17	18	20	22	24
第四组	15	13	11	9	10	12	14	16
第五组	7	5	3	1	2	4	6	8

（2）根据规则规定，对预赛进行分组及编排泳道

①根据每项的报名人数，先确定该项预赛的组数。

②根据上述①的组数，按相应组数的编排方法编排竞赛卡片。核对无误后，把排列出的组、泳道填入相应的卡片。按组、项把卡片整理好。

（3）全部项目编排后，按竞赛日程的场、项、组整理好竞赛卡片，核对无误后，抄写（打印）成竞赛分组表。

（4）计算机编排：目前国内的许多比赛都采用计算机进行编排和处理以及公布成绩。计算机编排的方法是根据规则的规定编制编排软件，运动员报名后，将运动员所报项目、成绩输入计算机，计算机根据预先设定的程序进行编排，可一次完成分组、泳道安排和竞赛分组表的打印，快捷、准确、规范。

3．编印秩序册

秩序册内容及编印见本章第一节。

4．准备各种竞赛表格

（1）各裁判组使用的表格。

（2）编排记录组所需的表格。

（二）临场工作方法

1．每项、组赛后，审核竞赛卡片，核对名次、成绩。

2．公布各项、组比赛成绩和每项预赛后的决赛名单。

3．审核统计创纪录和团体总分。

4．编制成绩公报。除注明成绩外，还应注明弃权、犯规、重赛等。成绩公报应在该场比赛结束后尽快发至有关单位。

5．逐步编制成绩册。

上述现场记录工作步骤，是人工编排记录的工作步骤，要用人工复写或打印成绩和决赛名单。如果是采用计算机编排和处理成绩，在现场工作时，裁判员根据运动员成绩卡片把成绩输入计算机中，由计算机进行处理，根据成绩进行排名，然后打印出成绩进行公布。

如果采用自动计时装置计时，自动计时装置可以和计算机联网，则成绩的处理和公布更简便、快捷。

（三）赛后工作

1．每场比赛后，尽快发出本场成绩公报、决赛名单，进行小结，及时办妥运动员成绩证明单。

2．全部比赛结束后，应准确、及时地统计出团体总分，送交总裁判。

3．完成成绩册编印并发至各队和有关部门。

4．整理全部竞赛资料，送交大会竞赛组存查，认真总结。

三、技术检查

比赛设技术检查员 4 人，2 人一组，在游泳池两侧 15 米处就座。

技术检查员在总裁判直接领导下进行工作，主要负责检查运动员在游进中的泳式和动作是否符合规则，协助转身检查员检查运动员转身、到达终点和接力交接棒情况。

（一）赛前准备工作

学习规则、规程和裁判方法，熟习各泳式犯规术语和填写检查表方法，统一判罚尺度。领取各种用具。

（二）临场工作方法

1．每项、组开始比赛前，当总裁判发出长哨音时，技术检查员应迅速起立，并前往距出发端 8～10 米处，准备开始工作（仰泳、蝶泳、自由泳项目，在两侧各留一人在 15 米处，准备观察潜泳出水情况）。

2．比赛进行中，技术检查员按分工，在池边认真巡视运动员游进动作是否符合规定。在运动员游进速度相差较大的情况下，检查方法可改为按速度前后位置进行观察。

3．技术检查员必须巡视到距池端 5 米以内处，协助转身检查员观察运动员转身、接力出发和到达终点的情况。

4．观察动作时，视野要广；发现问题时，视线要集中。要注意各种泳式最易犯规的动作和避开光线的反光影响。

5．每组比赛最后一名运动员到达终点后，应及时向总裁判做出是否犯规的手势，如有犯规，应立即报告总裁判，并用规则术语迅速、准确、清楚、扼要地填写检查表（表 6－7），及时送交总裁判。

表 6－7　　年　子　组　米　　泳预、半决赛、决赛　　年　月　日

<table>
<tr><td>组次</td><td></td><td>道次</td><td></td><td>姓名</td><td></td><td>单位</td><td></td></tr>
<tr><td>犯规情况</td><td colspan="4"></td><td>处理意见</td><td colspan="2"></td></tr>
</table>

（三）赛后工作

每场比赛后应进行小结，全部比赛结束后进行全面总结。

四、转身检查长

转身检查长（终点端和转身端各一人），负责领导和分配本端转身检查员的工作，确保每位转身检查员职责的完成。

（一）赛前准备工作

领导本端的转身检查员学习规则和裁判法，熟习各泳式犯规术语和填写检查表方法，分配转身检查员的工作。

（二）临场工作方法

1．转身检查长位于池侧距池端 1～2 米处，每项、组开始比赛前，当总裁判发出长哨音时，在出发端的转身检查长应起立，观察运动员出发和入水后的第一个动作。

2．每组比赛中，当运动员游到距离池端还有 15 米时，起立，到池边观看运动员转身、接力出发、到达终点的情况。如发现问题，立即与有关转身检查员联系，了解犯规情况。

3．每项、组比赛结束后，及时向总裁判做出是否犯规的手势。如出现犯规，应立即报告总裁判，并认真审核转身检查员交来的检查表，签字后交总裁判。

（三）赛后工作

每场比赛后要领导本端转身检查员进行小结，全部比赛结束后要进行全面总结。

五、转身检查员

转身检查员在每条泳道两端各一人，负责检查运动员转身动作是否符合规则（从触壁前最后一次手臂动作开始至转身后完成第一次手臂动作止）。出发端的转身检查员，还要负责检查运动员从出发和出发入水后至第一次划水动作结束是否犯规。终点端的转身检查员，还要负责检查运动员到达终点、接力是否犯规，长距离项目中，运动员到达终点前 105 米时，向运动员发出信号，并兼做计时工作。转身端的转身检查员，还要负责长距离项目的报趟工作。

（一）赛前准备工作

认真学习规则和裁判法，统一裁判尺度，熟习检查表填写方法。终点端转身检查员还要和本泳道计时小组配合，并熟练计时技术。

（二）临场工作方法

1．在每项、组比赛开始前，当总裁判发出长哨音时，出发一端的转身检查员应起立，并到本泳道出发台侧后方站立（自由泳比赛在原位站立），在随出发信号开表后，应迅速站到出发台侧观察运动员出发后至第一次划水动作结束是否犯规，然后回位坐下。

2．每当运动员游到距离池端还有15米时，应及时起立走到本泳道池端观察运动员转身、接力出发和到达终点的情况（同时计时）。

3．在长距离比赛中，转身端的转身检查员在运动员转身时容易看见的位置上，持报趟牌报运动员所剩的趟数。终点端的转身检查员在运动员到达终点前105米时，应用铃声或哨声向运动员发出信号，在运动员转身游出5米时停止信号。

4．转身检查员如发现运动员犯规，应及时用手势报告本端转身检查长，并迅速、准确、清楚、扼要地填写检查表（见表6-7）交本端转身检查长。

（三）赛后工作

每场比赛后在转身检查长领导下进行小结，全部比赛结束后进行总结。

六、发令

发令员的职责主要是为运动员出发发令，保证公平地开始比赛。发令员应具有较高的观察能力和判断能力，在工作中要果断、准确。发令员一般设1~2人，轮换执行发令和登记、统计工作。

（一）赛前准备工作

1．赛前要认真学习规则和裁判法，研究执行发令的要领和方法，统一尺度。

2．检查发令枪或电笛、弹药、发令台、口哨、召回线以及50米比赛项目所需烟屏等器材。熟悉枪或电笛、弹的性能，妥善地保管枪、弹。

（二）临场工作方法

1．发令员位于池侧，在距离出发端5米以内处发令。要能全面观察到8条泳道的运动员。

2．在每组比赛开始，总裁判用连续短哨声示意运动员脱外衣时，发令员应上发令台，做好发令准备。当所有运动员都上出发台后，发令员要注意总裁判的手势，当见到总裁判向外伸展手臂的动作后，即准备开始发令。

发令时，发令员右（左）手举枪，发出“各就位”口令。此时，发令员全神贯注，注意全部运动员的动作。当所有运动员都处于稳定静止状态时，立即发出“出发信号”——鸣枪。

3．出发时，任何一名运动员在“出发信号”发出前出发，都是抢码犯规。如有运动员在出发信号发出前抢码，则发令员不再发出出发信号，立即将这一情况口头报告总裁判，待总裁判处理后再组织出发。如已发出“出发信号”，发现有运动员抢码，则不再召回，应继续比赛，立即填写检查表交总裁判处理。

4．如发令枪发生故障，鸣枪时发生哑炮或枪声轻弱等不正常现象时，发令员应终止比赛；如有运动员出发，应及时召回，重新出发。

5．发令员对不听从指挥的运动员可根据情况判为“蓄意不服从命令”或“延误比赛”，同时应终止比赛，先口头将犯规情况及处理意见报告总裁判，待总裁判处理后再发令，随后补填写检查表。

（三）赛后工作

每场比赛后应及时小结，虚心征求各方面的意见，进一步提高发令水平，检查枪支弹药。比赛全部结束后，做好总结。

七、计时

计时工作是客观反映运动员成绩的重要环节。因此，要求计时员必须具备高度的工作责任心、熟练的业务和实事求是的工作态度，准确地计取运动员的成绩。

我国游泳规则规定，人工计时、自动装置计时与半自动装置计时均被承认为正式的计时方法。

（一）人工计时工作方法

1．赛前准备工作

(1) 计时长全面领导计时组工作，负责计时组的分工和组织学习。检查、核对秒表，介绍使用的性能、特点。组织计时员进行现场实习。与发令员合作，提高计时员听枪声开表的反应能力，熟识秒表的性能，掌握开、停表的正确方法。

(2) 计时组位于终点端后3米左右处，每条泳道3名计时员，分别称为一表、二表、三表计时员（由转身检查员兼）。其中，二表计时员位于中间，面对本泳道出发台；一表计时员坐在右侧；三表计时员坐在左侧。计时长坐在第4泳道三表计时员左侧。副计时长坐在第5泳道一表计时员的右侧。

一表计时员（小组长）：负责小组全面工作。赛前领取比赛应用器材，赛中计取成绩（兼记分段成绩）和兼看犯规情况。赛后检查、校对二表填写的竞赛卡片，将卡片亲自交计时长。

二表计时员：除计成绩外，负责小组记录和统计工作。

三表计时员：由终点端转身检查员兼任，既要负责本泳道的转身检查工作，又要计取成绩。

(3) 开、停表的正确姿势

开表的正确姿势：右（左）手持表靠在身体右（左）侧腰部，身体直立，注意力高度集中，听到“各就位”口令后，将拇指第一关节按在开表钮上，听到枪声，立即按动秒表开表（在50米长池进行50米项目比赛时，应看枪烟开表）。

停表的正确姿势：在出发台一侧，两脚前后开立，右（左）手持表靠在右（左）侧腰部，上体稍前倾，找好池壁垂直面，拇指第一关节按在停表钮上。运动员触及池壁立即按停秒表。严禁手臂在开、停表时做上下或左右摆动动作。

2. 临场工作方法

(1) 计时长工作

①每组赛前总裁判发出短促哨声时，提醒计时员回表，自己也做好开表准备，听到枪声立即按动计时表。运动员出发后，检查计时员开表情况，运动员离终点15米时，督促计时员按要求到池边计取成绩，自己也同时计取第一名或有关泳道的成绩。

②每组赛后，负责收集竞赛卡片，根据成绩排好先后顺序，与终点长核对名次。

③认真检查和核实计时员计取的成绩、填写内容，看字迹是否准确、清楚。凡出现超或创纪录情况时，计时长应认真检查核实秒表成绩并签名。

（2）计时员工作

①每组比赛开始前，一表计时员要认真核对参赛运动员的竞赛卡片，二表计时员在竞赛卡片上签本计时组成员的姓名。

②听到总裁判的短哨声时，计时员应回表；听到长哨声时，应迅速起立，注意力高度集中；听到出发信号后立即开表，坐下后应及时查看秒表。如发现秒表发生故障，应立即报告计时长。

③在 100 米以上距离项目比赛时，运动员每次游回距池端 15 米时，一、三表到池端分别为运动员计分段成绩和察看转身动作。

④当运动员游到离终点 15 米时，计时小组 3 人同时起立，到池端做停表准备。运动员抵达终点（触壁）后立即按停秒表。

⑤回座位坐下后，仔细察看秒表成绩，然后二表在竞赛卡片上登记成绩并填写存查表，一表注意审核。

3．赛后工作

（1）计时长在每场比赛结束后都要组织计时组进行小结，如有必要，可适当调整计时组，更换秒表。全部比赛结束后，要做好总结。

（2）副计时长及时收齐各泳道秒表和存查表，做好秒表保管工作。

（二）自动计时工作方法

自动计时装置，是游泳竞赛中计取运动员成绩、判定终点名次的自动化设备。比赛中应由熟悉设备的裁判员负责操作。由于它能客观、准确、迅速有效地提供运动员的成绩和名次，因而在现代游泳比赛中采用的越来越多。

1．赛前准备工作

（1）设自动计时长 1 人，自动计时员 1～2 人。自动计时长负责领导自动计时组的全面工作，进行分工，明确各自职责及工作方法。

（2）自动计时主机应设在终点池端的侧面，距池端 3～5 米处，在能直接观察运动员比赛的位置上。于赛前安装、调试好自动计时设备

2．临场工作方法

（1）每场比赛前 1 小时，全体自动计时人员都应到达现场，将自动计时所有装置、线路检查、调试完毕待用。

(2) 比赛时，自动计时员负责操作主机，认真观察运动员触板情况，及时向计时长提交触板成绩，防止操作失误。

(3) 每组比赛后，自动计时员应打印触板成绩两份，交自动计时长。计时长审核无误后，立即将一份贴在专用的自动计时成绩卡上，签字后直接交宣告员宣布。如有犯规或创纪录时，要送总裁判签字。另一份触板成绩交记录组输入电脑作打印成绩公报用（如主机已和计算机联通接口，则可免去此步骤）。

(4) 在比赛过程中，自动计时员一旦发现有失灵或失误现象，应立即报告自动计时长，由自动计时长向总裁判说明情况，按规则要求补入盲表成绩或人工计时成绩。

3. 赛后工作

每场赛后要认真小结，对出现的问题认真分析，查明原因，及时改进。全部比赛结束，要认真总结。

八、终点

游泳竞赛规则规定，当未采用自动计时装置，而每条泳道使用三块数字秒表人工计时时，根据实际情况，可增设终点裁判；在每条泳道只有一名或两名计时员时，必须设终点裁判。准确判断比赛名次是终点裁判员的主要职责。要求终点裁判员的注意力高度集中，反应迅速，判断准确。终点裁判员按分工顺序坐在梯形终点裁判台上。终点裁判方法分跟随观察法和传统观察法两种。根据终点裁判员的人数和比赛要求，选择其中一种方法。

终点裁判观察的方法和顺序：

（一）运动员出发后，要观察运动员在游进过程中的变化情况，当离终点只有 50 米时，应开始集中观察本人分工负责的泳道和名次，随着竞争的激烈，前后的变化应随时调整。当离终点 5 米时，应有一个初步名次的概念，并继续跟随观察至终点，最后确定名次。

（二）在全部运动员抵达终点后，各岗位终点裁判员根据分工，及时、准确地将自己观察的结果报告终点裁判长。

（三）终点裁判长综合各终点裁判员及自己的判断，确定该组的名次。

九、检录

检录员的工作主要是赛前负责点名，并带领运动员入场，是保证比赛按计划进行的重要环节。检录员要诚恳热情、和蔼可亲，工作认真细致、积极主动、有条不紊。

（一）赛前准备工作

1．布置检录处，学习规则和裁判法，研究检录方法。

2．每场赛前领取竞赛卡片，核对后妥善保管。如比赛采用自动计时，不用竞赛卡片，则按秩序册竞赛分组表进行检录。

3．每场比赛前，应把该场比赛的项目、组数、人数、比赛时间、气温、水温都公布在外场检录处，并核准时间，按计划工作。

4．每场比赛前，接收各单位报来的接力比赛棒次表，将棒次表贴在该队的竞赛卡片上。如采用自动计时，即将接力棒次表交给编排记录组。

（二）临场工作方法

1．每项比赛前 15 分钟进行第一次点名，检查运动员的参赛证和服装。

2．每项比赛前 4～5 分钟进行第二次点名，并请运动员按道次顺序坐好。第二次点名未到者按弃权处理。

3．待前一组运动员“出发”后，将下一组运动员带入内场候赛席。如是每场比赛的第一项的第一组，带入时间应根据总裁判的信号。

4．预赛时，当前一组运动员游程还剩 25 米左右时，将下一组参赛的运动员带入场就座，并将竞赛卡片交副计时长。决赛时，听到宣告员宣布“请运动员进场”后，将该组运动员带入场就座。

5．在全组运动员全部抵达终点后，督促运动员起水。

6．每项决赛后，按名次组织引导领奖运动员入场领奖。

（三）赛后工作

每场和全部比赛结束后，均应做好小结或总结，不断改进工作。

十、宣告员

宣告员在总裁判领导下，将比赛项目和进行情况，及时向观众介绍，并宣布比赛成绩。

（一）赛前准备工作

1．了解大会概况，熟悉规程、日程和具体安排，与有关部门研究向观众宣传教育的材料，文字要简练、明了。

2．准备多种创纪录祝贺词和鼓动性的加油词，在需要时选用。

3．要熟悉各种竞赛卡片，核查运动员姓名的正确读音。

（二）临场工作方法

1．每场比赛前 1 小时到达赛场，认真检查和试用广播器材。

2．比赛前 15 分钟，广播通知做准备活动的运动员起水，介绍本场比赛项目。

3．比赛前 3～5 分钟（根据总裁判手势）宣布“××年××游泳比赛第×场比赛现在开始，请裁判员入场”。裁判员入场就位后即介绍本场比赛总裁判和发令员。

4．每项决赛开始前，根据总裁判的示意，按泳道顺序介绍运动员姓名、单位。预赛项目则待出发后再介绍运动员。

5．每一组运动员最后一名到达终点后，如采用人工计时，即报告前一组比赛成绩。若采用自动计时，则报当组成绩。

6．要及时宣布决赛（半决赛）名单。遇有重赛，必须及时广播，以免运动员离场误事。

7．最后一项比赛完毕并报告成绩后，经总裁判示意，即宣布“第×场比赛到此结束，请裁判员退场”。

（三）赛后工作

每场比赛完毕都要及时小结，不断改进工作。

思考题：

1．组织游泳竞赛，在赛前筹备工作阶段有哪些工作要做？
2．游泳竞赛规程有哪些内容？游泳比赛秩序册有哪些内容？
3．编排记录员的职责是什么？如何编排竞赛分组表？
4．试述总裁判的临场工作方法。
5．试述技术检查员的临场工作方法。
6．试述两端转身检查员的职责及工作方法。
7．试述计时小组3名计时员的分工以及开、停表的正确姿势。
8．试述计时员的职责和临场工作方法。
9．试述检录员的职责和临场工作方法。
10．发令员发令时，如在出发信号发出后发现有运动员抢码，怎么办？

第七章　游泳锻炼与休闲

内容提要：

本章主要阐述游泳锻炼的意义、对人体增进健康的作用，以及游泳锻炼与休闲的手段和方法，介绍社会各类群体进行游泳锻炼的组织与指导的方法和特点，以及如何科学、合理地制订游泳锻炼计划。通过本章学习，使学生掌握开展游泳锻炼与休闲的安全知识和必备的措施；学会根据各类人群的不同特点进行游泳锻炼与休闲的组织与指导；学会评定游泳锻炼效果的方法，并根据不同年龄、不同游泳水平、不同健康程度的人制订游泳锻炼与休闲计划。

游泳是以水为运动环境，借助水的浮力、压力、阻力，利用肢体的运动，在水中前进或进行各种各样的活动，从而达到锻炼身体、增强体质的目的。

早在2000多年前罗马帝国的卡拉卡拉浴场就刻有“水是健康之素”的字样，古代人们就已经认识到水对人体健康的重要性。现代健康和运动专家认为，游泳与其他运动项目比较，更能有效地提高有氧能力、肌肉力量、柔韧性和协调性。许多运动项目都会给机体造成劳损或损伤，但是游泳是劳损或损伤率最低的。因此，游泳几乎是一项完美的体育运动。

第一节　游泳锻炼与休闲的特点、内容和形式

一、游泳锻炼与休闲的特点

（一）游泳是在水环境中进行，参加游泳锻炼首要考虑的是安全问题。要在配备有救生人员、救生器材设备的游泳池、馆或天然水域的公共浴场进

行游泳锻炼，防止意外事故的发生。

（二）游泳锻炼与休闲不受年龄、性别的限制，即便是残障人也能在游泳活动中找到适合自己的锻炼方法与休闲方式。人们还可以选择游泳活动的环境，既可以去游泳场馆，也可以到天然水域进行游泳锻炼和休闲，尤其是户外游泳更是水浴、空气浴和日光浴的最佳结合，置身于大自然怀抱之中，心旷神怡，感受到人与自然的和谐。不会游泳者也可在浅水中进行力所能及的游泳锻炼，即便在深水区也可借浮具（救生圈等）进行锻炼，享受到游泳的乐趣。

（三）游泳锻炼与休闲形式多样，并可以自由选择。既可以个人进行游泳锻炼，也可以结伴游泳或社团组织游泳，在游泳锻炼中相互交流，增进友谊，增进了解，扩大社会交往；尤其是家庭游泳更是把游泳锻炼、休闲和娱乐结合一起，与亲人共享天伦之乐，使身心在游泳活动中得到陶冶和放松，有利于家庭和睦，有利于学习和工作。

（四）游泳锻炼与休闲的内容和方式丰富多彩，既有姿势优美、游进速度快、能激发人们竞赛欲望的竞技游泳，也有节奏明快、有音乐伴奏的各种水上健身操和韵律游泳，还有集趣味性、娱乐性和竞争性于一体的水上游戏。人们可以根据自己的喜好、身体条件和游泳基础等选择游泳锻炼方式。人们还可以通过水中漂浮、滑行、走、跑、踩水、潜水等技能的练习，提高水上运动能力和自救能力，并达到锻炼身体和提高生存能力的目的。

（五）游泳还是一项借助水的自然特性，对一些疾病和伤病患者进行治疗和康复的运动。在医生或体育保健专业人士指导下，患者依据针对不同疾病和伤病设计的运动处方进行锻炼，能收到良好的治疗效果。肥胖者也能通过游泳锻炼减少多余的脂肪，复原标准体型。

（六）游泳是锻炼身体与休闲紧密结合的体育锻炼项目。游泳锻炼的运动负荷比陆上大，消耗也大，锻炼效果明显。且运动负荷也容易自我调节，在适宜的运动负荷下，轻松自如的游泳本身就是一种休闲运动。游泳时人漂浮在水面上，放松全身，随波逐浪，这种享受是陆上运动所缺乏的。在水中人体处于无重力状态，游泳能使人体验到一种悬浮的运动感觉，达到三维性质的运动效果，增强在三维空间中的身体平衡能力。

（七）游泳是一项全身性的运动项目，由于浮力的作用和平卧的运动姿势，减轻了重力对运动的影响，同时促进了血液循环；水的密度大，在水中锻炼的阻力也大，使全身肌肉都得到锻炼和增强，也使呼吸肌发达；在水中锻炼还会刺激体温调节功能。另外，在水中运动，水对身体皮肤起着按摩作用，这对皮肤保养和美容有着特殊的作用。所以，游泳锻炼具有提高身体健康水平，增强体质，塑造健美身材的功能，是预防和治疗“亚健康”最有效的运动之一。

二、游泳锻炼与休闲的内容

随着游泳运动的发展，游泳锻炼的内容已由单纯的游，发展成为内容丰富，手段不断更新，融音乐、舞蹈、休闲于一体的运动。

（一）浮体与滑行

水上浮体和滑行是一种休闲的运动，对老人和儿童非常合适。浮体和滑行虽然是熟识水性的主要练习手段，但对已会游泳或残障者来说，仍然是一种锻炼和休闲的手段。浮体和滑行练习不受池水深浅影响，初学者应在浅水池练习，而已会游泳者可在深水池进行。浮体能增强身体的控制能力和平衡能力，通过憋气提高肺活量，增强呼吸功能；还可以通过变换各种姿势的浮体练习，如俯卧、仰卧、侧卧、抱膝团身（浮冬瓜)、屈伸四肢、浮体滚动（绕身体纵轴或横轴）等，增强水上活动能力。

滑行则可获得另一种运动感觉，身体在水中漂浮移动，可使全身的肌肉得到充分放松。滑行对身体姿势的控制能力要求更高，平衡身体的难度更大，如俯卧滑行、仰卧滑行和侧卧滑行、各种在打（蹬）腿动作配合下的滑行、各种身体滚动式（绕身体纵轴或横轴）的滑行等，这些练习增加了控制身体姿势和肌群紧张的程度，从而锻炼了身体，放松了机体。

（二）水中跑跳走

水中跑跳走适合各年龄层次的人和能够完成这些练习的残障者，即便他们不会游泳，也能做这类练习，并达到锻炼身体的目的。水中跑跳走练习只能在浅水池中进行，且水深最好在胸腹之间，这样才有水中练习的效果。水中跑跳走所受到的阻力比在陆上大得多，能获得最大的锻炼效果。由于水的浮力作用，在水中进行跑跳走能使膝和腰部的负荷减轻，不像陆上运动那样有时容易受伤，而且水对皮肤表面的摩擦会对肌肉起到按摩作用。有人说“跑步能治百病”，这对水中跑跳走运动来说更为贴切。如果穿上负重背心进行水中跑跳走练习，其锻炼效果更为明显。

（三）水中游戏

水中游戏是集娱乐、休闲和健身于一体的活动项目。水上游戏的种类较多，根据所需场地划分可分为浅水区游戏和深水区游戏。浅水区游戏的内容和方式与陆上游戏基本相同，可由跑跳等动作形式组成各种游戏内容，如“拉网捉鱼”。如果游戏者有一定的游泳基础，还可以把潜、跃、漂等动作融于游戏之中，这样，其趣味性更强。深水区游戏的参加者只能是熟练掌握游泳技术的人们，通常把各种游泳技能组合运用到各种游戏之中，如“接力游戏”“竞速游戏”“水球游戏”和由陆上“老鹰捉小鸡”派生的“鲨鱼吃小鱼”等。

（四）水中健身操

水中健身操也称水中体操，属水上有氧运动范畴。目前，在世界各国都较为流行。它主要是利用水的浮力、阻力、压力和通过四肢、躯干的活动，以及只有在水中才能使人体成水平姿势的运动，提高心肺机能、肌肉力量和关节的柔韧性。

水中健身操对促进血液循环、减少心血管疾病、改善心肺功能、增加肺活量都有很好的效果。有系统地练习水中健身操，对于改善肌肉的新陈代谢、去除脂肪等有很好的作用，是预防心血管系统疾病、抵抗肥胖的最佳运动处方。由于水的特性，在水中练习健身操比在陆上练习有着更明显的优点：因为水的阻力限制了人体的运动频率，以及减缓了运动对身体所产生冲击力，避免了运动创伤；其次，它适合更多的人参加；借助水的浮力，人在水中的体重只相当于实际体重的 10% ~ 20%，练习者在陆上做不到的动作，到水中可以做到；除患有不宜下水活动的疾病外，任何人都可以享受水中运动的乐趣，提高身体机能，增进身体健康。

水中健身操的场地应选择在游泳池的浅水区，水的深度根据不同的练习来确定，一般在齐腰或齐胸深的水中进行，由专门人员指导和在有节奏的音乐伴奏下进行。

水中健身操是对水中各类体操的统称，下面主要介绍常见的几种水中健身操：

1．水中韵律操

水中韵律操是身体跟着音乐节奏在水中跳舞，使跳舞的好处与水中运动的好处相结合。由于水中运动的阻力大，所以人在水中的移动动作负荷大，难度也大。另外，由于水具有浮力，给水中运动带来了轻松飘逸的运动感觉，这是陆上运动所没有的感觉。

韵律运动能使身心感到轻松，对消除精神疲劳有较好的作用。水中韵律操是全身运动，加上水对人体有放松作用，所以能取得很好的效果。水中韵律操对老年风湿病患者的治疗作用也是显而易见的。

2．水上有氧操

水上有氧操属于有氧运动项目，是由陆上健身操移植到水中进行。其最大的特点是运动时心率必须保持在个人所能达到的最理想的有氧代谢心率范围，即运动时间不少于 30 分钟，运动强度控制在个人最高心率的 70%～80%。由于水上有氧操是在次极限强度下进行的，对促进血液循环、改善肌肉的新陈代谢都有很好的作用，因此它是预防心血管系统疾病、抵抗肥胖的最佳运动处方。

3．韵律游泳

韵律游泳又称节奏游，虽然也是在音乐伴奏下在水中做体操动作，但它是利用游泳技巧，跟随音乐的节奏在水中做各种泳式变换和组合的一种健身游泳，近似花样游泳，但没有花样游泳难度大。因此，韵律游泳主要适合已掌握游泳技术的群体，而水中韵律操则适合不会游泳者在浅水池锻炼。

韵律游泳基本技术包括仰、蛙、爬、侧泳四种泳式，但与四种泳式相比它具有自己的特征：一是头肩位置较高，保持头部露在水面上，腿部位置低，这种姿势便于观察，利于在运动中做队形和图形的变化；二是空中移臂与花样游泳相同；三是利用踩水、潜泳以及身体翻转等动作作为队形或图形变化的过渡动作。韵律游泳是通过对各种游泳姿势的组合、音乐的选择、队形图形的变化等编排出形式多样的一项活动，使参加者在运动中得到肢体的锻炼和美的享受。

（五）竞技游泳

竞技游泳包括蝶泳、仰泳、蛙泳、爬泳四种泳式，以及出发和转身技术。竞技游泳技术是游泳锻炼和休闲的基本手段。根据游泳锻炼时所采用的技术动作，竞技游泳练习可分为各种游泳姿势的腿、臂分解练习和完整配合练习等。根据游泳锻炼的目的又可分为水上力量练习、速度练习和耐力练习等。

正确的游泳技术是获得良好锻炼效果的基本保证，在采用竞技游泳进行锻炼时，一定要学习和掌握正确的竞技游泳技术。正确的游泳技术，可以避免游泳锻炼时由于技术不正确而造成的身体损伤；能够提高游泳锻炼的强度，增进锻炼效果；能够提高运动成绩，激发竞赛欲望，参加各类竞赛活动，在比赛中实现自我价值，增进友谊，促进社交活动。掌握了正确的游泳技巧，还可以到江河湖海等天然水域里游泳，享受大自然，陶冶情操，在游泳锻炼与休闲中促进身心健康。

（六）实用游泳

实用游泳技术既是为生产、军事、生活、救生服务的技能，又是游泳锻炼与休闲的手段之一。实用游泳中的一些技术，还是游泳锻炼中的保护技能，如踩水、反蛙泳等是游泳中出现呛水、抽筋等危险情况时的自我保护技能，俗话说“学会踩水就是给自己套上了救生圈”。

（七）康复游泳

康复游泳是指通过游泳锻炼对身体机能产生了障碍的人进行机能恢复性治疗，主要目的是利用身体健全的部分去帮助身体有障碍的部分恢复功能。康复游泳应在医生的指导下，针对身体机能有障碍的部分进行游泳锻炼。如对有腰痛病症的人，必须对腰部的肌肉（腰肌、腹肌与背肌）进行强化练习，而游泳对这些肌肉的锻炼具有明显的作用，因此，游泳对治疗腰痛病症有非常好的效果。

（八）冬泳

冬泳是相对春夏秋三个季节的游泳活动而言，冬泳的最大特点是人在天气寒冷、水温低的条件下进行游泳锻炼。冬泳保证了全年游泳锻炼，对巩固、提高游泳技术和增强体质有着积极的作用；通过冬泳战胜严寒，提高了身体抵御寒冷的能力，锻炼了意志和磨炼了毅力。由于南北方气候的差异，冬泳的环境也有很大区别，北方冬泳是在零下30摄氏度左右的气温和零下1~2摄氏度水温的环境下破冰下水，是对大自然的挑战，也是对身体极限的挑战；而在南方，冬季水温虽下降，但没有北方那样低，因此，寒冷对身体的刺激就远没有北方那么强烈，游的时间也会长一些，两者的锻炼效果也是有区别的。北方冬泳主要增强身体耐寒的极限能力，而南方冬泳则是以提高心肺功能为主。总之，冬泳对培养顽强的意志品质和提高自身价值都有重要的意义。

三、游泳锻炼与休闲的形式

（一）个人游泳

个人进行游泳锻炼，时间安排和练习内容选择的自由度大，但也应有计划地进行。针对个人的身体状况和闲暇时间，制订切实可行的锻炼与休闲的计划很有必要。个人游泳锻炼与休闲要特别注意安全，中老年人、小孩和患有疾病的游泳者，不宜以单独形式进行游泳锻炼，即便是年富力强、游泳技术水平较高的游泳者，在天然游泳场也不宜个人单独下水。个人单独进行游泳锻炼和休闲时，应善于与其他游泳者交往，这不仅扩大了社交圈子，交流了各自的锻炼与休闲体会，更重要的是能结交游泳锻炼与休闲的伙伴，有利于保持长年游泳锻炼与休闲的兴趣，形成习惯。

（二）结伴游泳

游泳是一项相对单调、枯燥的运动，如果在游泳活动中加强与同伴的交流，也同样会使这项活动变得十分有趣。结伴游泳也是一种社交方式，通过游泳交往，建立友谊。俗话说“物以类聚，人以群分”，结伴游泳可以把兴趣爱好相同的伙伴组合在一起，交流锻炼体会，制订锻炼计划，结伴进行游泳锻炼与休闲。结伴游泳通过同伴间的相互监督和相互鼓励，能够提高锻炼效果和休闲的质量。结伴游泳在遇到突发情况时，能够互相照应，其安全性比个人单独游泳高。由于每个人闲暇时间很难一致，而且干扰因素较多，结伴游泳是一种松散的小团体活动形式，而这种游泳锻炼与休闲的形式更适合离退休人员。

（三）家庭游泳

家庭游泳是家庭体育锻炼的一项重要内容，目前我国的家庭组成趋于简单，大多数以父母和子女两代人同住的核心家庭为主，家庭对孩子的教育以及培养主要由父母来完成。父母和孩子一起参加游泳或其他体育活动，是在充满亲情的、和谐爱护的和充满生活情趣的气氛中进行的。在现代社会紧张而繁忙的工作之余，能和家人一起进行游泳活动，既可以进行体育锻炼，又可以享受家庭的天伦之乐。尤其对幼儿和儿童，体育活动是孩子们的主要活动内容。因此，学龄前的儿童和学生在家长的陪伴与指导下进行家庭游泳活动，有利于全家人的身体健康、提高身心素质，以及对孩子的个性培养。

家庭游泳活动是现代社会所提倡的“终身体育”的起点与归宿。人的一生是从家庭走进学校，步入社会，最终返回家庭。不管哪个阶段，都应该不间断地参加游泳活动和其他体育锻炼，成为一个终身体育锻炼者。因此，对家庭中的孩子来说，在幼儿和儿童时期能和父母一起进行游泳，是终身体育的基础。

家庭游泳活动对竞技游泳也有不可低估的作用，在家庭中父母对游泳运动的爱好，对游泳运动的评价以及喜爱观看游泳比赛，都会给孩子喜欢游泳运动以直接影响。家长应该积极支持孩子参加竞技游泳运动，使他们的游泳运动天赋得到充分的发挥。

总而言之，开展家庭游泳活动可以使孩子们的身体、智力、情感和行为得到提高，并且能促使全家人的身心健康，可以陶冶情操，使生活充实，和睦相处。

家庭游泳要充分利用余暇时间，周末和节假日是家庭游泳锻炼与休闲的最好时间。家庭游泳活动要提前作好计划安排：

其一是选择游泳地点，也就是决定去哪里游。游泳场一般分天然游泳场、人工游泳场馆。如果选择天然游泳场，则应选择水底为平坦的沙质、水流平缓、水质清洁、岸边平整开阔、空气新鲜和配套设施齐备的天然游泳场。人工游泳场馆是用于大众健身与娱乐的游泳场所，既有室内也有室外，既有人工建造的也有利用天然水域开辟的，其建筑风格各异，融健身、娱乐、休闲于一体。

其二是选择游泳天气，特别是在室外游泳，更应关注当天的天气情况，应避开恶劣天气，选择风和日丽、气候温暖的天气。

其三是做好游泳前准备。准备好游泳用具、小孩用的救生圈或浮具、食品，如果在室外游泳，还要携带防晒品、保暖衣等。

其四是精心做好具体的安排，如出发时间，返回时间，交通工具、路线，游多少、怎么游，休息时间，就餐，以及其他休闲活动（看书、看报、玩沙滩排球、做沙模、拾贝壳）等，确保游泳锻炼与休闲活动的质量。

（四）社区游泳

社区是以一定的地理区域为基础，由具有相互联系、共同交往、共同利益的社会群体、社会组织所构成的一个社会实体。因此，社区游泳具有就地、就近、就便的特点。社区内的人群结构复杂，包含各种职业、年龄、性别和组织等，但在游泳锻炼与休闲活动中，这些职业、年龄、性别等方面的差异不再存在，都是游泳活动的参与者，在游泳活动中锻炼身体，增强体质，陶冶情操，消除疲劳。因此，游泳锻炼与休闲活动有利于社区成员之间的沟通与交往，对建立和谐的社区起重要作用。

社区成员在游泳锻炼和休闲的兴趣与方式上存在着差异，社区游泳活动的开展应本着以人为本的原则，以需求为目标，调动其参与心理，激发他们自主参与意识；在活动中着重解决他们游泳实践中的问题，提高锻炼效果；充分利用社区的游泳资源，兼顾社区环境、游泳设施、人群分布等，组织和开展内容丰富、形式多样的游泳活动，提高他们的生活质量和健身水平。

（五）学校游泳

学校游泳主要指学生课余时间的游泳活动。学校应充分利用课外时间，如课外活动、周末、节假日、寒暑假等，组织学生开展多种形式的游泳活动，如水上健身操、水上游戏、游泳竞赛等，促进学生身心健康发展，消除学习疲劳，丰富课外生活，促进学习效果的提高。同时培养学生团结友爱的集体主义精神。

学校游泳活动要强调安全第一，要选择符合学生生理心理特点和兴趣的内容，兼顾竞技游泳与健身游泳两个方面的需求与发展。

（六）游泳俱乐部

近年来，各种类型的体育俱乐部在国内逐渐兴起，全国各地也成立了许多游泳俱乐部，目前主要有两种类型：一类是以培养运动员为主，另一类是以开展全民健身游泳活动为主。比较完善的游泳俱乐部能有效地组织社会各年龄、各界人士参加各种形式的游泳活动，并且有能力培养游泳运动员。

游泳俱乐部具备完善的组织机构，场地设施、器材等齐备，并有一批专业的游泳教练员、医务和管理人员，因此，在游泳教学训练、健身游泳和康复游泳等活动中，能给游泳者以科学指导和医务监督，保证游泳者学习和锻炼的效果。

第二节 游泳活动的组织与指导

一、社区游泳活动的组织与指导

（一）社区游泳活动通常由该地区行政部门或体育协会组织进行，也有以居住小区为单位，由物业管理部门牵头组织的。由于游泳的特殊性，游泳活动的组织一定要由有经验的专业人员负责。

（二）组织社区游泳活动，必须确保安全。游泳区域一定要配备救护人员和足够的救生器材，保证参加游泳锻炼者的安全。

（三）参加游泳锻炼前，要进行正常的体格检查，患有严重心脏病、高血压、癫痫病、皮肤病及各种传染病的不能参加游泳活动。

（四）进行社区游泳锻炼，要符合社区人们集中生活的特点，可多利用早晨的时间，组织晨练，也可利用节假日和休息日组织游泳锻炼。

（五）由于社区内有不同年龄、性别、职业阶层的人，组织社区游泳锻炼时，选择和安排的内容多样化、趣味化，运动量要适宜，以满足不同群体的需求。要以活动、娱乐、休闲为主，把开展社区的游泳锻炼寓于兴趣之中。

（六）社区游泳锻炼与休闲的形式，要以小型多样为主，也可以定期组织一些小型的、有趣味的比赛，提高人们锻炼的兴趣。

（七）定期开展游泳锻炼与休闲的咨询活动，解答游泳活动中出现的具体问题，指导社区业主科学有效地进行游泳锻炼，客观评价锻炼效果。

二、学校游泳活动的组织与指导

开展学校游泳活动，事先必须精心地安排与组织，在学校领导的重视和支持下，发动教职员工积极参与，充分利用社会的游泳场馆设施开展游泳活动。

由于各级学校学生的年龄阶段不同，在组织学生游泳锻炼时要针对其年龄特征，制定学习游泳技术的内容、锻炼的方法。为了有效地开展学校游泳活动，应考虑以下几个方面：

（一）组织学校游泳活动要得到学校领导的支持，要制定具体的组织方案，尤其是组织小学生或游泳基础较差的学生，要动员学生的班主任老师协助和参加。

（二）首要考虑的是安全问题。在组织学生游泳锻炼前，对游泳池或馆进行事先的考察。如游泳池的水面积、池水深度以及浅水区的区域，是否适合学生的游泳水平、身高和参加游泳的人数；水质是否卫生；救生人员是否如数配备，必要的救生器材与设施的配备是否齐全。总之，游泳锻炼的场所必须符合有关部门制定的安全卫生规定。同时对学生进行必要的安全教育，遵守课堂纪律，确保安全。

（三）参加游泳锻炼前要进行体格检查。患有心脏病、高血压、癫痫病、皮肤病及各种传染病的学生，不宜参加游泳活动；在饥饿和饱食的情况下不能参加游泳锻炼；下水前要做好充分的准备活动，以防发生痉挛而引起意外事故。

（四）组织学生课外游泳活动，要根据学生的身体条件、年龄、性别和游泳基础以及游泳活动场所的具体情况等，精心设计和挑选游泳活动的内容，精心组织和实施，使学生在内容丰富、形式多样、趣味健康的游泳活动中锻炼身体，陶冶情操。

（五）定期举办游泳运动专题知识讲座，使学生明确游泳运动的意义和作用，激发学生参与游泳的欲望，培养游泳锻炼的兴趣，掌握游泳锻炼的基础知识与方法，使学生养成科学锻炼的习惯，为游泳能够成为学生终生体育的项目奠定基础。

（六）学校游泳活动可在盛夏或暑期进行，也可组织年龄稍大的高中生、大学生到江河湖海游泳，将游泳锻炼与旅游、社会实践和考察结合起来，丰富假期的课余生活。

（七）有游泳池馆设施的学校，应该有计划、有组织地进行长年游泳活动，并对游泳技术好、身体素质强并具有游泳潜力的学生进行系统的游泳训练。

三、冬泳活动的组织与指导

冬泳时，最好有组织地集体进行，不要单独活动，以确保安全。在组织冬泳活动时要考虑：

（一）选择好冬泳的水域，有条件时最好在游泳池内进行。如果是在天然水域里进行冬泳，下水前一定要选择容易下水和容易上岸的起点与终点，以便冬泳后身体可能不灵活时方便上岸。

（二）冬泳前要准备好大毛巾，起水后要迅速将身体擦干，并穿好衣服。更衣处应选择在避风的地方，以免身体热量过度散失。下水前要认真做好准备活动，拉伸肌肉，以防肌肉抽筋。

（三）在冰凌多的江河里冬泳，下水时不要猛跳，入水后不要潜泳，以防陷入冰层下或被冰割破皮肤。

（四）参加冬泳锻炼一定要从秋天开始过渡到冬天，使身体有一个适应过程。切不可三天打鱼两天晒网，贵在持之以恒。

（五）入水前如身上有汗或体表温度过高，不要急于下水，待把汗擦干后，过一会儿再下水，让身体对寒冷有一个适应过程。

（六）每年冬泳前，应该去医院进行一次体格检查，心、肺、肝、脾功能不健全者，以及患有心脏病、高血压、皮肤病等疾病者，不宜参加冬泳。

（七）空腹、饱食时都不要进行冬泳，酒后严禁冬泳。冬泳后也切忌饮酒取暖。

（八）冬泳每次锻炼的时间不宜过长，要针对个人的身体情况和气温、水温的变化，要因人制宜，量力而行，本着适度适量的原则，确定冬泳的游距和持续时间。一般冬泳的时间在 2 ～ 5 分钟。

（九）要注意自己的身体变化，特别是有些潜伏性的疾病和危险因素，应尽早引起警惕。患病或身体不适应期间应立即停止冬泳，即便是轻微的感冒也同样。

（十）冬泳时，要时刻注意自身的反应，在水中出现的第一次冷的感觉（全身寒冷手指尖麻木），这是回岸的信号。第一次寒冷感觉减轻或消失后，过一会儿，再出现第二次寒冷的感觉，这时应该立即起水，迅速上岸保暖（也可以喝热姜茶，以利恢复体温）。

（十一）冬泳每次锻炼后，特别是第二天，如有心跳加快、心律不齐、头部胀痛、食欲不振、恶心等不良反应时，应立即停止冬泳，并去医院请医生诊断和治疗，待恢复正常后再继续冬泳。

（十二）女子在月经期间不要冬泳，最好在月经来到前1～2天就停止冬泳锻炼。月经过后2～3天，运动量也应比平时小些，要慢慢地恢复到正常的运动量。

四、到江河湖海游泳的组织与指导

我国幅员辽阔，到处都有江河湖泊，而且海岸线很长，到江河湖海去游泳，在我国已经是一个传统的体育锻炼的项目。

（一）到江河湖海去游泳，除了在专门的湖边、海滩的游泳锻炼、健身、娱乐场所外，也可以有组织地进行渡江、渡海和长游活动。但是不要单独到没有开辟的天然水域去游泳。

（二）到江河湖海去游泳，要充分做好安全救护工作。首先要培养或选派游泳技术好、责任心强的人员，担任安全救护工作。其次要准备好救护器具，如救生圈、救生船，以及必要的救生药品如氧气袋、强心针等。救护人员要时刻跟随游泳者，不可远离他们。

（三）到江河湖海去游泳，要加强对游泳者的组织纪律的宣传，要求听从指挥，强调集体行动。同时，要进行在江河湖海里游泳的安全教育。

（四）到江河湖海去游泳，要详细了解准备游泳的水域情况，如水的深浅、清浊、温度、质量、流速、涨退潮的时间，以及水底有无淤泥、乱石、木桩、暗礁、旋涡、锋利物及丛生的水草和伤人的鱼等。在游泳区域内要有明显的标志线，并且标明深水区、浅水区、安全区、危险区等。在哪里下水、哪里上岸都要在事先有明确的规定。

（五）如果组织横渡和长游，一定要增加救护人员，并且要对参加横渡或长游者预先进行培训，提高他们的游泳技术，经过测定后才可以进行。在进行过程中，可把参加者分成若干小组，每组3～4人为宜，每组都应设一名游泳技术好、责任心强的人员担任组长。

（六）组织横渡活动时，一定要严格测试水流的速度，选择便于下水和上岸，没有锋利物、坡度较平的水域作为起、终点。起点设在上游，终点设在下游，根据水流的速度确定起、终点的距离。下水后体力较好，应先做斜向逆水游，然后再顺水流游向对岸，达到终点。

五、残障人游泳活动的组织与指导

目前，残障人的各类体育竞赛正在世界各国蓬勃开展，残障人的游泳比赛也已列入了正式比赛制度。残障人参加游泳锻炼，可以给他们提供一个娱乐、体育锻炼和社会活动的场所，而且还可以使他们的身体和心理障碍得以消除。

（一）残障人游泳锻炼的特点

在水中进行锻炼，可以治疗疾病，促进形态功能、身体技能、心理功能的恢复。其特点是根据致残原因和残障人功能的情况，选用科学的、合适的方法，制订切合实际的运动量来治疗疾病与创伤，力求使他们及早恢复生活和劳动能力。残障人游泳与普通人游泳锻炼相比，具有一定的特点：

1．主要用于治疗生理上、形体上或活动功能上有缺陷或障碍的人。在具体实施过程中，应对活动形式和运动量有严格的选择。

2．组织残障人参加游泳锻炼，要充分调动他们的主观能动性，必须由残障人自我锻炼和自我治疗，以利于提高身体对各种功能的调节和控制能力，矫正体形的缺陷。

3．由于游泳是属于全身肌肉都参与活动的运动项目，所以残障人参加游泳锻炼，不仅仅是局部治疗，而且是全身的治疗。在水的特定环境的作用下，使全身肌肉都能进行很大的活动，又对全身各器官系统功能的改善起到积极功效，有利于加快功能恢复，尽量消除或减轻功能障碍，充分提高残存肢体利用的能力。

（二）残障人游泳活动的组织与指导

对残障人的游泳锻炼指导与对健康人的有所不同，除了有与正常人一样要按照一定的游泳锻炼规律进行指导外，还必须根据参加游泳锻炼的各类不同伤残程度，按其特点进行有针对性的指导。

1．组织残障人游泳锻炼，首先要把安全放在首位。对他们来说，即使只有 20 厘米的水深，也会因跌倒而呛水发生意外事故。必须使参加者能在水中无危险地、独立地、积极地进行活动。

2．身体残障人，他们不仅缺乏运动的实践，更缺少在水中的体验，特别是在初次参加游泳活动时，一定要在指导人员的监督下或陪同人员的协助下，沿着游泳池的阶梯入水和出水。同时要学习如何保障自己安全和发生意外事件时呼救的方法。

3．由于人在水中会受到重力与浮力、重心与浮心的影响，残障人不能如同正常人那样可以利用四肢活动位置的变化，获得身体平衡，他们可能缺少肢体或肌肉力量，不能自如地控制四肢的活动而使水中平衡能力受到限制，很容易发生意外事故。所以，指导的重点应放在控制身体在水中平衡的能力上。

一般说，对残障人游泳的指导也要求先熟识水性，让他们习惯水、掌握水、驾驭水。通常的方法是使他们尽情地玩水。具体方法可以参照表 7－1 的内容。

表 7－1　各种不同要求熟识水性的练习

	习　惯　水	掌　握　水	驾　驭　水
熟识水性练习	玩水	扶池边行走	团身漂浮
	用脚打水、踢水	扶池边水中换气	水中连续跳跃
	用手泼水	水下视物	水中上下沉浮
		相互拉手行走	潜水
		水中跳跃	水中游戏
		水中漂浮	俯卧漂浮滑行
		水中游戏	仰卧漂浮滑行
			水中体操

4．由于各类残障人伤残的肢体与程度不同，要用不同的水中运动方法来进行指导。

第一类，辅助运动。利用水的浮力，可以有效地减轻身体重量对肢体的负荷，当肢体和躯体沿着浮力的方向运动时，浮力将对运动起辅助作用。这样，平时在空气中抬不起来或不易抬起来的肢体，在水中就可以活动了，能给患者以良好的心理影响，并且还可以使患者得到锻炼的机会。

第二类，支托运动。当肢体浮起来在水面做水平运动时，肢体则受到向上的浮力支托，其重力下垂的力被抵消，由于没有必要去抵抗重力，肢体做水平方向的活动容易得多，这不仅有利于肢体的活动，而且能使关节和肌肉的活动范围达到最大的程度。

第三类，抗阻运动。当肢体运动的方向与浮力方向相反时，浮力就成为肢体的一个阻力，这时肌肉的活动，就相当于阻抗运动，其阻力与运动方向相反，可以通过增加运动的速率或用器具增大肢体的面积，以达到抗阻运动的目的。

为了更好地指导残障人的游泳活动，要根据生物力学和流体力学、学习心理学和教育心理学，来选择他们的活动形式及学习一些比较容易学会的技术。表 7－2 是根据各类不同伤残状况，适合学习和锻炼的游泳项目。

表 7－2 不同类型残障人适合学习和锻炼的游泳项目

残障种类		爬泳	仰泳	蛙泳	反蛙泳	蝶泳
肢体残障	上肢	+	+	－	+	－
	下肢	＋ ＋	+	－	+	－
肌肉障碍		－	+	－	+	－
大脑损伤		－	+	－	+	－
内脏损伤		－	+	－	+	－
视力障碍		＋ ＋	+	+	+	+
听力障碍		＋ ＋	+	+	+	+
学习能力障碍		＋ ＋	+	+	+	+
智力障碍		+	+	+	+	－
心理障碍		＋ ＋	+	+	+	+
综合障碍		+	－	－	+	－

注：－，表示不宜参加；＋，表示可以参加；＋ ＋，表示非常有效。

5．在指导残障人游泳锻炼时，注意以下事项：

（1）学习各种动作，要从陆上模仿练习开始。

（2）指导者要先下水，在组织游泳时要始终与参加锻炼者在一起。

（3）初参加游泳锻炼者，在初期阶段一定要在指导人员或家属的协助下安全入水，以免发生事故。

(4) 一名指导人员，一次指导残障人游泳最多是10人，不宜过多。

(5) 要充分利用辅助器具，并要教会锻炼者正确使用的方法。

(6) 要明确锻炼者活动的范围。

六、中老年人游泳活动的组织与指导

中老年人参加游泳活动有着不同的目的，有的为了参加成人游泳比赛，有的为了娱乐和休闲，也有的为了病后的康复等，但是不管怎样，都是可以增进健康。为了使中老年人更好地进行游泳锻炼，达到防病强身的目的，必须根据中老年人的生理特点进行游泳锻炼。

中老年人进行游泳锻炼时，要根据不同年龄和身体状况，有步骤、有计划、有节制地进行。对开始学习游泳的中老年人，也要从熟识水性开始，然后学习游泳基本技术。对已经会游的人，主要以增加距离的慢速游泳进行锻炼，这样对提高心脏、血液循环系统的机能效果较好。对他们游泳锻炼的时间与距离，可以根据中、外中老年人游泳锻炼的标准进行控制（表7-3）。

表7-3　中、外中老年人游泳锻炼的标准参照表

中国				外国			
年龄	每周次数	每次游量（米）	连续游距（米）	年龄	每周次数	每次游量（米）	连续游距（米）
30~40	3~4	1000~1500	800				
40~50	3~4	800~1000	600	40~50	3~4	1000~1200	800
50~60	3~4	600~800	400	50~60	3~4	800~1000	600
60~70	2~3	400~600	200	60~70	2~4	600~800	500
70以上	2~3	300~400	100~200	70以上	2~3	500~600	300~400

中老年人在进行游泳锻炼时，不仅要控制游泳的距离，更重要的还要控制游泳的强度，随时根据自己的身体反应和变化，有节奏地、科学地进行锻炼。最容易掌握的方法是测试自己的心率，心率的变化最容易反映出运动负荷对人体的影响。测试运动后的即刻心率，以此来检查运动负荷及强度的大小。

有资料表明，以增进健康和体力为目的的游泳锻炼，按60%的运动强度时的心率是最适宜、最安全的。各年龄段的运动强度与心率可以参照表7－4。

表7－4 运动时各年龄段运动强度的心率对照表

强度% 心率 年龄	50	55	60	65	70	75	80	85	90
30	125	131	138	144	151	157	164	170	177
35	122	128	135	141	147	153	160	166	172
40	120	126	132	138	144	150	156	162	168
45	117	123	129	134	140	146	152	157	163
50	115	120	126	131	137	142	148	153	158
55	112	117	123	128	133	138	144	149	154
60	110	115	120	125	130	135	140	145	150
65	107	112	117	121	126	131	136	148	145

身体虚弱者最好不超过适宜的运动强度，对有疾病的中老年人及妇女，应考虑他们的特点，适当地控制在低于表7－4中要求的强度为宜。

在指导中老年人游泳锻炼时还应注意以下事项：

（一）对初学的中老年人，一定要加强安全保护，最好有人陪伴。

（二）游泳前要认真地做好陆上准备活动，使身体各部位和器官都得到活动，特别是四肢各关节的活动一定要充分，使身体感到有暖意。

（三）身体有汗时，不要立即下水，应该擦干后再下水。

（四）下水后不要一下子提高运动强度，一定要量力而行，逐步提高。尤其是初学者，在水中停留的时间不宜过长，一般以15～30分钟为宜，学会后再慢慢延长时间。

（五）游泳完毕上岸时要及时擦干身体，不要在风口处停留，避免感冒。

（六）如游泳后还要进行日光浴，则选择在上午10～11时、下午3～4时为宜，并搽抹防晒油。

（七）在天然水域进行游泳时，一定要了解水的深度、水下情况、涨落潮的时间，最好选在缓流河的上游。

（八）最好每次都按规定的时间进行游泳锻炼，形成规律。

七、孕妇游泳锻炼的组织与指导

在怀孕期间进行游泳锻炼，已经被世界上许多国家的妇女所接受。在中国由于受传统观念的影响，还没有被大多数的孕妇接受，但是，在我国的一些大城市中，已经有孕妇在专业人员或医生的指导下进行游泳锻炼。

（一）孕妇进行游泳活动的作用

孕妇参加游泳活动能增加心率、心输出量、肾和子宫的血流量及肺的换气量。孕妇进行游泳活动，使腰腹部、腿部的肌肉得到了锻炼，增强了体质，有利于正常的分娩。前苏联的科学家曾经作过一个有趣的实验，他们不仅定期组织孕妇参加游泳，还让孕妇在游泳池的水中分娩，结果孕妇的分娩都十分顺利。2004 年我国首例水中分娩的婴儿在上海诞生，这充分说明孕妇进行游泳锻炼不仅能增强体质有利于分娩，而且水中分娩同样适合中华民族的妇女。孕妇参加游泳活动的作用主要有以下几个方面：

1．由于游泳时身体姿势的改变、肌力增加，可以改善局部的循环动态，起到预防腰痛的作用。

2．由于孕妇的下半身会有淤血，会引起懒倦、下肢浮肿、痔疮的症状发生，经常参加游泳的孕妇，这些症状都会得到改善。

3．孕妇参加游泳锻炼可以起到放松和用力呼吸的作用。

4．进行游泳锻炼的孕妇可以在一起交流，在精神和心理上得到安定感。

（二）孕妇参加游泳的组织与指导

1．水温应该控制在 30℃左右（必须在 28℃以上）。

2．最好在 11～14 点的时间游泳。

3．每周参加游泳的次数一般掌握在 2～3 次，不宜过多。

4．每次游泳不要超过 1 个小时。

5．游泳距离控制在 300～700 米。

6．孕妇参加游泳可以采用爬泳、蛙泳、仰泳、蝶泳等任何姿势（腰的屈伸运动可以起到预防腰痛的作用），潜水时憋气时间不宜过长（50 秒钟内）。

7. 孕妇参加游泳前应进行妇科诊断及向有关医生请教，有下列情况的不可进行游泳：

（1）有妊娠中毒症、多次流产、早产等情况者应禁止参加游泳。

（2）有流产、早产、颈管无力症、子宫畸形、子宫肌瘤、多胎等既往病史的，应该避免参加游泳活动。

（3）如妊娠数周有子宫口开大、胎位下降、妊娠中毒、破水等者，也不要游泳。

第三节　游泳锻炼与休闲的手段和方法

提起游泳锻炼，可能有些人只想到竞技游泳姿势，实际上游泳锻炼包括了丰富多彩的各种水上健身运动。

近年来，通过水中运动进行锻炼的人越来越多，使得水中健身成为一种时尚的休闲活动。水上锻炼的手段与方法很多，选择哪种水中运动形式应根据练习者的游泳水平、身体状况和锻炼目的而定。以下介绍几种水中的健身运动。

一、水中游戏

水中游戏应根据游泳活动的目的进行选择，所选的游戏内容要考虑参与游戏者的年龄、性别、生理和心理特点及水中活动的能力。如活动的目的旨在得到体力上的恢复和情绪上的调节，可以选择轻松、趣味性较强的游戏；如为了提高某种技术或发展某项素质，可以选择具有竞争性或对抗性的游戏。

进行水中游戏首先要考虑安全的因素。选择游戏场地要了解游泳池池底是否平整不滑，所用器材有无尖角和锐利边缘。游戏场地范围内，不能有危险物件或因素，以防发生伤害事故。

（一）水中游戏举例

1. 水中赛跑

两名以上的练习者成一横排站立在浅水中，听到口令后向前跑，比谁先跑到对岸。人数多时也可以进行分组接力。

2．火车赛跑

分成若干组，每组成一路纵队站立水中，后者双手搭在前者肩上（图7－1），听口令开始前进，比哪组最先到达对岸。

图 7－1

3．逆向转圈

练习者分成内、外两圈，手拉手站立于浅水中（图7－2），开始时内圈顺时针、外圈逆时针转动，听到口令后内圈逆时针、外圈顺时针转动。

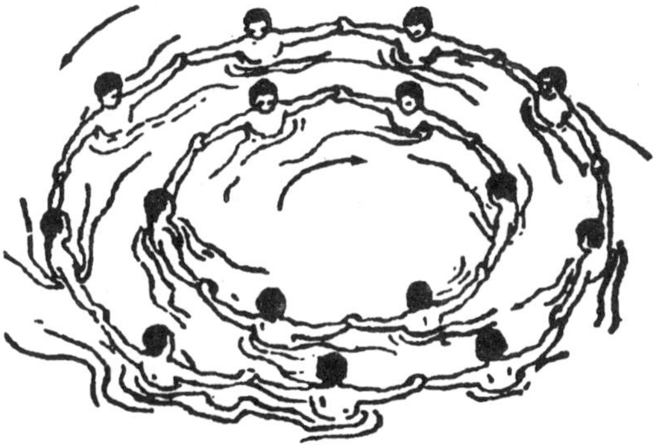

图 7－2

4．穿山洞

练习者分成若干组，各成两行，面对面拉手上举两臂，形成“山洞”状

(图 7－3)。从排头起一对一对地从“洞”中穿过，到“洞尾”再接成“洞”。最后一对先出“洞”的为胜方。

5．结网捕鱼

指定一人当“渔夫”，其他人散开当“鱼”。“渔夫”逐个地抓“鱼”，每抓到一个即与“渔夫”手拉手结成“网”一起去“捕鱼”(图 7－4)，直至将“鱼”捕尽。

图 7－3

图 7－4

6．吹乒乓球

站立水中，面前放一个乒乓球。深吸气后对准乒乓球用力吹气（图 7－5)，把乒乓球吹向前，比谁将乒乓球先吹到对岸。这个练习可帮助体会用力呼气的动作要领。

图 7－5

7．跷跷板

两人一组，面对面手拉手站立浅水中，练习时，一人蹲浸水中至没顶，另一人站立看同伴，两人交替进行上述动作，一组 10～20 次。

8．头顶球前进

成一列横队站立浅水中，每人面前放一个橡皮球。听到口令后，脸浸入水中，以头顶球前进。以先到达终点者为胜。

9．水底寻物

在浅水区把硬币或石子扔入水中。听到口令后即潜入水中，睁开眼睛拾起硬币或石子。比谁捞起的硬币或石子多。

10．猎鲨鱼

分成两组，其中一组分成两列，相距约 15 米站立于浅水中，另一组分散在中间当“鲨鱼”。外面的组用球掷中间的“鲨鱼”，“鲨鱼”可以钻入水中躲避来球。凡被球击中的“鲨鱼”即退到边上。将“鲨鱼”猎尽后两组交换。

11．打水仗

分成两组在浅水中相对站立，两组间距约 1 米。听到信号后用手朝对方撩水（图 7－6）。要求不能前进也不能后退，不准用手捂脸或转身背向对方。体会在满脸淌水的情况下进行快速短促的换气。

图 7－6

12．抓水怪

两人一组站立浅水中，相距 2 米以上。一人当“水怪”四处逃窜；另一人拿“藤圈”抓“水怪”，用圈把“水怪”圈住才算抓到，然后交换角色练习。

对于有游泳技术基础的游泳者，应设计一些深水区的游戏。具体方法有两种：一是把浅水区的游戏改为深水区的游戏，如运球比赛、水底寻物、抓水怪等；二是针对深水的特点设计，如各种泳式的打腿、配合游比赛或接力、障碍游、移动踩水比赛等。

（二）水中游戏应注意的事项

1．水中游戏的选择与设计要有针对性。游戏的难度、强度、趣味性要符合游戏者的年龄、性别、游泳技能、身体健康情况等特点，使游戏者既能完成游戏又能在游戏过程中使身心得到锻炼和陶冶。

2．做水中游戏前要详细讲解游戏方法、规则、要求和注意事项（尤其是安全方面），同时要认真准备和布置场地器材、安排好裁判人员等，保证游戏顺利进行。

3．水中游戏进行中，裁判要严格执行规则，使游戏者在公平的竞赛中享受游戏所带来的乐趣，不能使游戏者因执法不公而影响情绪。

二、水中健身操

水中健身操有多种锻炼形式，依据练习者不同的身体状况和不同的游泳水平，可以选择不同形式的水中健身操。例如不大会游泳的人，可以扶着池边，做一些柔软和伸展的简单动作；游泳技术一般的人，可以站立水中，和着拍子或音乐做一些有难度的动作——站立式水中健身操；四种游式都游得不错的人，可以浮游在水中，伴随着音乐有节奏地做一些变形的竞技游泳动作——韵律游泳（节奏游）。无论采用哪种形式的水中健身操，都要注意掌握好运动量。一套健身操从头到尾做完一遍后休息 2～3 分钟再重复做，运动后的即时心率：老年人应控制在 120～140 次/分，年轻人应控制在140～160 次/分，每周锻炼 2～3 次，每次坚持活动 30 分钟左右。持之以恒才能达到健身的目的。

设计水中健身操的每一个动作时，都必须考虑水对身体产生的影响。例如站立进行练习，水越深对人体的浮力越大，对动作的速度会产生妨碍作用；水越深，阻力也会越大，用力程度也要增加。通常扶池边的健身操比站立水中的健身操强度低些，原地的动作比移动位置的动作强度低些，诸如这些因素，都会影响练习者的运动强度。因此，设计水中健身操的动作时，要有效地应用水的特性，提高运动效果。

（一）水中健身操的创编

水中健身操的创编应根据教学对象的特点和需求，充分利用水这一特定环境，选择适宜的音乐进行总体构思和创编。水中健身操一般由10多个具有不同锻炼功能的联合动作构成，每个联合动作中有2~4个核心动作以及必要的连接动作，约2~4个8拍。每个联合动作根据健身的需要和音乐特点都可重复4~8次或更多。全套动作有开始动作、中间动作和结束放松动作。依据动作的性质、速度、幅度和运动强度确定成套动作的时间，一般在5分钟左右。

在创编过程中，首先要考虑不同对象的年龄、性别、身体状况、职业等特点，以及他们的不同需求，进行有目的、有针对性的创编。如根据不同练习者的接受能力，选择的动作应该难易相兼。还应该结合对象的生理心理特点、场地条件等，如儿童健身操的动作应自然活泼、造型优美、易于模仿；而动作刚健有力、健美大方、节奏明快的健身操则适合青年；针对老年人的健身操则应动作简单、速度缓慢、易于重复练习。

第二，要考虑身体的全面发展。应选择使身体各部位肌肉、关节、韧带和内脏器官得到全面发展的动作，多考虑动作的强度和影响哪些肌肉和关节的问题；并且要注意肢体的对称发展，动作幅度、速度、节奏的合理变化；动作设计，包括动作的路线、表现形式和连接，以及成套动作运动方向和队形的变化等，都要体现价值性、艺术性；必须遵循人体运动的生理规律，运动负荷应由小到大再逐渐下降，呈波浪式变化，要由局部到全身，速度由慢到快。

第三，音乐是水中健身操的一个重要元素。在优美的音乐伴奏下，进行水中健身操锻炼，享受着运动的乐趣。一般水中健身操选择符合动作韵律、节奏的音乐，也有选择旋律优美、流畅、音质悦耳、节奏欢快的歌曲或乐曲作为伴奏，通过音乐表达确定成套操的动作风格。音乐选配有三种方法：一是先选乐曲，再按音乐的节奏、特点和段落来设计动作；二是先编好水中健身操，再请专家谱写乐曲，根据成套动作的节奏、风格、高低起伏配制乐曲，达到更加理想的效果；三是先编好动作，后选乐曲，根据已编好的成套动作选择相应的乐曲相配，这就需要修改不符乐曲的动作，使音乐与动作和谐一致。

第四，创编水中健身操必须突出在“水”中运动的特点，充分利用水的浮力、阻力等特性设计动作，发挥在水环境中运动的优势；动作设计要不断创新，要力求新颖、独特和实用，符合健身要求；动作素材来源要善于从其他体育活动、生活中寻找和发现，加以改进创编出各种各样、优美大方、益于身体锻炼的水中健身操。

水中健身操成套动作创编步骤，是先确定目的和任务，再设计动作、选择音乐，然后串联、记写成套动作，最后试做并修改成套动作。创编的具体步骤和方法可参考陆上健身操的创编。

（二）水上健身操举例

1. 扶边式水上健身操

第一节，准备运动（图 7－7）

预备姿势：两脚分开与肩同宽，右手扶池边，左手叉腰。

① 两腿屈膝。② 两腿伸膝。③同①。④同②，⑤—⑧换左手扶池边，右手叉腰，重复①—④。

图 7－7

第二节，上肢运动（图 7－8）

预备姿势：右手扶池边，左臂在体侧外展，并置于水面。

① 左臂的肘关节微屈，掌心朝内，以掌心领先，从外侧向内侧划动，两腿同时屈膝。② 左手保持掌心朝内，以掌背领先，从内侧划动至外侧，两膝伸直，还原成开始姿势。③同①。④同②，⑤—⑧左手扶池边，动作同①—④，方向相反。

图 7-8

第三节，下肢运动（图 7-9）

预备姿势：右手扶池边，左臂置于体侧。

① 左腿直腿向前摆动，左手在体侧向后划动。② 还原预备姿势。③ 左腿直腿向后摆动，左手在体侧向前划动。④ 还原预备姿势。⑤—⑧左手扶池边，动作同①—④，方向相反。

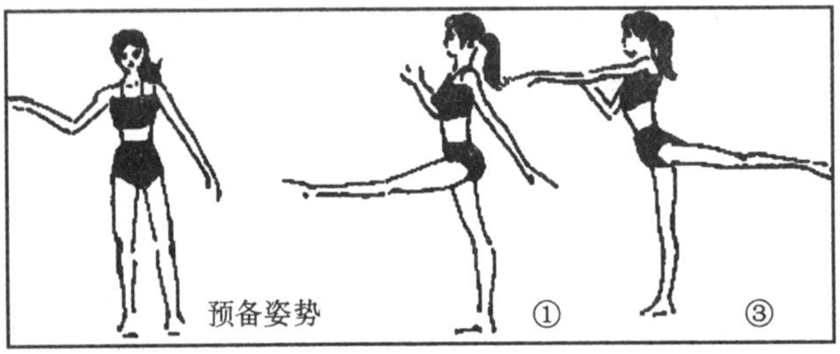

图 7-9

第四节，体侧运动（图 7-10）

预备姿势：两脚开立与肩同宽，右手扶池边，左臂置于体侧。

① 左臂从体侧上举成侧弯腰姿势。② 左臂举到最高点尽量伸展，停留

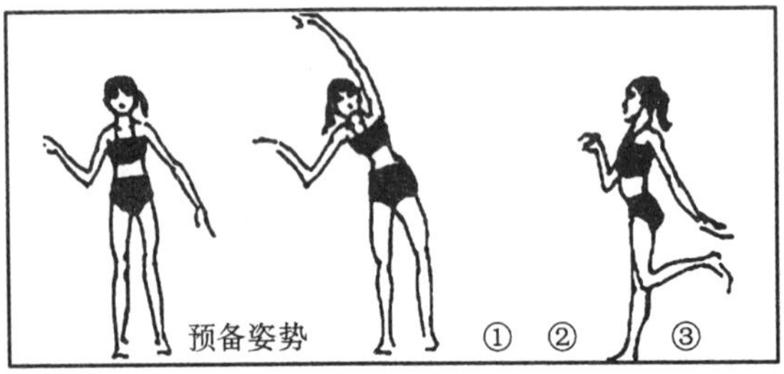

图 7-10

一拍。③ 左手臂从头上方下摆至体侧的水面，同时左腿屈膝屈踝向侧抬起。④ 还原预备姿势。⑤—⑧左手扶池边，右手右腿动作同①—④，方向相反。

第五节，膝踝运动（图 7－11）

预备姿势：两脚开立，右手扶池边，左手叉腰。

① 左腿上抬至与水面平行。② 向内屈膝勾脚。③ 伸直膝盖和脚尖，向前抬腿至水面平行。④ 还原预备姿势。⑤—⑧左手扶池边，右手、右腿动作同①—④。方向相反。

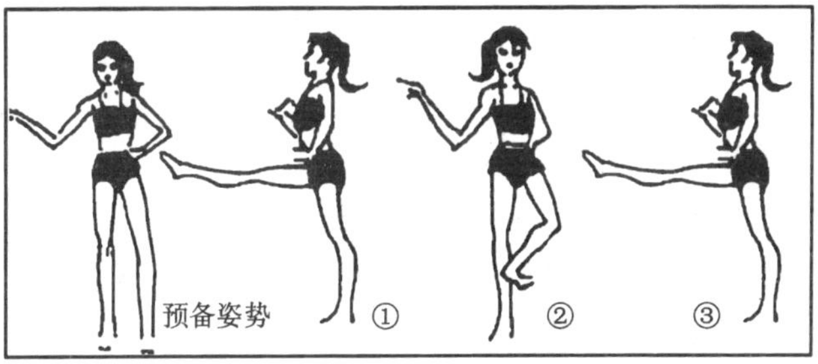

图　7－11

第六节，平衡运动（图 7－12）

预备姿势：左手扶池边侧身站立。

① 右腿直腿抬至与水面平行，右手向后划至臀部的后下方。② 右腿从体前沿水平面经体侧向后摆动，同时右手在水中向前划动至水面。③ 保持身体的水平状态停留一拍。④ 还原预备姿势。⑤—⑧右手扶池边，左手、左腿动作同①—④，方向相反。

图　7－12

第七节，腰腹运动（图 7－13）

预备姿势：背向池边站立，两手在体后扶池边。

① 向前挺髋。②③髋关节向右做两次360°的转动。④ 挺胸收腹。⑤—⑧同①—④，动作相同，方向相反，向左做两次360°的转动。

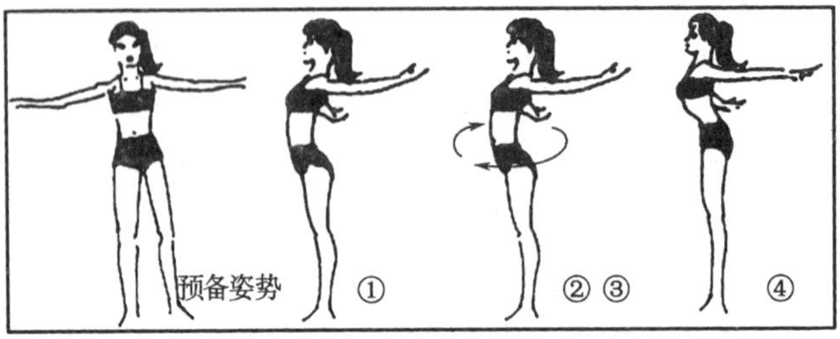

图 7－13

第八节，踢腿运动（图7－14）

预备姿势：背向池边站立，两手在体后扶池边。

① 右脚向内上方用力踢腿。② 还原站立姿势。③右脚向内上方用力踢腿。④ 还原站立姿势。⑤—⑧踢左腿，动作同①—④。

图 7－14

第九节，腰腹运动（图7－15）

预备姿势：背向池边站立，两手直臂外展撑池边。

图 7－15

①两腿并拢抬至水平面。②两腿向外分开。③两腿向内并拢。④还原成预备姿势。⑤—⑧同①—④。

2．站立式水上健身操

第一节，准备运动（图 7－16）

预备姿势：两脚稍分开站立水中。

前 2×8 拍水中原地踏步，两臂直臂前后摆动；后 2×8 拍变高抬腿踏步，两臂屈肘前后摆动。

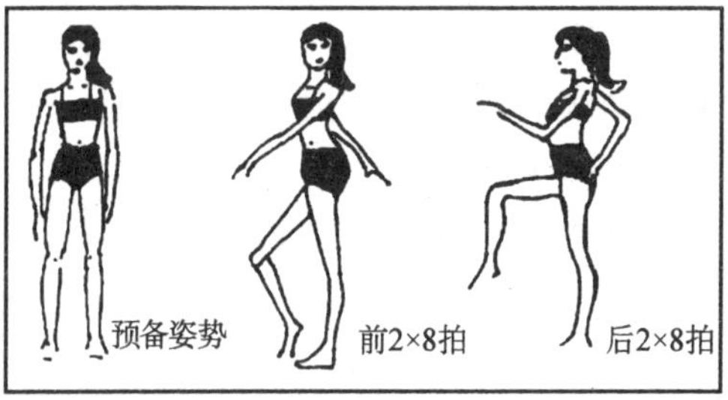

图　7－16

第二节，扩胸运动（图 7－17）

预备姿势：两脚稍分开站立水中。

① 两手握拳，拳心相对，屈肘置于胸前，屈膝、含胸、收腹。② 两手张开手背朝外，外划至身体侧后并伸直膝盖，挺胸挺腹。③ 还原成①的动作。④ 重复②的动作。⑤—⑧重复①—④的动作。

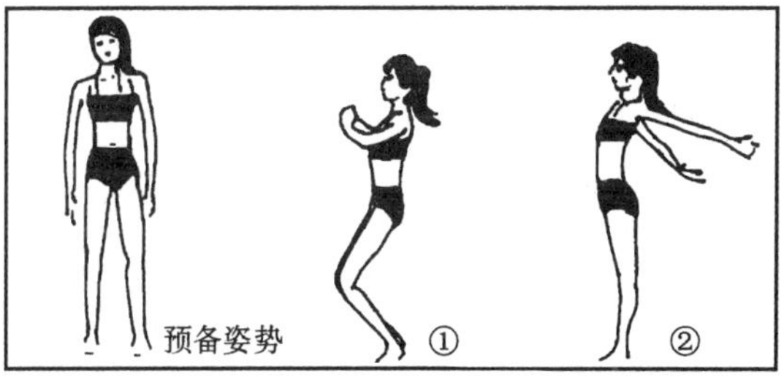

图　7－17

第三节，上肢运动（图 7－18）

预备姿势：两脚前后分开成小弓步站立，两肘微屈置于体侧，掌心朝前。

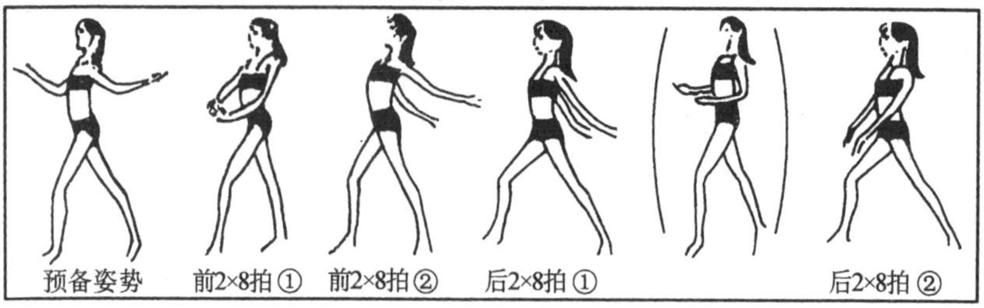

图 7－18

前 2×8 拍：① 两臂同时向内划手至体前，掌心相对。② 两臂同时向外划手至体侧，还原成预备姿势。后 2×8 拍：① 两臂屈肘经腰部（括号内动作）做掌心朝后的向后划水。② 两臂屈肘经腰部做掌心朝前的向前推水。

第四节，体转运动（图 7－19）

预备姿势：两脚开立成小弓步，两臂置于体后，掌心朝上。

①屈膝使水面升至胸部，两臂向左划动，身体同时向左转动。当两手划至腰左侧时左手掌心朝前，右手掌背朝内，伸直膝关节。② 向反方向重复①的动作。③④、⑤⑥、⑦⑧重复①②动作。

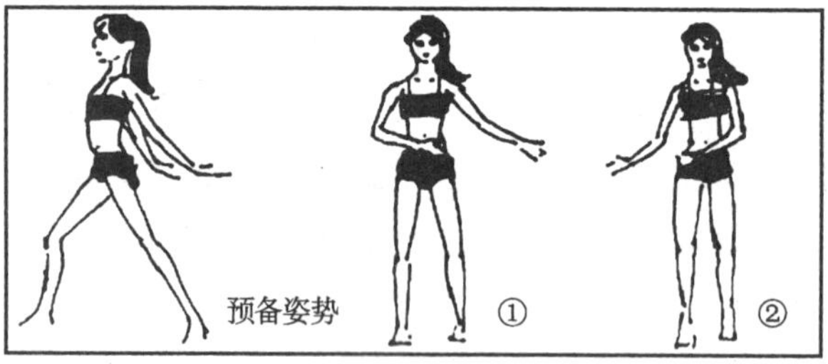

图 7－19

第五节，体侧运动（图 7－20）

图 7－20

预备姿势：两脚开立，两手叉腰。

前 2×8 拍：① 右手臂从体侧上摆至头上方，身体向左侧弯腰。② 右手臂从头上方下摆至体侧，身体向右侧弯腰，手触膝盖。后 2×8 拍：① 左手臂从体侧上摆至头上方，身体向右侧弯腰。② 左手臂从头上方下摆至体侧，身体向左侧弯腰，手触膝盖。

第六节，下肢运动（图 7－21）

预备姿势：两脚稍分开站立水中。

① 右腿向左上方踢水，踢至水花出水面。② 右腿还原预备姿势。③ 左腿向右上方踢水，踢至水花出水面。④ 左腿还原预备姿势。⑤—⑧重复①—④动作。

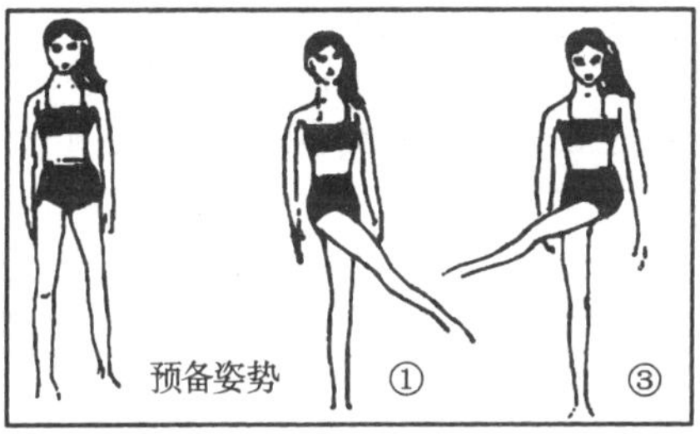

图　7－21

第七节，平衡运动（图 7－22）

预备姿势：两脚稍分开站立水中。

①左腿伸直向前抬起，两手在体侧划动帮助维持身体平衡。②左腿屈膝外转，勾脚。③经左侧向后摆动成燕式平衡姿势，两臂在体前划动。④ 还原预备姿势。⑤—⑧换成右腿，重复①—④动作。

图　7－22

第八节，跳跃运动（图7－23）

预备姿势：两脚稍分开站立水中。

前2×8拍：① 左腿向45°的方向跨步，右脚蹬池底后离地，同时两肘微屈向外划水，掌心向前。② 左腿回跳还原并腿姿势，同时两臂内划，两手成拍掌状。后2×8拍：① 右腿向45°的方向跨步，左前脚掌蹬池底后离地，同时两肘微屈向外划水，掌心向前。② 右腿回跳还原并腿姿势，同时两臂内划，两手成拍掌状。

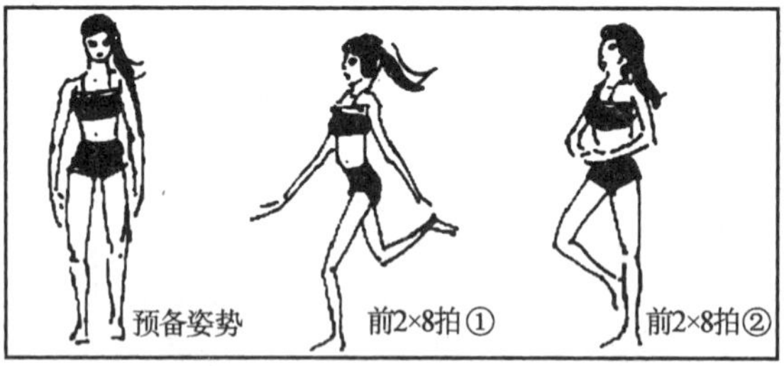

图 7－23

第九节，整理运动（图7－24）

预备姿势：两脚稍分开站立水中。

① 左脚向左侧跨一大步，两臂外展。② 右脚向左侧跨一小步成开立，两臂收至体前。③④重复①②。⑤ 右脚向右侧跨一大步，两臂外展。⑥ 左脚向右侧跨一小步成开立，两臂收至体前。⑦⑧重复⑤⑥。

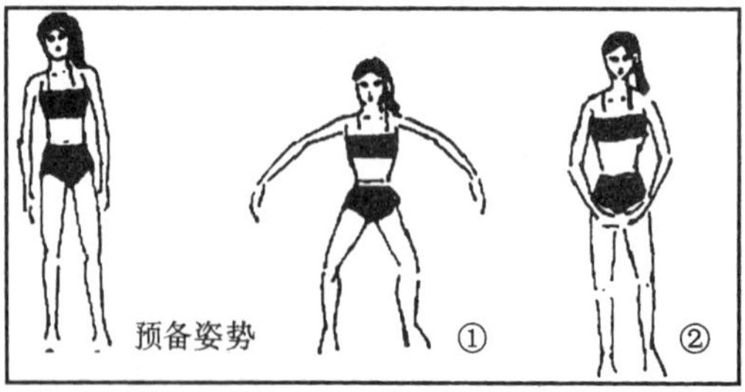

图 7－24

3．韵律游泳（节奏游）

韵律游泳可以按拍子或音乐做个人练习，也可以与同伴配合变换队形地进行练习。韵律游泳的变化很多，可随意把四种泳式的基本动作进行组合，变化出不同的花样泳式。

练习韵律游泳可循以下的步骤：

第一，陆上按拍子做模仿练习；

第二，在水中行走，按拍子做陆上已经练习的模仿练习；

第三，在水中游进，学习动作；

第四，动作熟练后，按拍子或音乐进行练习；

第五，与队友结伴成队形，配乐练习。

（1）抬头蛙泳韵律游（图 7－25）

预备姿势：身体俯卧，臂腿伸直，头肩露出水面。

① 两臂做蛙泳划手收至胸前，挺胸抬头，向左转头吸气，收腿。

② 两臂向前伸出，挺胸抬头，目视前方，蹬夹腿。

③ 两臂做蛙泳划手收至胸前，挺胸抬头，向右转头吸气，收腿。

④ 同②，两臂向前伸出，挺胸抬头，目视前方，蹬夹腿。

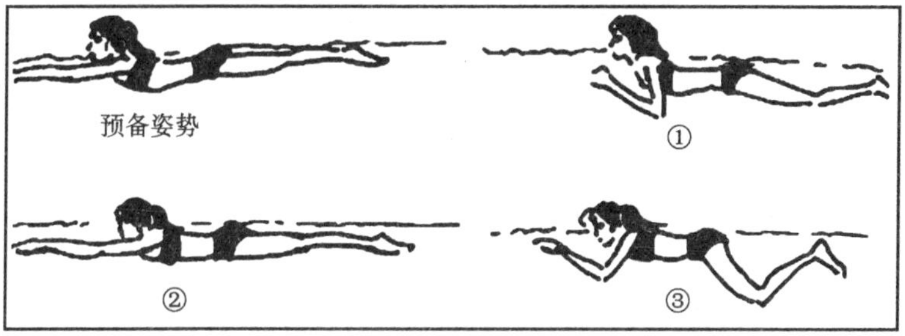

图　7－25

（2）直臂爬泳韵律游（图 7－26）

预备姿势：身体俯卧，头、肩露出水面。

两臂做爬泳的直臂划手，两腿做爬泳打腿动作或蛙泳蹬腿动作。

① 挺胸抬头，目视前方，左臂前伸，右臂向后划至贴近水面，掌心朝上，两腿在水下做爬泳打腿或蛙泳收腿。

② 保持①的姿势，右掌心转向前。

③ 右臂伸直，紧贴右耳向前移臂。

④ 右臂与左臂在水面并拢前伸，两腿在水下打腿或蹬夹腿。

⑤⑥⑦⑧ 换另一臂重复①②③④。

图 7－26

(3) 拍水仰泳韵律游（图 7－27）

预备姿势：身体仰卧水中。

两臂做仰泳的划水动作，两腿做仰泳打腿动作或反蛙泳蹬腿动作。

① 右臂前伸，左臂在体侧。

② 左右臂做一次仰泳划臂，交换成左臂前伸右臂在体侧。

③ 右手在水面拍打左大腿。

④ 左手在水面拍打右大腿。

⑤ 左右臂做一次仰泳划臂，交换成右臂前伸，左臂在体侧。

⑥ 左手在水面拍打右大腿。

⑦ 右手在水面拍打左大腿。

⑧ 做一次仰泳划臂，交换成左臂前伸，右臂在体侧。

图 7－27

（4）转头侧泳韵律游（图 7－28）

预备姿势：身体左侧卧在水中，左臂前伸，右臂后伸在髋侧，头和右肩露出水面，面向前方。

① 两臂划手收至胸前，两腿做剪式打腿，头和身体向右侧转动。

② 左右两臂分别向前后方向伸直，两腿做剪式打腿，头和身体向前转动，目视前方。

③④重复①②，⑤⑥⑦⑧动作相同方向相反。

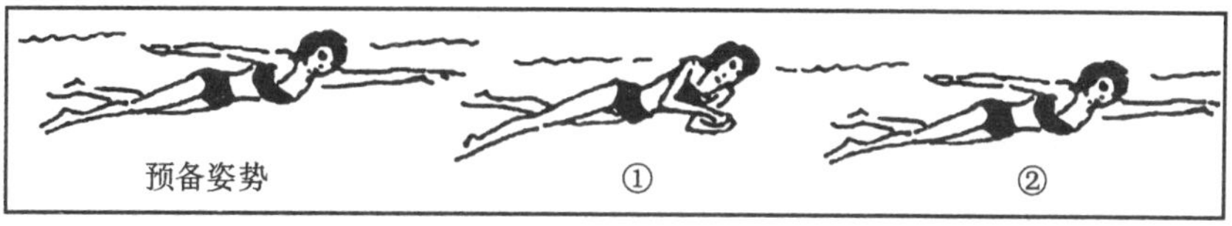

图 7－28

三、水中健身

水中健身的形式也很多，可以进行舞蹈形体练习、伸展练习和力量练习等。为了增强练习的效果，可以采用辅助器材进行练习，常用的辅助器材有水中运动鞋、阻力手套、水中哑铃和脚蹼等（图 7－29）。

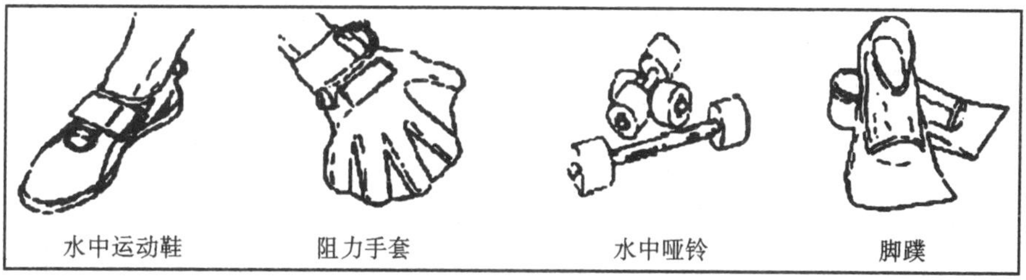

图 7－29

（一）水中跑步

在齐胸或齐腰深的水中，上体正直，两臂屈肘前后大幅度摆动进行水中跑步（图 7－30），为加大难度也可穿水中运动鞋。

跑步也可以在深水中进行，但要穿浮力背心，使练习者的身体处于半浮沉状态才能保持较长时间的跑步。

图 7-30

(二) 水中徒手力量练习

身体直立，两手撑池边，通过屈伸肘关节俯撑身体（图 7-31a）。
身体斜立，两手撑池边，通过屈伸肘关节俯撑身体（图 7-31b）。

图 7-31

站立水中或扶池边前后踢腿（图 7-32）。
站立水中前后跳跃（图 7-33）。

图 7-32

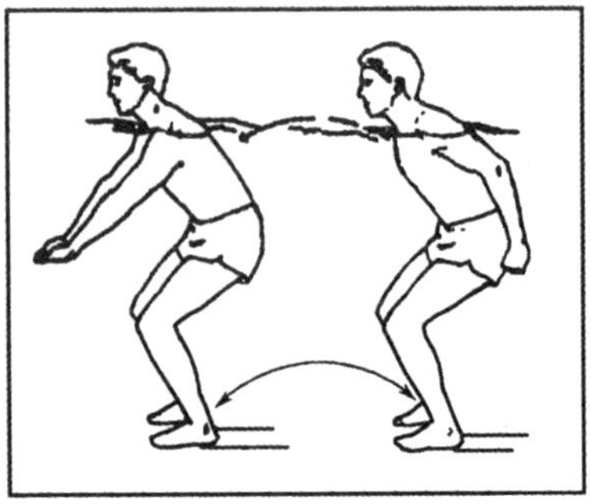

图 7-33

(三) 水中打腿

身体直立水中，穿上脚蹼，两腿做前后交替的打腿动作（图 7－34）。

图　7－34

(四) 水中拉力

把拉力带固定在池边的某一位置，可以做上肢的力量练习（图7－35a）、下肢的力量练习（图 7－35b）、腰腹的力量练习（图 7－35c），以锻炼身体不同部位的肌肉力量。

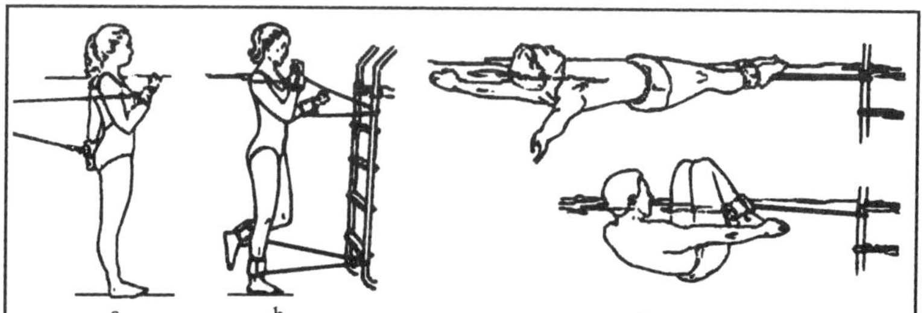

图　7－35

(五) 哑铃练习

用于提高上肢的肌肉力量（图 7－36）。

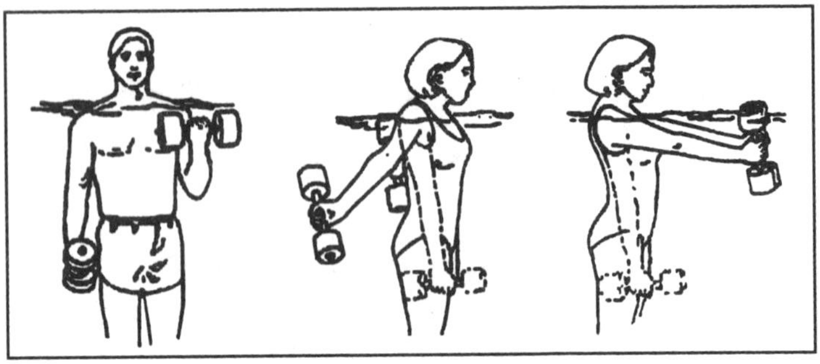

图 7－36

(六) 抗水阻练习

利用阻力板增大对水面，提高做动作的阻力（图 7－37）。

水中健身的初练者，可以每一练习动作重复做 10～15 次，重复 2～3 组，有所提高以后再增加辅助器材，或者把多项的练习内容组合成循环练习。

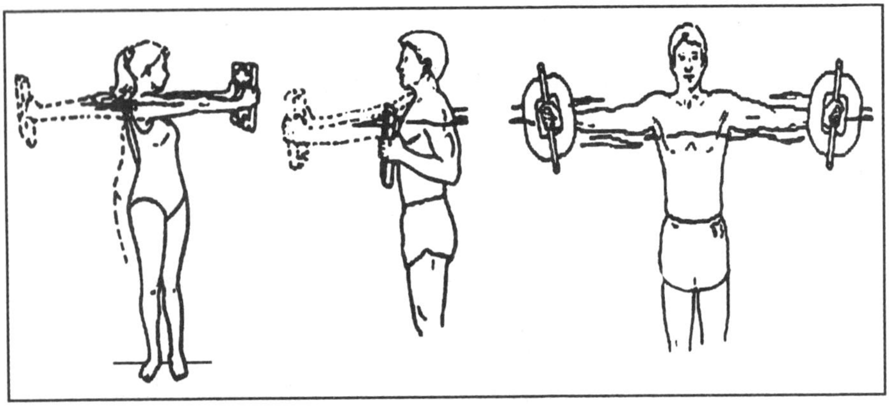

图 7－37

第四节　游泳锻炼的监控与锻炼效果的评定

为了更有效地达到锻炼身体的目的，在进行游泳锻炼前，对自己的身体状况、游泳技术和能力进行一次全面的诊断后才能开始。

一、游泳锻炼的监控

参加游泳锻炼前，首先要进行一次全面的健康检查，了解心肺功能和口、鼻、耳、眼、皮肤等的情况，看看有无不适宜进行游泳的疾病，并且询问医生可否进行游泳锻炼。

其次是明确怎样进行游泳锻炼，以及进行游泳锻炼的时间、距离与强度如何控制，以期达到最好效果。

（一）体适能与健康检查

体适能是从体育学角度评价健康的一个综合指标，它是指机体有效与高效执行自身机能的能力，也是机体适应环境（包括自然环境和心理环境）的一种能力。体适能是众多参数的综合，包括与健康相关的、与技能相关的以及与代谢相关的多个体适能参数，它直接与整体生活质量相关。应当说，体适能更多的是从人体机能和技能角度考察机体的健康，是个体健康的综合评价。体适能与个人高效工作的能力、享受闲暇、健康状态、预防运动不足性疾病以及应付紧急情况的能力等紧密相关。体适能的发展是积极参加体育锻炼的结果，只有规律性地进行身体锻炼才能达到最佳的体适能。因此，参加游泳锻炼前需要对身体健康程度、游泳的能力与技术进行测定，并且制订一个适合自己的游泳锻炼计划。

1. 制订游泳锻炼计划的基本依据

制订游泳锻炼计划，可以接受健康状况问卷调查和接受全面的身体检查作为依据，根据不同人的健康水平制订游泳锻炼的个人计划。

（1）建议有以下情况或疾病者进行医学检查后制订游泳锻炼计划：

轻微用力即感气急，心脏疾患或手术后，肝硬化，腹部、胸部、腿和肩臂痛，静脉炎，咯血，关节肿胀，虚弱或眩晕，患心脏疾病、血压异常和糖尿病并正在接受药物治疗。

安静心率 > 100 次/分钟、安静收缩压 > 160mmHg、安静舒张压 > 100mmHg。

（2）有以下疾病或情况者需要在医务监督下从事游泳锻炼：

糖尿病、肺气肿、哮喘、精神疾病、癌症、甲状腺疾病、贫血症、低血糖症、支气管炎、妊娠、癫痫症、出血倾向、肠炎、消化道溃疡、血压值140～155/90～95mmHg。

(3) 有以下疾病者建议慎重制订游泳锻炼计划：

关节炎，听力缺失，痛风，腰背疼痛，接受过背部、眼睛、肺部和颈部手术，过长时间的驾驶、搬运、坐或站立，吸烟＞20支/天。

2．健康状况的测定

从下面的（1）—(9) 个方面选择适合自己情况的分数，然后将分数相加，最后的结果将说明初始水平的高低：

(1) 心血管系统

①无心脏病史或心血管系统病史	3分
②有过病症，但已经被成功治愈	2分
③有病症，但无须治疗	1分
④有病症，正处于医护下	0分

(2) 肌肉、骨骼损伤

①目前没有损伤	3分
②活动时有疼痛感，但不会限制活动	2分
③有损伤，并且限制活动能力	1分
④不能做激烈运动	0分

(3) 慢性疾病

①目前没有疾病	3分
②活动时有一些问题，不会限制活动	2分
③有疾病，并且限制活动能力	1分
④不能做激烈运动	0分

(4) 年龄

①20岁或20岁以下	3分
②21～29岁	2分
③30～39岁	1分
④40岁及40岁以上	0分

(5) 晨脉

①每分钟低于60次	3分
②每分钟61～69次	2分

③每分钟 70～79 次　　1分

④每分钟 80 次或以上　　0分

(6) 吸烟状况

①从不吸烟　　3分

②曾经吸烟，但已经停止　　2分

③有时因社交需要吸烟　　1分

④经常吸烟，烟瘾较重　　0分

(7) 最近一个月内游泳情况

①可连续游 20 分钟以上　　3分

②可连续游 10～20 分钟　　2分

③可连续游 5～10 分钟　　1分

④不能连续游 5 分钟或没有游泳　　0分

(8) 以前游泳锻炼的情况

①在过去一年内参加过游泳锻炼　　3分

②在过去一到两年前参加过游泳锻炼　　2分

③在过去两年前参加过游泳锻炼　　1分

④从来没有参加过游泳锻炼　　0分

(9) 其他体育运动锻炼

①经常参加持续性的有氧锻炼　　3分

②有时参加持续性的有氧锻炼　　2分

③参加无氧性活动或间歇性活动　　1分

④没有参加规律性体育活动　　0分

把以上每个问题的得分相加，得出高、中、低三个结果：

得分在 18 分以上（含 18 分），说明健康状况很好，并且有游泳锻炼的基础。在制订游泳锻炼计划时，可持续游泳 45 分钟以上，中等速度，每段游泳距离之间的间隙时间较短。

得分在 10～17 分说明健康与游泳水平中等，在制订游泳锻炼计划时，可持续游泳 30 分钟左右，每段游泳距离的间隙时间要长一些。

得分在 10 分以下（含 10 分），说明健康与游泳处于较低水平。在制订游泳锻炼计划时，注意开始的游距短一些，速度慢一些，使身体慢慢地得到适应。但是必须坚持锻炼，由于这种游泳爱好者的起点低，得到的进步就会大。

（二）不同游泳水平的锻炼

1．不会游泳者初始锻炼

不会游泳者可选择在浅水池中进行水中锻炼，如扶边做单腿前后摆动、池中行走或跑跳，通过增加动作幅度和走跑速度，提高运动负荷。随着水中活动能力的逐步增强，可通过戴阻力器具或增加水的深度（由齐腰深到齐胸深），增加练习难度，提高锻炼效果；一些水中运动技能较差的人还可以利用一些漂浮器具（如救生衣、踢水板）来辅助运动。这些漂浮器具在增加人体浮力的同时也产生了一定的阻力。

2．掌握了游泳技术者的锻炼

游泳运动要求人们必须掌握一定的运动技能，否则会更容易产生疲劳。因此，首先要经过一段时间的游泳学习，当掌握了一定的游泳技能后再把游泳作为一项主要的健身运动。在执行游泳健身运动计划中，可多增加一些活动的类型，以帮助形成长期运动的习惯。

游泳时，可先做一些四肢牵张性的准备活动，然后以较慢的速度开始游泳，接着再逐渐增加游泳距离，运动强度控制在60%～80%为宜，其间要监测心率。但要注意，同等距离时，游泳消耗的热量与跑步消耗的热量是4:1的关系。

具体要求：

（1）开始进行游泳锻炼以体感舒适为宜。

（2）在适应了一个阶段的锻炼后，才可以进入下个更高要求的阶段。

（3）运动中监测心率。

二、游泳锻炼效果的评定

游泳锻炼的效果，应该从身体机能和游泳技术两个方面来评定，心率是对游泳锻炼者身体机能评定的简易、方便和实用的指标。

（一）利用心率评定效果

游泳锻炼能有效地提高心肺功能，可以降低基础脉搏，经过一段时间的游泳锻炼，如果再以同样的游泳距离和强度进行锻炼，即刻心率下降了，说明身体机能得到了提高。体育锻炼最适宜的运动强度应该控制在 60% ~ 80%之间，运动强度可以通过心率直接测定。体适能评定的理论提出，在运动中所应该达到的心率称为"靶心率"，它随着身体机能的提高而下降，因此，在进行游泳锻炼时，可以用靶心率来评定锻炼的效果。

靶心率测定的方法：

靶心率应该通过分级运动试验（GXT）来确定，但也可以通过心率储备测定法间接测定。

心率储备是指最大心率与安静心率之间的差额。若个体的最大心率为 200 次/分钟，安静心率为 60 次/分钟，那么，个体的心率储备就是 140 次/分钟。用心率储备测定运动强度的具体方法如下：

例如，某游泳锻炼者测得最大心率为 180 次/分钟，安静心率为 75 次/分钟，计算如下：

心率储备 = 180 次/分钟 − 75 次/分钟 = 105 次/分钟

心率储备 × 60% = 105 次/分钟 × 60% = 63 次/分钟

心率储备 × 80% = 105 次/分钟 × 80% = 84 次/分钟

靶心率 = 63 次/分钟 + 75 次/分钟 = 138 次/分钟，相当于 60%的运动强度

靶心率 = 84 次/分钟 + 75 次/分钟 = 159 次/分钟，相当于 80%的运动强度

因此，该游泳锻炼者在运动中的靶心率范围值为 138 ~ 159 次/分钟。

这种运动强度测定方法的优点，在于所测定的靶心率水平总是处在个体安静心率和最大心率之间。

经过一个阶段的游泳锻炼，安静心率下降了，说明机体的机能水平提高了，需重新计算靶心率，使锻炼者的运动负荷达到新的靶心率范围值。以心率范围值为目标的游泳锻炼计划如表 7 − 5 所示。

表 7 − 5　以靶心率范围值为目标的游泳锻炼计划

阶段	游泳锻炼内容与计划
第一阶段	水深达胸部，沿泳池宽度走 4 次，检测心率是否接近靶心率。逐渐增加持续时间，直到可以以靶心率水平持续行走 10 分钟，并重复两次
第二阶段	水深同上，沿泳池宽度先走过去，返回时慢跑。重复两次，检测心率是否接近靶心率。逐渐增加跑的距离，直到可以以靶心率水平持续跑 5 分钟，并能重复 4 次

（接续表）

续上表

阶段	游泳锻炼内容与计划
第三阶段	水深同上，沿泳池宽度走过去，返回时游回来，必要时可以使用一些漂浮器具。重复两次，检测心率是否达到靶心率。运动持续时间20~30分钟
第四阶段	水深同上，沿泳池宽度慢跑过去，返回时游回来，重复一次，检测心率。逐渐增加慢跑距离，增加游泳距离，直到能够在靶心率水平来回往返4次。每次运动持续时间20~30分钟
第五阶段	慢速游泳25米，休息20秒；再慢速游泳25米，检测心率。根据心率调整游泳的速度和间隙的时间，使之达到靶心率
第六阶段	增加游泳的距离，直到可以连续游泳20~30分钟

（二）游泳能力的评定

1．T—15测试

一般来说，游泳水平有70%取决于技术，另外30%取决于体能。T—15测试，即测试自己在15分钟的时间内能游多长距离。测试结果能够很好地说明游泳能力。

这个测试能够同时评价技术和体能水平。

T—15游泳测试方法

（1）在15分钟内用任意姿势或几种姿势的组合尽量游最长的距离。一定要数清楚游的往返数（25米长的游泳池，一个往返为50米；在50米长的游泳池，一个往返为100米）。尽量匀速游进，最后也不要加速。中间允许停下来略作休息，但计时表不能停，休息的时间也算在测试时间之内。

（2）当时间到达15分钟时，继续游完这一往返中剩余的部分，但要记住多用了多少时间。这意味着所用的时间会超过15分钟（例如，当游完最后一个往返时所用的时间是14分40秒，那么他需要再多游一个往返，游完后时间是15分30秒，此时结束测试）。

（3）测试结束后，立即测量即刻心率，用手在颈动脉处计取心率。可以计取10秒或6秒的心率，然后计算出1分钟的心率。

（4）需要记录的资料

游泳的距离、所用的时间、即刻心率（次/分）和计算每 100 米的速度。

示例：某游泳锻炼者

游泳的距离　　1000 米

所用的时间　　15 分 30 秒

即刻心率　　150（次/分）

每 100 米的速度　　1 分 33 秒

该游泳锻炼者 T—15 游泳测试最后的每 100 米的速度是 1 分 30 秒，说明该游泳锻炼者长时间持续游时所能达到的最快速度。这项指标揭示了游泳水平和能力的高低。

T—15 测试可以经常进行，例如每周都可以测试。有三种情况说明游泳水平得到了提高：首先是每 100 米的速度加快了；其次是速度不变，但即刻心率下降了；最后是平均划水次数减少了。

经过长时期的训练，所获得的最大好处是在游泳时能够将注意力集中在技术和效率上。

经过几次 T—15 测试后，就会有足够的自信进行 T—20 测试。T—20 测试的概念和程序与 T—15 完全相同，只是时间从 15 分钟增加到了 20 分钟。最后可以进行 T—30 测试。这样可以对自己一段时期的训练进展情况一目了然。表 7－6 说明了不同的速度所对应的能力水平。

表 7－6　不同的速度所对应的能力水平

每 100 米的平均速度	游泳能力水平
1 分 30 秒或以下	很好
1 分 31 秒～1 分 50 秒	较好
1 分 51 秒～2 分 10 秒	中等
2 分 11 秒～2 分 41 秒	较低
2 分 41 秒以上	低

2．游泳高尔夫测试

游泳高尔夫测试主要是检验游泳技术水平，而不是体能水平。可以由测试结果了解一段时期以来自己的技术水平进展状况。测试方法如下：

（1）游 50 米，数划水次数（当每只手在前面入水时计为一次）。假如在

25 米长的游泳池测试，前 25 米用了 21 次，后 25 米用了 22 次，那么 50 米的划水次数为 43 次。

（2）游完时计取 50 米所用的时间，我们可以假设为 47 秒。

（3）将划水次数与时间相加，得出分值。例如，43 次加上 47 秒，得 90 分。

（4）充分休息后，再重来一次。这次尽量使分值降低（这就是游泳高尔夫名称的由来，即用最少的划水次数达到最佳的效果）。

（5）做 4 次测试，将分值平均。这是下次需要突破的目标。例如，4 次的分值分别是 90、89、89、88。那么平均值，即下次突破的目标是 89。

水平高的游泳者与新手相比，能够用较少的划水次数和时间完成同样的距离。据统计，参加成人游泳分龄赛的人，游泳高尔夫分值可能在 40 多次到 100 次之间。进行游泳锻炼时，开始时先减少划水次数，当习惯这个节奏后，再尝试在不增加动作次数的前提下加快速度。当你一步步地降低分值时，你的技术已经在逐渐提高。

思考题：

1. 你在组织和指导不同人群（少年儿童、老年人、伤残人）游泳时如何保证他们的安全？
2. 你能根据参加游泳锻炼者的特点，制订一份适宜的锻炼计划吗？
3. 设计一套水中健身操或设计 2～3 种水中游戏。

第八章 实用游泳与水上救护

内容提要：

本章主要阐述实用游泳技术、水上救护技术及着装游泳技术。通过本章的学习，使学生掌握实用游泳、水中救护及着装游泳的基本知识和技术，提高水中自救、他人救护、现场急救及着装游泳的技能。

第一节 实用游泳技术

实用游泳技术通常是指在日常生活、水上作业或军事活动中具有实际运用价值的非竞技游泳姿势，主要包括侧泳、反蛙泳、踩水、潜泳等技术。

一、侧泳

侧泳是指身体侧卧在水中，两臂交替划水，两腿做剪夹水动作游进的一种技术。常用于负重渡河、救生拖带等。

侧泳分为两种技术，一种是两手在水中交替前伸划水，两腿做剪夹水动作的手不出水技术；另一种是一手划水后经空中移臂前伸入水，两腿做剪夹水动作的手出水技术。这里介绍手出水的侧泳技术。

（一）身体姿势

身体侧卧在水中，身体纵轴与水面约成30°角，两肩连线与水面垂直线大约45～50°角，头部一半露出水面（近似爬泳的吸气动作），一手在头前，另一手置于大腿旁，两腿并拢伸直（图8－1a、b）。

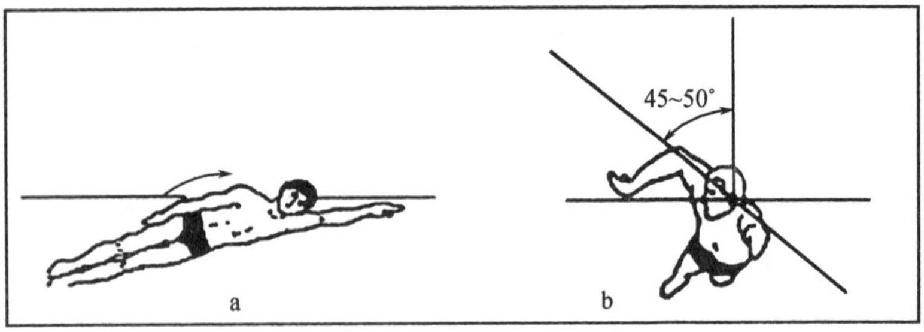

图 8-1

（二）腿部动作

腿部动作分为收腿、翻脚和蹬夹腿三个部分。

1．收腿：上面腿向前收，下面腿向后收。收腿时，注意尽量少收大腿，特别是下面腿的大腿几乎不动（图 8-2）。

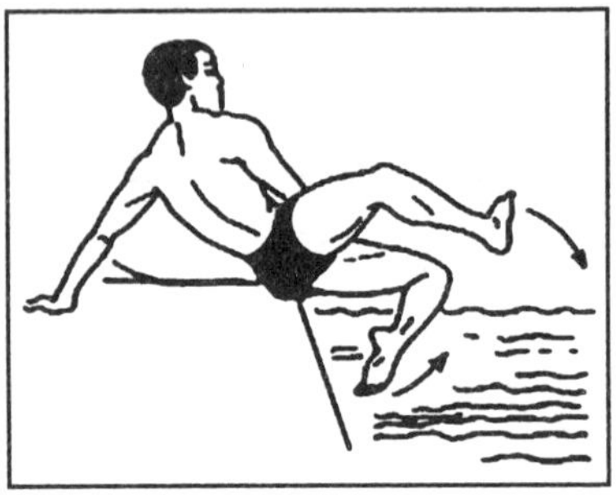

图 8-2

2．翻脚：收腿后，上面的脚尖勾起，以脚掌向后对准水；下面腿将脚尖绷直，以脚背和小腿前面对准水。

3．蹬夹腿：上面腿用大腿带动小腿稍向前伸，以脚掌对准蹬水方向，由体前侧向后方加速蹬夹水；下面腿以脚背和小腿前侧对准水用力伸膝，与上面腿形成蹬夹水的动作。

（三）臂部动作

臂部动作分为上面臂、下面臂和两臂配合三个部分。

1．上面臂动作：上面臂经空中前移至头的前方入水前伸，以手和前臂对准水，划水（与爬泳臂划水动作相似）至大腿旁。

2. 下面臂动作：下面臂在身体下方前伸抱水，同时屈臂划水至腹部下方，掌心向上，以前臂带动上臂，沿身体下方向前边伸边做外旋的动作，伸直时手掌向下。

3. 两臂配合动作：下面臂开始划水，上面臂前移；上面臂开始划水时，下面臂开始做前伸动作。两臂在胸前交叉，上面臂划水结束，下面臂开始下划。

（四）臂和腿及呼吸的配合

1. 臂和腿配合：上面臂入水后，下面臂开始前移并收腿；上面臂划至腹下开始做推水动作时，下面臂前伸，同时腿用力向后做蹬夹水动作。

2. 臂和呼吸配合：上面臂划水时开始呼气，推水和出水时转头吸气，移臂和入水时头还原，闭气。

3. 侧泳完整配合：两腿蹬夹水一次，两臂各划水一次，呼吸一次。在上面臂划水结束与下面臂前伸时，应有短暂的滑行动作（图 8－3）。

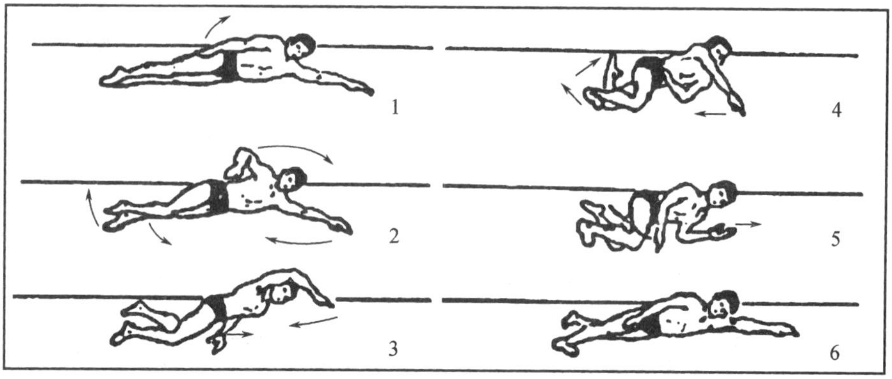

图　8－3

二、反蛙泳

反蛙泳即蛙式仰泳，是游进时身体仰卧水中，两腿同时向后蹬夹水，两臂在体侧向后划水的一种游泳姿势。在用于水中运物和救生拖带溺者时，两臂托物或托溺者不做划水动作，依靠腿的动作推进。

（一）身体姿势

身体自然伸直仰卧水中，微收下颌，口鼻露出水面，两臂置于体侧。

（二）腿部动作

反蛙泳腿的动作类似蛙泳腿，但是由于身体仰卧水中，所以收腿和蹬腿时膝关节不能露出水面。收腿时，膝关节向两侧边收边分，大腿微收，小腿向前下方收得较多。收腿结束时，两膝距离约宽于肩，脚外翻使脚和小腿内侧向后对准蹬水方向。然后大腿发力，向外、向后、向内做弧形蹬夹水。

（三）臂部动作

两臂自然伸直，由体侧经空中前移在肩前入水，然后屈臂、低肘、掌心向后，使手和前臂对准划水方向，在体侧同时用力向后划水。划水结束后，两臂停留体侧，使身体向前滑行。然后两臂自然放松经空中向前移。

（四）完整配合（臂和腿及呼吸配合）

反蛙泳的完整配合技术有两种，一种是臂划水与腿蹬夹水、移臂与收腿同时进行；另一种是臂划水和腿蹬夹水交替进行，臂、腿各做一次动作之后身体自然伸直滑行。两臂前移的同时，吸气收腿，两臂入水时稍闭气，两腿同时蹬夹水，然后用口鼻均匀地呼气，两腿自然并拢，臂划水，划水结束身体伸直滑行（图 8－4）。

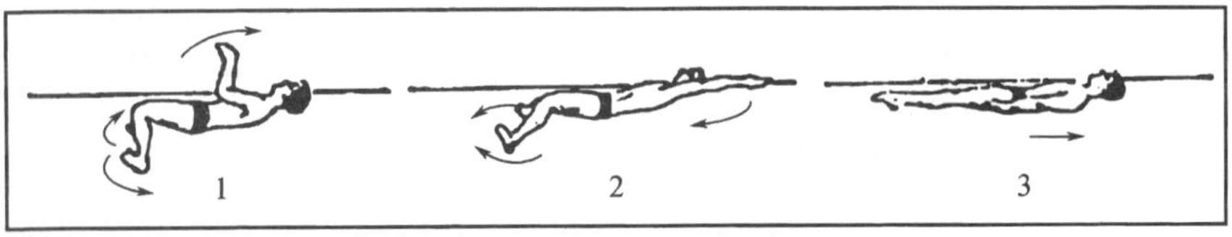

图 8－4

三、踩水

踩水的方法很多，比较常见的是采用直立式蛙泳踩水动作。在日常活动中，踩水技术广泛运用于水中等待救助、调节呼吸、抢救溺者、持物游进和水中观察等。

（一）身体姿势

踩水时，整个身体几乎垂直于水面，上体稍前倾，头部始终露出水面。微收髋，两腿微屈，勾脚，两臂胸前平屈，掌心向下，类似蛙泳。

（二）腿部动作

腿部动作有两种，一种是两腿同时做蹬夹水动作，几乎和蛙泳腿一样，不同的是收蹬腿的幅度较小。用小腿和脚内侧向侧下方蹬夹水，膝关节向内扣压，两腿尚未伸直时即开始做第二次收腿动作，动作要连贯（图 8－5）。

图　8－5

另一种是两腿交替踩水动作。这种踩水，身体在水中起伏不大，大腿动作幅度较小。做动作时先屈膝，小腿和脚向外翻，然后膝向里扣压，用脚掌和小腿内侧向侧下方蹬夹水。当腿尚未蹬直时，往后上方收小腿，收腿的同时，另一腿开始做蹬夹水的动作，两腿交替进行，脚的蹬水路线及回收路线基本上是椭圆形（图 8－6）。

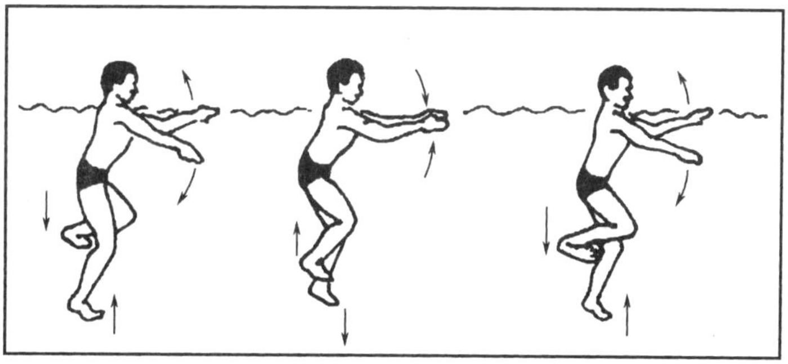

图　8－6

（三）臂部动作

两臂平伸并稍弯曲，手和前臂在胸前做向外、向内的弧形拨压水动作，动作幅度不宜过大。向外拨水时，掌心稍向外，有分开水的感觉；向内时，掌心稍向内，有挤压水的感觉。两手拨压水的路线呈双“︵”形。

（四）腿和臂及呼吸配合动作

腿、臂的配合动作要连贯、协调，一般是两腿同时蹬夹一次或两腿交替蹬夹一次，两手做一次拨压水动作。采用两腿同时蹬夹水的配合时，两腿做蹬夹水动作的同时吸气，两臂向外做拨压水动作，收腿时呼气，两臂向内拨压水。可以一个动作呼吸一次，也可以几个动作呼吸一次。呼吸跟随腿、臂动作的节奏自然进行。采用两腿交替蹬夹水的配合时，通常是腿和手同时不停地进行。用踩水游进时，可以采用身体的不同侧向及蹬夹和拨压的方向来改变游进的方向。如向前游，身体稍前倾，脚稍向后蹬夹水，两臂稍向后拨水，反之亦然。随着踩水能力的增强，手臂可不参与拨水，从水中解脱承担水中托物等。

四、潜泳（水）

潜泳是在水下游进的一种游泳技术，它的实用价值也很大，如打捞溺者和水中沉物以及水下工程等，都要采用潜泳。

潜泳有使用器具装备和不使用器具装备的区别，不使用器具装备的潜泳是将身体潜入水中或水底不做呼吸游进的一种技术。一般分为潜远和潜深两种。

（一）潜远

潜远技术主要有蛙式潜泳、蛙式长划臂潜泳和爬式潜泳三种，在这里只介绍蛙式长划臂潜泳技术。

1．身体姿势

蛙式长划臂潜泳的身体姿势要求躯干和头始终保持水平，但是两臂开始划水时要稍低头，以防止身体上浮。

2．腿部动作

腿部动作与水面“平式蛙泳”的腿部动作的区别，是收腿时屈髋及腿向两侧分开的角度较小，蹬腿则向正后方。

3．臂部动作

臂部划水动作与蛙泳划水动作相似。两臂划水时，手和前臂内旋，稍屈手腕，两手向侧下方做抓水动作，紧接着两臂逐渐向后、向内屈臂高肘用力划水。当手划至肩下方时，肘关节屈成 90～100°角（图 8－7），然后两手沿体侧向后加速划水至大腿旁，掌心向上。划水结束后，身体略有滑行。移臂时，两手外旋屈肘，两手沿腹胸前伸。当手伸至颌下时，手掌开始内旋，掌心转向下方，在头部前方伸直并拢，然后准备做下一个动作。

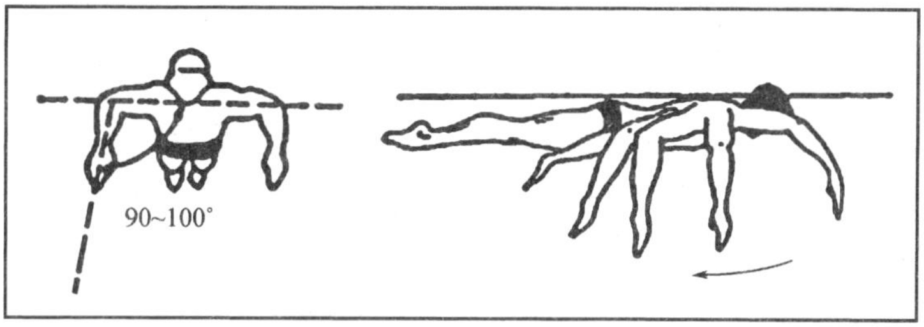

图 8－7

4．臂和腿配合动作

两臂收至胸前时开始收腿，两臂向前伸直后，腿用力蹬夹水。蹬腿结束后，臂紧接着做划水动作。划水结束后，两腿伸直并拢，做滑行动作（图 8－8）。

（二）潜深

潜深一般是在两种情况下入水。一种是从岸上采用出发跳水的形式入水，另一种则是从水面上潜入水里。下面介绍两种从水面上潜入水里的潜深方法。

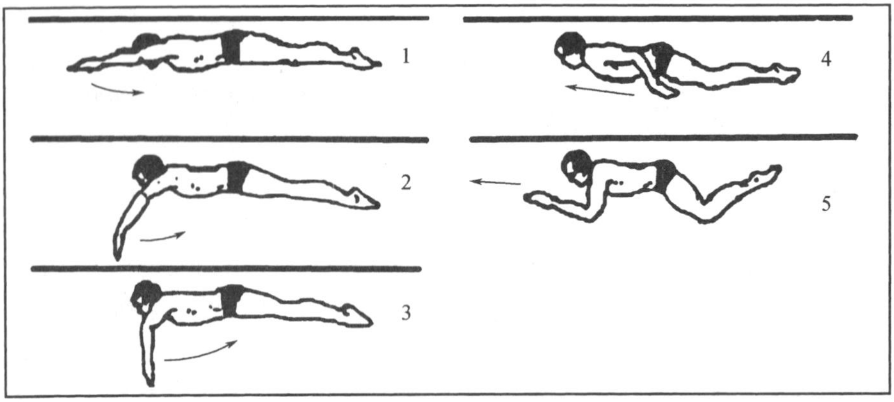

图 8-8

1. 两脚朝下的潜深法

潜入前深吸一口气，两臂前伸稍屈肘，同时屈腿，两臂用力向下压水，两腿做蛙泳的蹬夹水动作，使上体及腰部跃出水面。紧接着直体，利用身体的重力使身体向下。入水后，两臂做自下而上的拨水动作，以增加下沉的速度(图8-9)。潜到水底或预定的深度后，以头带动身体向所需要的方向游进。

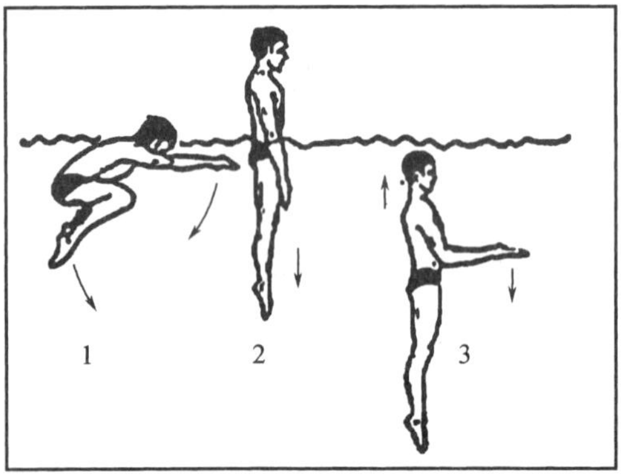

图 8-9

2. 头朝下潜深法

潜入前深吸一口气，两臂向后下方伸出，自下而上用力划水，并顺势低头、提臀、举腿，两臂伸直向下，利用腿的重力作用，使身体垂直向下潜入水中（图 8－10）。身体入水后，两臂做蛙泳划水动作，两腿向上做蛙泳的蹬夹水动作，以增加下沉的速度。在潜到预定的深度后，即抬头、收腿、团身，身体转向所需要的方向游进。

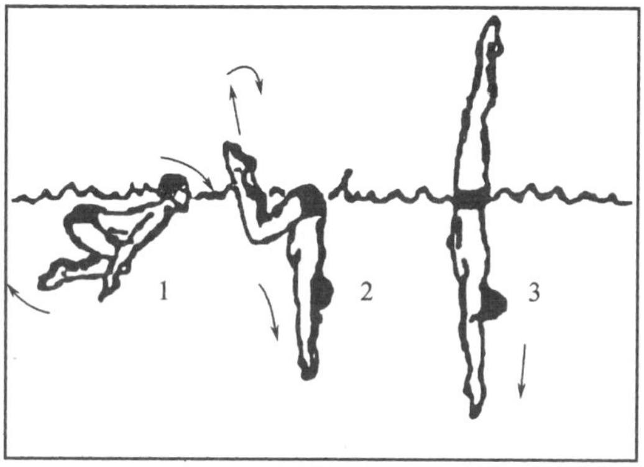

图　8－10

第二节　水上救护

水上救护是对游泳者和在水周边从事活动的人员，在水上发生事故时所采取的救护措施。水上救护应贯彻“以防为主，以救为辅，防救结合，有备无患”的指导思想。因此，掌握水上救护技术，加强水上救护工作是十分重要的。水上救护包括观察、他人救护、自我救护和现场急救四个方面的内容。

一、观察

观察（以游泳池为例）即观察水面情况，并分析事故性质、判断急救措施。观察是救护工作“以防为主”的具体体现，是整个救护技术中最为重要的一环。做好观察工作的前提是救生员应明确分工，相互配合。划分责任区是确定救生员责任的依据，责任区域应根据游泳池的形状、面积和救生员人数等因素划分。责任区分主责区和次责区，主责区是救生员主要观察区，对发生在该区的事故承担主要责任的区域；次责区是协看区，即兼顾观察的水域，对所发生的事故负次要的责任。责任区划分是以救生员的岗位为中心点进行分割。主要有直线切割法、弧线切割法和区域分割法三种。

直线切割法，即将游泳池用直线大致平均地划割成几个长方形水域（图8-11a）。弧线切割法，即以救生台为圆心，以10~15米为半径切割水域，以弧线形水域为主责区（图8-11b）。区域分割法，是针对不规则的游泳池的一种区域划分的方法。不管采用哪种划分方法，其关键是不留死角，区域大小分布均匀。

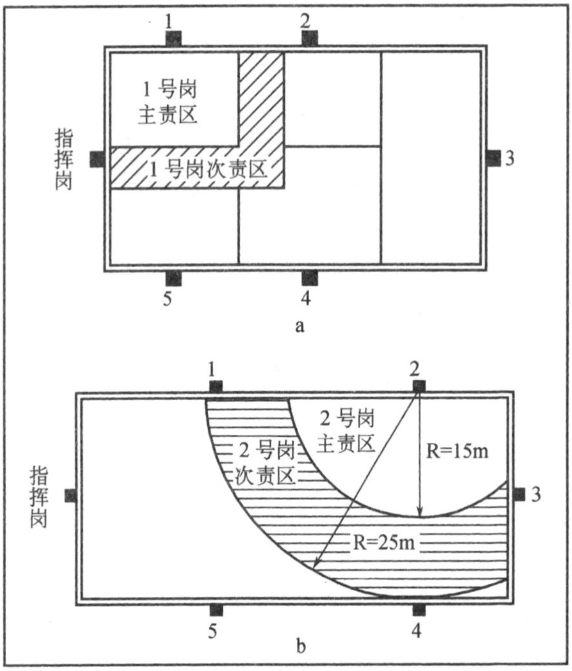

图 8-11

救生人员上岗后，思想必须高度集中，认真负责地、不间断地扫视（或环视）水域。必须定人、定点划分观察区域，做到“突出重点、照顾全面”。观察重点，从人群分析是不会游泳者、游泳技术不很好但胆子大的人、小孩、老人、伤残者、妇女；从游泳池区域分析是主责区、深水区、深浅水交界处、上下池区、儿童嬉水区、池岸易滑区；从时间分析是进场、退场时；从现象分析是跳水、打闹、追跑、用救生圈玩水、没水和潜水；从特殊情况分析是雷雨天气、停电、发生事故。照顾全面，即救生员之间交叉观察，互相补漏。

在观察方法上（即扫视水域时）必须掌握“池面与池底、池面与岸边、点与面”三个结合。每间隔 4 秒钟扫视一遍。

二、他人救护

他人救护是指意外落入水中或发生溺水事故时，由他人援救的一种救护技术。

他人救护可分为池（岸）救护和涉水救护两种技术。

（一）池（岸）救护

池（岸）救护是最简单的救护方法之一。当发现溺者在离池（岸）边较近的水中时，即使不会游泳的人也可迅速采取适宜的方法加以援救。一般常见的池（岸）救护方法有以下几种：

1. 手（脚）援救

手（脚）援救是指溺者离池（岸）边较近，救护者能够用手（脚）接触到溺者的一种方法。

实施手援救法时，救护者首先要稳住自己的身体，卧趴在池（岸）边，一手按在地上或抓牢固定物，另一手伸向溺者，抓住溺者的手腕或头发拉他上岸（图 8－12a）。也可以在池（岸）成半蹲姿势，侧身斜向溺者拉他上岸。

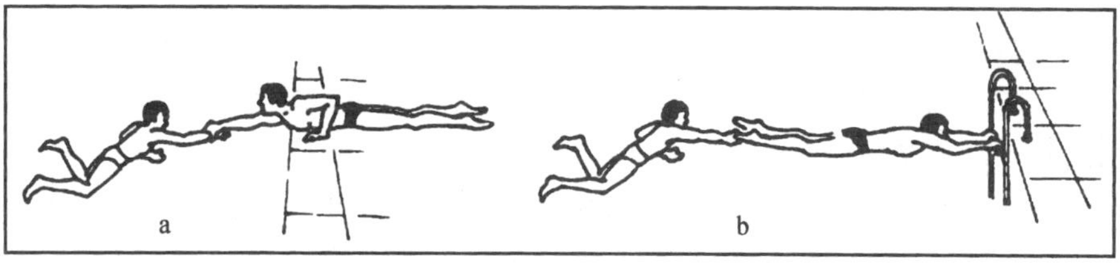

图 8－12

脚援救时，救护者首先要抓牢池（岸）边的固定物，使身体俯卧池（岸）边或使身体尽量贴着水面，将脚伸向溺者，使溺者抓住救护者的脚或踝关节处，随后将溺者拖回池（岸）边（图 8－12b）。

2. 物援救

物援救是溺者离池（岸）边较近，但救护者又无法用身体接触到溺者时借助物件实施援救的方法。

救护者可利用竹竿、衣裤、救生圈等浮具伸向或抛向溺者，使溺者抓住后，将溺者拖回池（岸）边（图 8－13）。

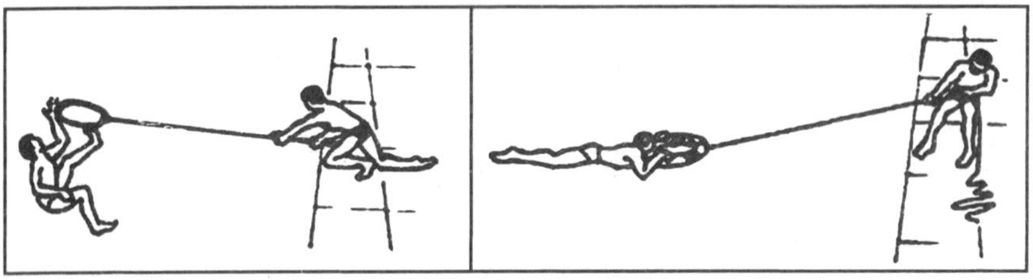

图 8－13

（二）涉水救护

当发现溺者离池（岸）边较远，而又无法利用池（岸）边的救护方法进行援救时，救护者可以根据自身的游泳技能，立即涉水并以最快的速度接近溺者加以援救。涉水救护一般包括入水、接近、拖带、上岸几个主要环节。

1. 入水

当发现溺者时，救护者应保持冷静，不可慌乱。首先观察溺者所处的位置，选择离溺者最近处为入水点，然后采用适宜的方法入水加以援救。

(1) 跨步式

溺者离池（岸）边较远，水清，水深在腰部以上，并判断水中无障碍时采用的入水方法。

救护者两脚前后站姿，脚趾扣住池（岸）边，身体直立并保持轻松状态，两臂侧伸，稍屈肘，膝微屈，向前跨出。入水前，上体前倾 40°左右；入水时，两手向下压水，两脚前后用力夹水，以产生阻力增加浮力，头部保持在水面上，注视溺者（图 8－14）。

(2) 蛙腿式

入水的基本要求同跨步式。救护者两脚趾扣住池（岸）边，身体向前跃出，并含胸收腹，两臂侧平举并屈肘，掌心向下，两腿做蛙泳收腿动作。入水后，脚做蛙泳蹬夹水动作，同时两手向下压水，以加大阻力增加浮力，使头始终保持在水面上，注视溺者（图 8－15）。

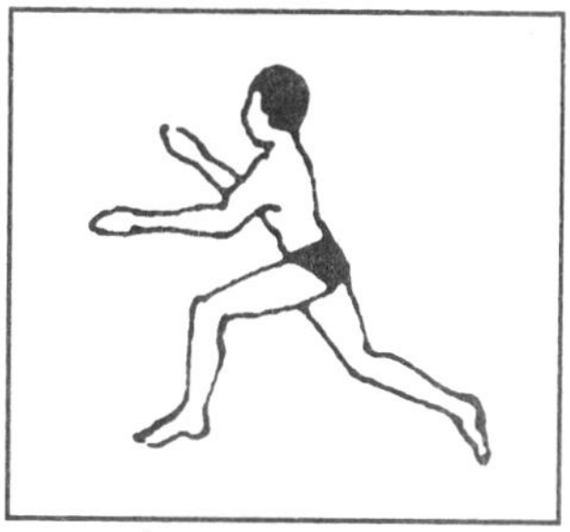

图　8－14

图　8－15

（3）浅跳式

水清，水深至少 1 米以上，溺者离池（岸）边较远，时间紧迫，需要快速接近时的一种方法。

救护者跑近池（岸）边，单脚或双脚脚趾紧扣池（岸）边，两脚用力蹬起，身体伸直，两手和头先入水（类似竞技游泳出发，图 8－16）。入水后挺腰，并使头快速露出水面，两眼注视着溺者的位置。

图　8－16

2．接近

救护者下水后，采用抬头爬泳或抬头蛙泳，以最快的速度游进溺者。为确保救护者的自身安全，游至离溺者 1～1.5 米距离时，须紧急停游，选择接近方式。接近分为水面接近、水中接近和水下接近：

(1) 水面接近

是救护者游近溺者时，溺者还处在水面时的一种接近方法。

①正面接近

溺者挣扎不太厉害，头在水面上，手臂的位置清楚时采用的接近方法。

救护者接近溺者时，左手（或右手）拉溺者的左手（或右手），使其向右（或向左）转体180°后仰（图8－17），右手（或左手）托其背后，使其成水平仰浮状态，以适宜的方法进行拖带。

图 8－17

②正面潜水接近

水深而清，溺者头部露出水面，与救护者面对，而且溺者挣扎比较厉害时，或者在接近溺者的水面上有障碍物时采用的接近方法。

救护者游至离溺者1.5～2米处时，立即停游，并深吸一口气潜入水中游至溺者的髋部以下位置，两手抓住溺者的髋部向上托（图8－18），使溺

图 8－18

者的口鼻露出水面，同时将其转体180°，两手沿溺者的髋部两侧向上滑至其腋下，用一手托起溺者的背部，使其成水平仰浮状态，然后以适宜的方法进行拖带。

③背面接近

溺者挣扎得厉害，头部露出水面时采用的接近方法（图8－19）。救护者以最快的速度接近，当游至离溺者1米左右时，改成逆退姿势，身体后倒，在溺者的背后将手伸向其腋下，或由颈侧抓住其腋下，或用掌缘托住其下颌（切勿压住溺者喉咙），然后再用另一手托起溺者的背部，使其成水平仰浮状态，再以适宜的方法进行拖带。

图 8－19

（2）水中接近

是救护者游近溺者时，溺者已下沉悬浮在水中时的一种接近方法。具体的接近方法同水面接近。

（3）水下接近

是救护者游近溺者时，溺者沉于水底的一种接近方法。

①水下背面接近

救护者在溺者下沉处，深吸一口气后迅速潜入水中搜寻，当发现溺者成俯卧状卧在水底的一种接近方法。救护者两腿跨骑在溺者腰背上成半蹲姿势，然后双手插入溺者两腋，抓牢后身体后仰，同时两腿用力蹬地，用托腋法将溺者拖出水面（图8－20A）

②水下正面接近

救护者在溺者下沉处，深吸一口气后迅速潜入水中搜寻，当发现溺者成仰卧状仰卧在水底的一种接近方法。救护者绕到溺者头前，面对溺者，然后蹲下，双手从溺者两肩处插入溺者两腋，抓牢后两腿用力蹬地，用托腋法将溺者拖出水面（图 8－20B）。

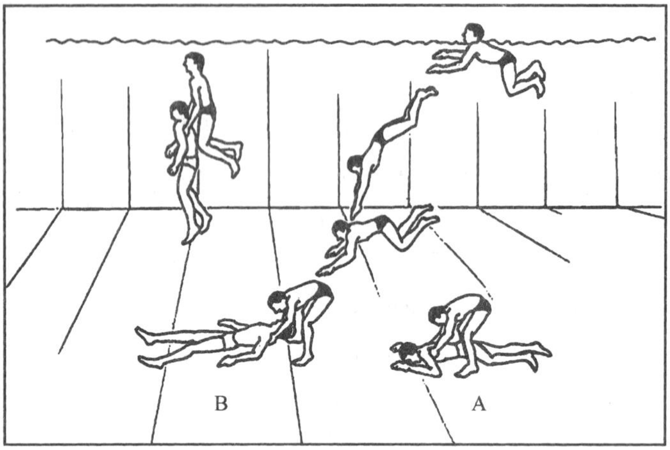

图 8－20

3．拖带

拖带是救护者在水上运送溺者的一项专门技术。当救护者完全控制了溺者后，首先要使其口鼻露出水面，用一手托起其背部成水平仰浮状态，然后采用下列方法进行拖带：

（1）托颌法

适合溺者神志清醒，而且已处在救护者控制之下时采用的拖带方法。救护者的两手经溺者颈两侧伸出，虎口朝上，五指并拢，以掌心或食指托住溺者的下颌，使其脸部露出水面，然后用反蛙泳拖带溺者（图 8－21）。拖带时切勿压住溺者的喉部。

图 8－21

(2) 挟胸法

适合溺者神志清醒，而且身材瘦小时采用。救护者一手自溺者的颈侧绕过，搂抱住其对侧腋下，手臂紧挟溺者前胸（不可贴近其喉部），然后将溺者托成水平仰浮状态，用侧泳拖带溺者（图 8－22）。男性对女性施救时不可采用此拖带方法。

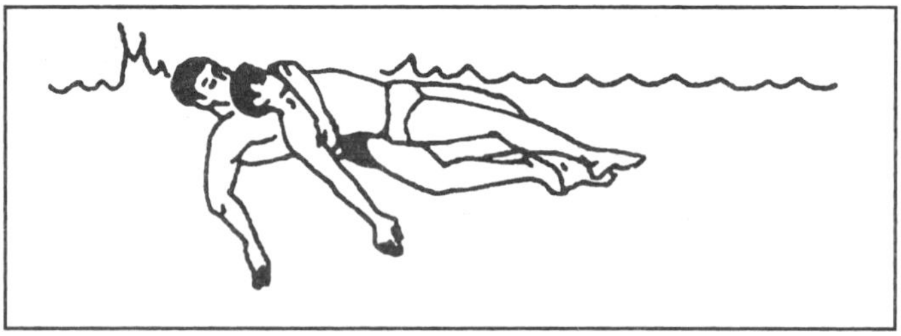

图　8－22

(3) 托腋法

托腋法适合溺者较肥胖或者是女性时采用。救护者先将溺者托成水平仰浮状态，然后两手抓住溺者的两腋下，用反蛙泳拖带溺者（图 8－23）。

图　8－23

4．上岸

将溺者拖到池（岸）边后，救护者可根据溺者当时的情况，协助溺者上岸，一般有以下三种上岸方法：

(1) 蹬托式上岸

溺者不挣扎，疲劳无力时，救护者两手指交叉相握，托住溺者的脚，让溺者两手撑扶岸边，救护者屈肘用力向上托，使溺者借助救护者上托之力自己撑扶池（岸）边上岸（图 8－24）。

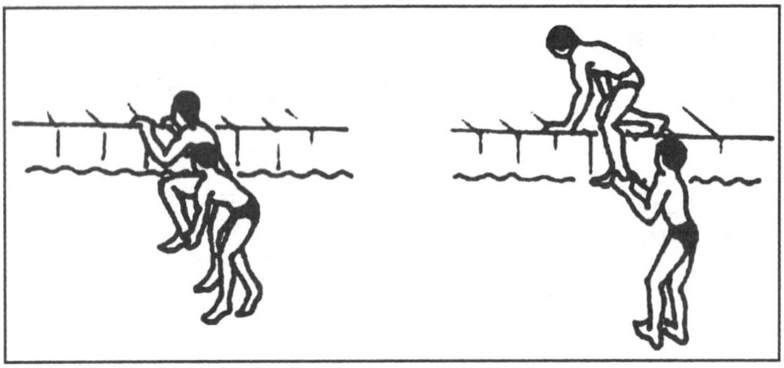

图 8－24

（2）提拉式上岸

溺者已处于昏迷状态，救护者若采用左臂夹胸法将溺者拖至池（岸）边时，用右手扶池（岸）边（图 8－25a），获得支撑后，用左手抓住溺者的右臂向上拉起将其手放于池（岸）边上，再用右手压住其右手，然后用左手再抓住溺者的左臂，两人同时左转 180°面对池（岸）边，并将溺者左手压在其右手上，救护者换成左手压溺者重叠的双手，右臂右移，两手与肩同宽，双手在两腿向下蹬夹水的配合下支撑池（岸）边上岸（图 8－25b）。救护者上岸后左手掌迅速按扭左转 180°面对泳池，再用左手抓住溺者左手腕，右手在左手上交叉抓住溺者右手腕，将溺者右转 180°成背对池（岸）边（图 8－25c），做 1～2 次预拉后将溺者提位上岸（图 8－25d）。采用托颌和托腋法拖带其上岸的方法是：到达池（岸）边后，救护者右手（以右手为例）扶池（岸）边，左手在溺者左腋下抓住左上臂，将其右转 180°面对池（岸）边，将左手放于池（岸）边上，救护者右手将其右手压在池（岸）边上，然

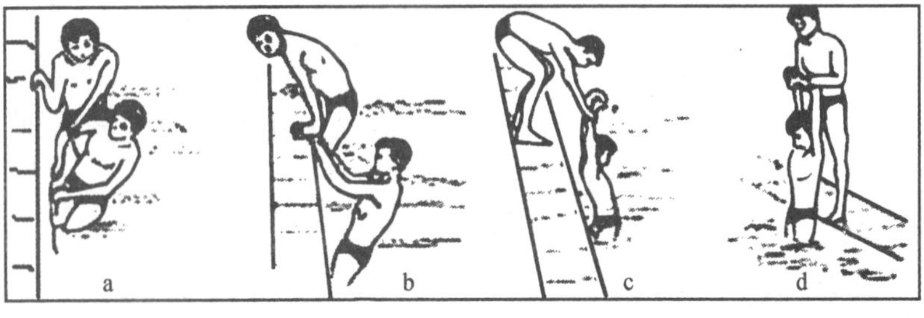

图 8－25

后救护者左手再抓其左手放在其右手上，随后动作与夹胸法上岸动作相同。

(3) 肩背上岸（梯）法

肩背上岸（梯）法如图 8－26 所示。

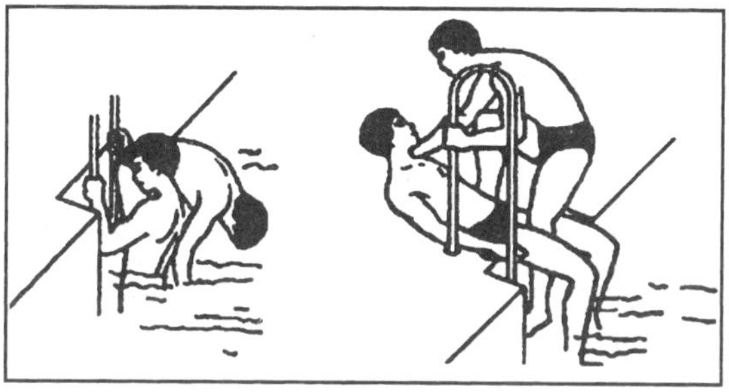

图　8－26

上岸后，如溺者处于昏迷状态，应立即进行现场急救。

三、自我救护

自我救护一般是指自身在水中发生意外或被溺者抱住时所采取的自救方法。在水中发生意外事故时，要沉着、冷静，按一定的方法进行自我救护，必要时可发出呼救信号，以便及时得到他人的援救与帮助。自我救护一般分为水中自救和水中解脱两个部分。

(一) 水中自救

游泳时如遇肌肉抽筋等突发事故，首先要保持镇静，不要慌乱，要及时呼救，并按下列方法进行自救。

1. 肌肉抽筋

在水中自我解除抽筋的方法是拉长抽筋的肌肉，使收缩的肌肉松弛和伸展，具体方法如下：

(1) 小腿抽筋时，先使身体成仰浮姿势，用抽筋异侧的手抓住脚趾用力向身体方向拉，同时再用同侧的手压抽筋腿的膝盖，用力拉压，使抽筋腿尽量伸直（图 8－27a）。待情况减轻时，游向池（岸）边上岸。上岸后，可以用拇指、食指或中食指尖用力揉捏承山穴或委中穴（图 8－27b），帮助恢复正常。

(2) 脚趾抽筋时，用力向抽筋部位的反方向拉脚趾（图 8－28)。

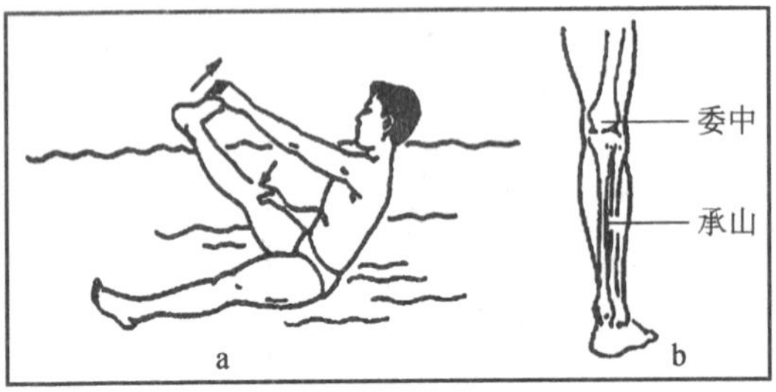

图 8－27

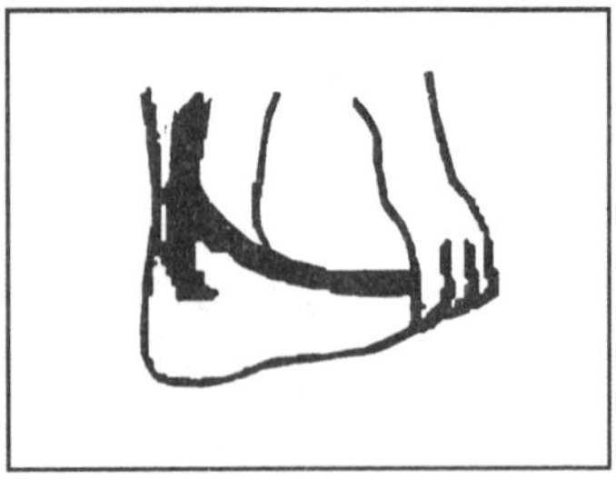

图 8－28

(3) 大腿抽筋时，如果是股四头肌抽筋，身体应成仰浮姿势，然后屈膝团身，两手抱住小腿或脚背处向后拉，脚跟尽量靠近臀部，使抽筋肌肉伸直。上岸后再轻揉肌肉僵硬的部位，以恢复为止（图 8－29)。如果是股二头肌抽筋，则身体仰浮，然后一手抓住踝关节，另一手压住膝关节，尽量向面部方向拉，并在抽筋部位用力揉捏，直到恢复为止。

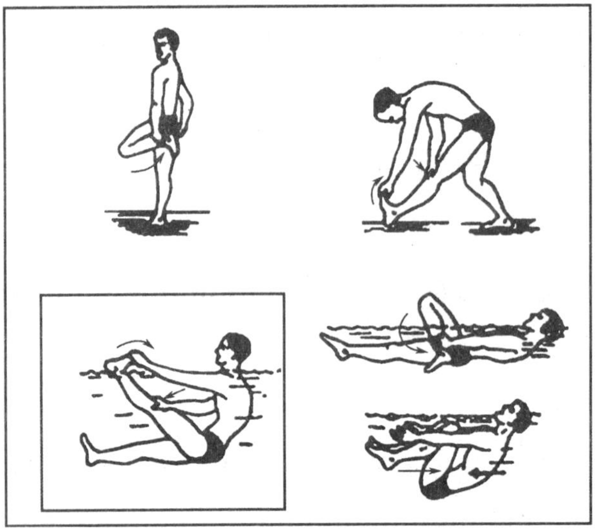

图 8－29

(4) 手指抽筋时，先用力握拳，再迅速用力张开（图 8－30)，并向后压，反复多次，直至复原。然后用另一手的拇指按摩合谷、内关和外关穴，以帮助恢复。

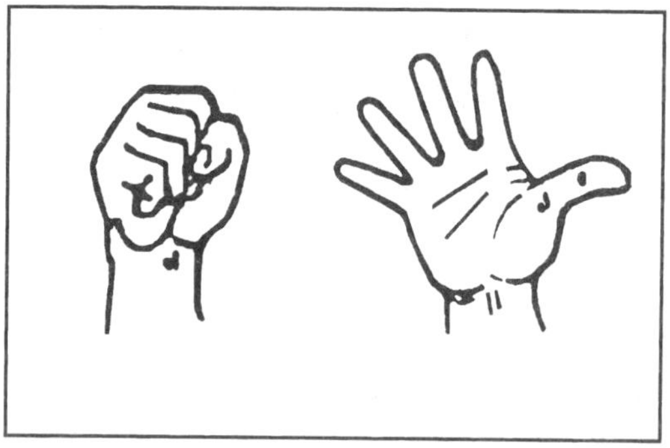

图　8-30

2. 预防措施

（1）身体不适或疲劳时，不宜下水。
（2）下水前，要做好充分的准备活动。
（3）水温过低时不宜下水。
（4）空腹、饭后或剧烈运动后不宜立即下水。

（二）水中解脱

救护者或游泳者在水中万一被溺者抱住或抓住，可能会造成生命危险，因此，要懂得解脱求生方法，以避免不幸事故的发生。解脱是利用反关节和杠杆原理，挣脱溺者的抓和抱。解脱时动作要快，要突然而熟练。水中解脱时一定要注意：第一，放松下沉，被溺者抓时切忌对抗。第二，在下沉过程中，摸清被抓情况，迅速确定解脱方法。第三，做好解脱准备，解脱手法到位。第四，除扭转头部的解脱手法要缓慢施加力量之外，其他解脱手法应迅速而突然。第五，解脱后应有利于控制溺者，避免第二次被溺者抓住。下面介绍几种常见的水中解脱方法：

1. 推蹬解脱

离溺者非常近，被溺者抓住或抱住时，可采用两种解脱方法：
（1）躲闪法。一手或双手快速用力推离溺者，躲闪求生（图 8-31）。
（2）脚蹬离法。以单脚或双脚蹬踹溺者，并迅速仰游后退（图 8-32）。

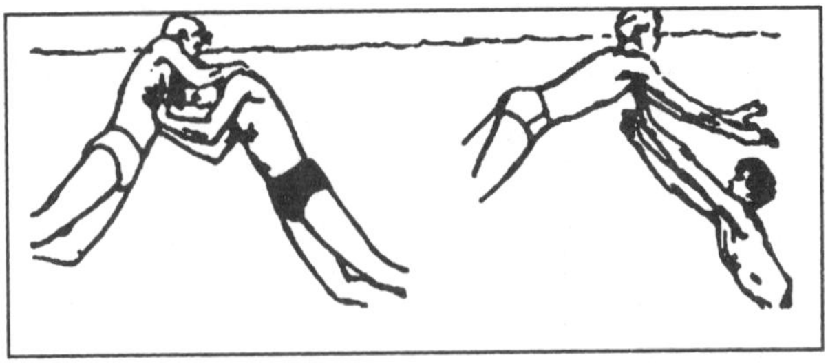

图 8-31

图 8-32

2．托肘解脱

被溺者从后面抱住颈部时，可深吸一口气，收下颌，同时上体后仰，一手抓住溺者的手腕，沿拇指方向扭转（图 8-33a），另一手托住溺者的肘关节向上推，同时低头从溺者腋下脱身（图 8-33b），然后顺势抓住溺者手腕将其拉至身前，以便控制溺者（图 8-33c）。

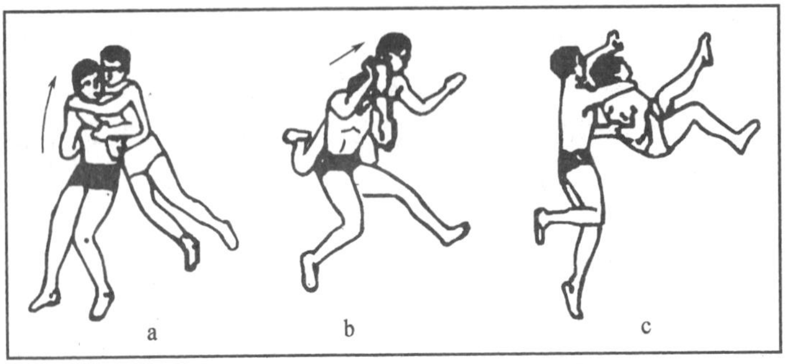

图 8-33

3. 扳指解脱

被溺者从后面拦腰抱住时，可用两手分别抓住溺者的左右手指（食、中指）用力拉开，并用一手控制溺者（图 8－34）。

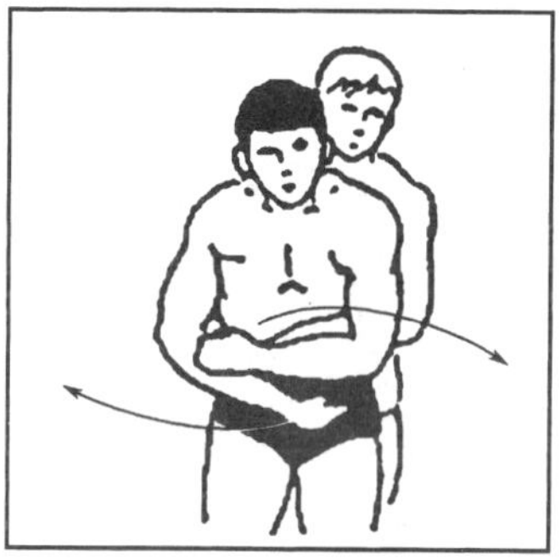

图　8－34

4. 外撑解脱

被溺者从后面连同两臂拦腰抱住时，两腿要用力向下蹬夹水，使身体位置升高（图 8－35），深吸一口气，两臂用力外展，同时突然下沉，从溺者两臂中间脱身。

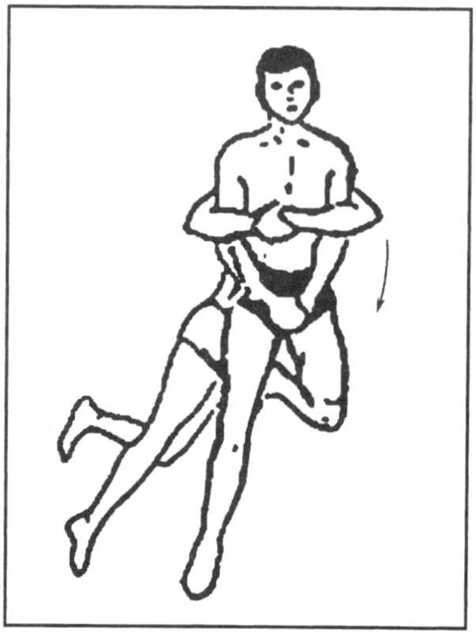

图　8－35

5．推扭解脱

被溺者从正面拦腰抱住时，可用一手按住溺者的头后部，另一手托住其下颌，向左（右）扭转其头部（图 8－36），使其背向救护者。扭转头部时，动作要缓慢。

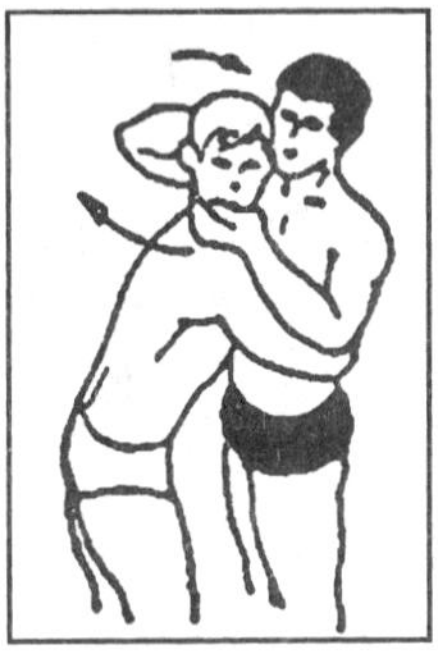

图 8－36

四、现场急救

溺者被救上岸后，救护者首先应保持冷静，不要慌张，及时拨打急救电话（120），然后再根据溺水的轻重程度及现场可供应的一切设备或人员，立即进行现场急救，直至交给医务人员为止。现场急救一般包括搬运和心肺复苏术两个部分。

（一）搬运

所谓搬运，是将溺者救上岸后，立即把溺者搬运到平坦的地方或急救室进行急救。在搬运时应使溺者感觉舒适和安全，并根据其溺水的轻重程度，采取最适宜的搬运方法。搬运一般分为单人搬运和双人搬运两种。下面主要介绍单人肩背法。

肩背法是当溺者已失去意识或喝水过多，搬运距离较近时采用的一种方法。救护者将溺者提拉上岸后坐于池边（图 8－37a、b），然后右手托溺者双膝，左手扶住溺者颈部，使其转体 180°面对救护者，右腿（以右肩上肩为例）插入溺者两大腿之间，两手顺势由溺者腋下穿过交叉相握（图 8－37c、 d)，上臂紧夹溺者向上提拉，使溺者坐于救护者的大腿上（图 8－37e），再用左手牵拉溺者的右臂，右手抄裆上肩（图 8－37f、g）。上肩后用右手抓住溺者的右上臂，左手保护溺者的头部站起（图 8－37h）。如果搬运距离较远，则中途采用接力搬运，接力搬运方法见图 8－37i。到达目的地后，按上肩动作的逆顺序放下，这时应特别注意保护好溺者的头部（图 8－37j、k）。

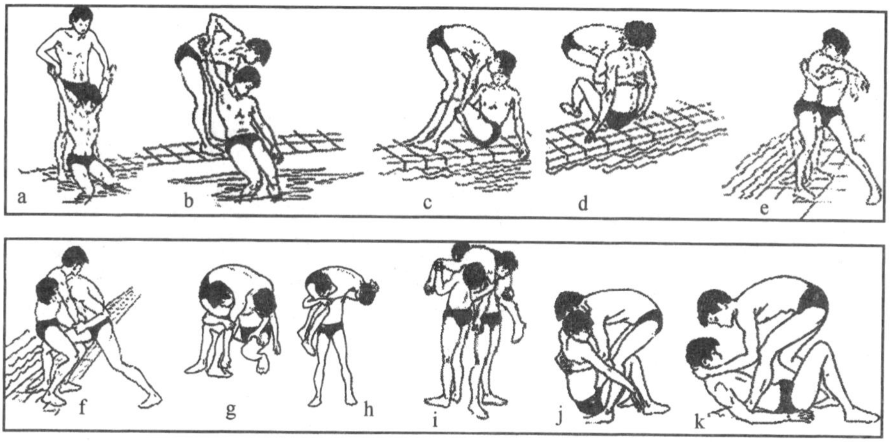

图　8－37

（二）心肺复苏术

所谓心肺复苏术，是指人体呼吸及心跳停止时，以吹气式人工呼吸配合胸外按压进行急救溺者的一项专门技术。

当溺者呼吸呈微弱不稳定状态或呼吸及心跳停止时，如不立即采取心肺复苏术，溺者将会在 4～6 分钟后死亡。因此，能否恢复溺者的生命，主要取决于分秒必争地对溺者进行心肺复苏术的急救。

心肺复苏的操作步骤：

第一步，将溺者救上岸后，使其仰卧硬板或躺在地板上，头低脚高。然后以轻拍或摇晃加喊叫的方式，判断溺者的意识是否清醒，如果已处于无意识状态，则应立即进行急救。同时呼叫他人协助，呼叫急救电话。

第二步，畅通呼吸道。将溺者救上岸后，要立即清除其口鼻腔内污泥、杂草、呕吐物，保持其呼吸道通畅，改善肺的通气功能；救护者一只手放在溺者额头上，使头后仰；另一只手手指将其下颌骨上提（或托颈部，将颈上抬），或抓紧其下巴前方的组织，或以手指提起下巴和牙齿将下颌提起（图 8－38a、b）。当溺者尚有呼吸、心跳，但有明显呼吸道阻塞时，可先倒水。倒水方法：将溺者腹部置于救护者屈膝的大腿上，使其头部下垂，然后按压背部，使其口咽及气管中的水分迅速流出（图 8－38c）。如经过肩背运送则不必再倒水。

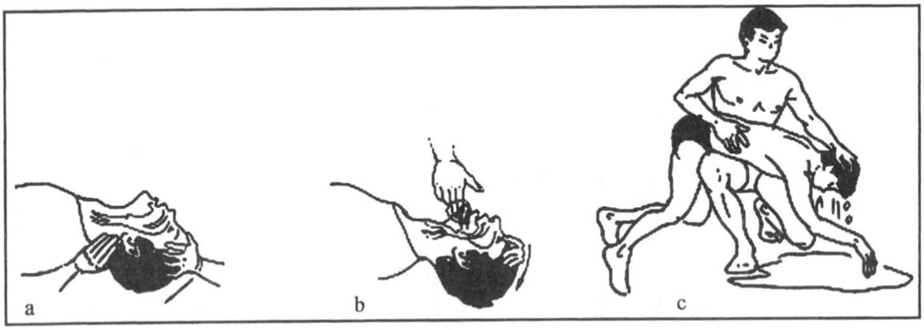

图 8－38

第三步，检查溺者有无呼吸和心跳。判断有无呼吸的方法是听溺者口鼻的呼吸声或用面颊感觉呼吸气流（图 8－39a），看其胸部或腹上部呼吸时的上下活动。判断有无心跳的方法是触摸颈动脉（图 8－39b）。

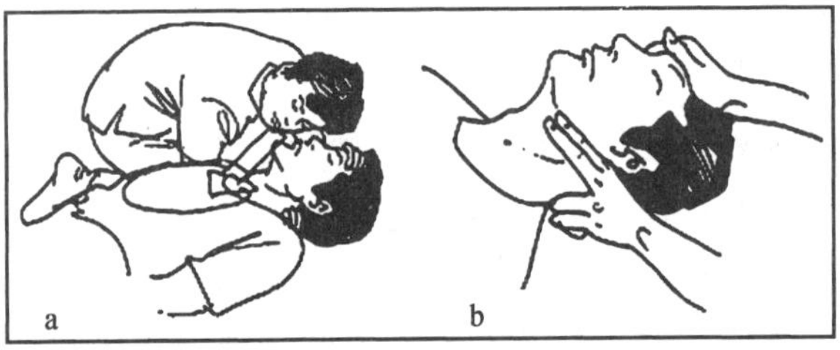

图 8－39

第四步，根据检查结果，实施急救。若溺者有心跳无呼吸，则按 EAR（人工呼吸）的方法抢救。人工呼吸有几种方法，其中口对口的人工呼吸是最有效的方法。口对口人工呼吸的步骤和方法是：①放在溺者额部的手向下移到鼻部，用大拇指和食指捏紧溺者鼻子防止漏气。②吸一口气，张开嘴，将气平缓地吹入溺者的口内，其胸廓缓缓抬起（图 8－40）。③吹气完毕，离开溺者的口部，放开捏鼻子的手指，然后再吸一口气，再吹一次，使溺者排出肺内的气体。

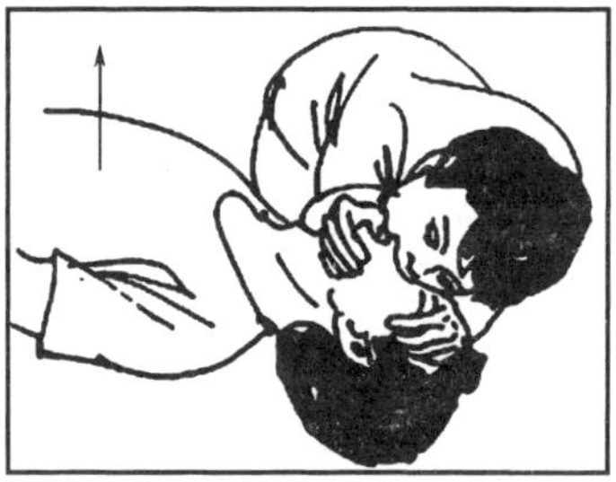

图　8－40

进行人工呼吸时，可先吹两口气，待确认气道通畅后，再进行有效的人工呼吸。每次吹气量为 800～1200 毫升，这要根据溺者的体型而定，给大个子溺者吹的量要大。每次人工呼吸一次，历时约 2 秒钟（包括吹气和溺者呼吸）。对成人进行人工呼吸，每 5 秒钟一次，每分钟 12 次。对幼儿或儿童则吹气量以胸廓隆起为准，吹气频率为每分钟 14～16 次。

若溺者嘴很脏，可先在其口部放一块单层手绢，然后再做人工呼吸。若溺者口紧闭，无法张开，则可采用口对鼻的人工呼吸。人工呼吸一定要在气道开通的情况下进行，向溺者肺吹气不能太急太多，仅需使其胸廓隆起即可。

以上操作一定要正确，勿使气体进入溺者的胃部，以免使其胃扩张，引起胃内容物进入气管，导致心肺复苏后发生难治的胃酸性肺炎。

若溺者无呼吸、无心跳，则按 CPR（心肺复苏）方法抢救：救护者跪在溺者的一侧（以右侧为例），右手的手指沿肋弓滑到双侧肋缘的交叉点，即剑突部位，食指、中指放置该交叉点（图 8－41）；左手的手掌根部与右手的食指平放，手掌根部的横轴与胸骨的长轴一致，右手的手掌根部放在左手的手背上，双手重叠，手指不能触及胸壁，双手一起用力下压（图8－42a）。双肩位于溺者的胸骨正上方时，肘关节伸直，不能弯曲，以上身的上下摆动按压溺者的胸骨（图 8－42b）。按压后放松要完全，双手保持原位，不能离开胸壁。压迫溺者胸骨使之向下 4～5 厘米，每分钟压迫 80～100 次，双手放松，胸骨复原，双手不能离开胸壁，下压和放松所需时间相等。

对新生儿、婴幼儿按压方法：一只手托其背，另一只手两个指尖压迫胸骨做心脏按压，每分钟 100～110 次。孩子越小，按压频率越快，下压距离为2～3厘米。

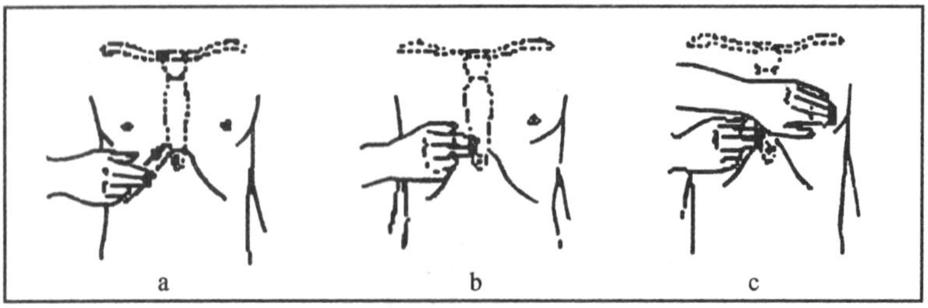

图 8－41

图 8－42

对学龄前儿童应单手按压，按压频率为每分钟 80～100 次，下压距离为 3～4厘米。

按压频率：单人操作和双人操作（图 8－43）的频率是人工呼吸 2 次，胸外心脏按压 15 次（80～100 次/分钟）。对新生儿、婴幼儿和学龄前儿童采用 1:5。

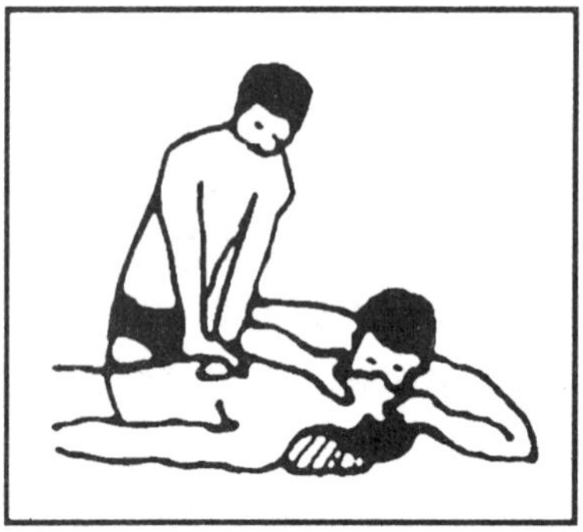

图 8－43

在抢救过程中，要检查溺者颈动脉搏动，以证实胸外心脏按压是否有效，并了解自发心跳是否恢复。起初一分钟检查一次，以后数分钟检查一次，每次检查不超过5秒钟，若发现心跳达到每分钟50次以上，自发呼吸恢复，即可停止胸外心脏按压。呼吸仍然较弱时，要继续进行人工呼吸。若呼吸和脉搏又消失，则应再次开始抢救，并尽快将溺者移交给医务人员。

（三）复苏后的护理

溺者经过抢救后，自发性呼吸及心跳得以恢复，但意识及体力仍未复原，可协助溺者到空气新鲜和流通的阴凉处休息，盖好衣物保持体温，也可喝少量的热水以恢复体力，同时应尽快送医院做进一步的处理及治疗。

第三节　着装游泳

着装游泳是指身体在着装的情况下意外落入水中所采用的自救、互救或救他人的一种游泳技术。

着装游泳技术有蛙泳、仰泳、侧泳和爬泳等姿势，据资料显示，着装游泳最适宜的姿势为蛙泳、仰泳，也可交替使用两种姿势。

一、着装游泳的基本要求

（一）技术要求

1. 蛙泳：与正常蛙泳有所不同，因着装游泳在水中所受的阻力较大，容易下沉，手腿动作受到衣裤的限制，动作幅度较小，所以整个动作应缓慢进行，不可快速游进。

2. 仰泳：身体仰浮水中，微收下颌，使口鼻露出水面，呼吸自然。手臂动作最好在水中划水，但划水幅度不宜过大，两腿蹬反蛙泳腿较为省力而轻松，最好能够利用身边的浮具（双手扶浮具）游进。

（二）着装要求

1. 解开领扣，使呼吸畅通自然。

2. 翻出衣裤口袋，如果有时间，应尽可能把衣袖和裤筒卷叠到上臂和大腿的适当位置，并脱掉鞋袜，以减轻游进的阻力和负担。

（三）多人着装游泳的要求

1. 按游泳技术的好坏均匀搭配，利用或借助可靠的浮具游进。

2. 着装游泳的人员间隔距离不宜过近或过远，以能互相照顾和不妨碍个人动作为准则。

二、着装游泳的技巧与注意事项

（一）当着装落水时，首先要判断离岸距离远近，如果离岸较远，则可以在水中脱掉衣服，以减轻身体负荷。

（二）当着装落入正常水温的水中时，凡限制动作的衣服均应脱掉。一般来说应先脱外衣，其次为鞋袜，最后脱长裤和内衣。切记不要胡乱撕扯身上衣物，以免造成麻烦。

（三）当着装落入水温较低的水中时，最好着装保暖。为减少体温下降，身体应保持屈体团身姿势进行保暖（图 8－44）。

图 8－44

（四）如果有能力，也可以利用脱下来的衣裤，将衣袖或裤筒打上结，使空气流入筒中作为浮具辅助游进，这样既能节省体力又能增大浮力。

（五）在练习着装游泳或者在抗洪抢险之前允许做准备的情况下，应首先把领扣解开，将衣裤的口袋翻过来，然后把衣袖和裤筒平整地卷到上臂和大腿活动舒适的位置，同时将内衣的下缘放在裤子的外边。其次将脱下的鞋袜绑在自己的腰上，以减轻水中游进时的阻力和负担。

思考题：

1. 何谓实用游泳？实用游泳包括哪几种技术？各种技术的特点和作用有哪些？
2. 何谓水上救护？水上救护有哪几种？
3. 何谓观察？试述责任区的划分及方法。
4. 他人救护有哪几种技术？岸上救护有哪几种方法？在实际应用上应注意哪些问题？
5. 涉水救护一般包括哪几个环节？各个环节在操作上应注意什么？
6. 入水方法有哪几种？试述各种方法的使用时机。
7. 接近方法有哪几种？试述各种方法的使用时机。
8. 何谓拖带？拖带一般有哪几种方法？拖带时重点强调的是什么？
9. 上岸有哪几种方法？在实际操作上如何使用？
10. 何谓自我救护？肌肉抽筋常发生在哪几个部位？各部位抽筋时应如何解除？在日常生活中怎样预防？
11. 最常见的水中解脱有哪几种？解脱是利用什么原理？试述各种解脱方法。
12. 何谓心肺复苏术？试写出心肺复苏术的步骤，并试述单人操作的程序。
13. 何谓着装游泳？着装游泳对技术有什么要求？着装游泳时应注意哪些事项？

第九章　游泳场馆的基本设施与管理

内容提要：

本章主要介绍游泳场馆的基本设施、游泳教学训练用器材、池水的卫生处理和监测以及游泳场馆的保养与维修。通过本章的学习，使学生掌握有关游泳场馆及其管理的基本知识。

第一节　游泳场馆的基本设施

一、游泳池

（一）游泳池的位置选择

游泳池应设在环境优美、水质洁净、不受外界污染的相对独立的地段。天然游泳场宜结合江河湖海等自然条件，选址应结合旅游、度假、疗养和集训营地的开发，并注重生态环境的保护。海滨游泳场须有广阔及坡度平缓的沙滩，在不破坏海滩自然景观的前提下设置足够的更衣、淋浴、休息和排污环保设施。游泳池设置地应为使用者提供方便的交通和停车条件。

（二）游泳场馆分类

根据环境、使用要求以及项目，可将游泳场馆分为以下三种。

1. 按环境分：天然游泳场、海滨浴场、室外游泳池、室内游泳池。

2. 按使用要求分：比赛池、教学训练池、娱乐休闲健身池、康复医疗池、航天失重模拟训练池。

3. 按项目分：游泳池、跳水池、潜水池、水球池、造浪池、滑梯戏水池、冲浪池、帆板风扇池。

（三）游泳比赛池的标准

1．游泳池应长 50 米（短池长为 25 米），误差范围为 +0.03 米，-0.00 米。游泳池宽为 21 米或 25 米（奥运会和世界游泳锦标赛池宽为 25 米）。水深应在 2 米以上，两端自水面上 30 厘米至水下 80 厘米的池壁必须结实、平整、防滑。游泳池与跳水池之间，至少应间隔 5 米（图 9-1）。

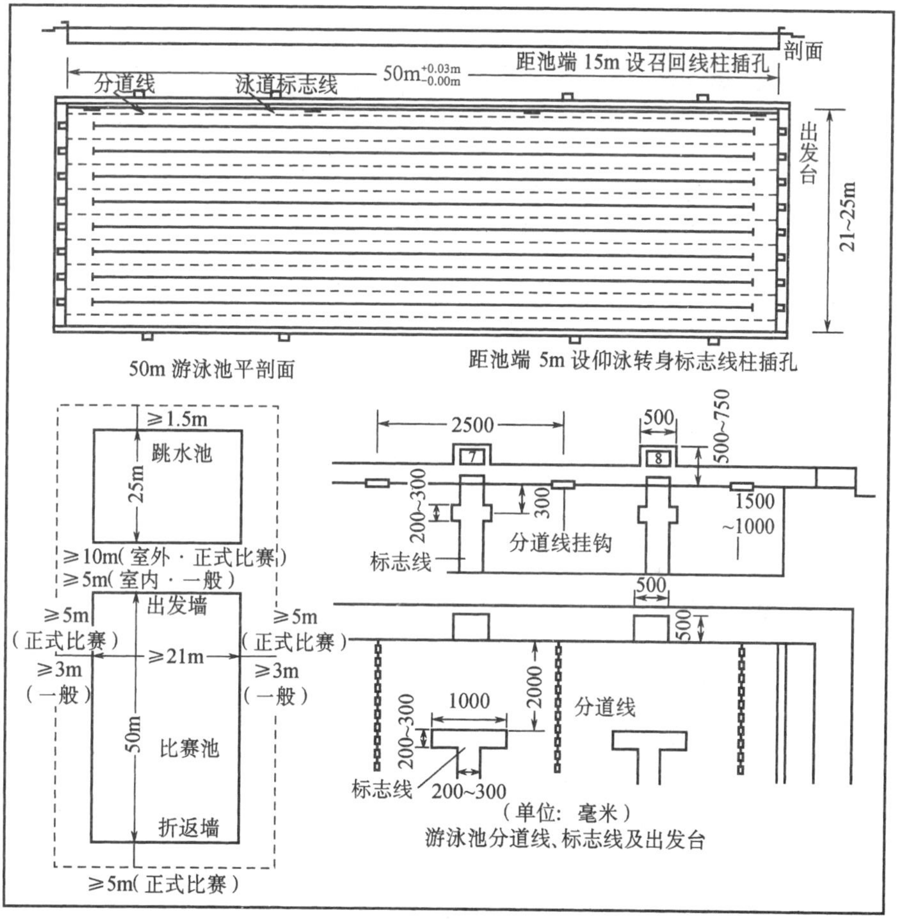

图 9-1　游泳比赛池规格

基层比赛的泳池池宽不限，在出发端 1~6 米处，水深至少为 1.35 米，其他地方至少 1 米深。

2. 应在离水面 1.2 米的池壁上设休息台，台面宽为 10 ~ 15 厘米。池的四壁可设水槽（池的两端如果设水槽，应按规定，在水面上 30 厘米处留有安装触板的地方，必须有铁栅或挡板遮盖水槽），水槽必须有调节阀以保证池内正常水位。

3. 游泳池内设八条泳道，由九条分道线构成，每条泳道宽 2.50 米。第一、九分道线距池边 0.50 米或 2.50 米。50 米池必须设有 25 米浮标标志。各泳道中央的池底应有清晰的深色标志线，池端目标标志线应画在两端池壁上或触板上，位于各泳道中央。

基层比赛的泳道宽不少于 2 米，两侧泳道距池壁距离不得少于 20 厘米。泳道数不限。

4. 出发台正对泳道的中央，其前缘高出水面 50 ~ 75 厘米，与池壁在同一垂直面上。出发台的表面积为至少 50 厘米 × 60 厘米。台面前倾不超过 10°，台面厚度不得超过 4 厘米，否则出发台两侧应有至少 10 厘米长、前端至少有 40 厘米长深入台体的握手槽。出发台必须有横的和竖的握手器，设在出发台上，高出水面 30 ~ 60 厘米。出发台四周应用明显的阿拉伯数字标明泳道号。

5. 出发召回线必须横跨游泳池，并缚在离出发池端 15 米处的固定柱子上，距水面 1.2 米以上。仰泳标志线为横跨游泳池的旗绳。旗绳两端固定在离游泳池两端 5 米的柱子上，高出水面 1.80 ~ 2.50 米。

6. 游泳池照明

游泳池的灯光强度不小于 1500 勒克斯，基层比赛池为 600 勒克斯。室外场地光源应选琥珀色，以防止飞蛾等昆虫的趋光性而掉落池造成污染。

二、游泳场馆设施

（一）救生观察台、椅

这是游泳池必备设施。针对便于救生员工作时观察特点的要求，推荐观察台高度为 1.8 米，台面 1 米 × 1 米。除面对池一面外，三面有护栏扶手，台面上有固定的可转动方向的靠背椅，上下阶梯应有扶手。室外池救生台上应配置可防风遮雨的浅色尼龙布遮阳棚和支架，或可以调整角度的遮阳伞把插管。

（二）救生圈、救生担架

每个救生椅、台上必须挂置一个救生圈，室内游泳馆，除救生椅上挂置外，池的四周也应在每侧至少挂置一个。救生圈外周应有一环绕与圈相连坚固并便于抓握的尼龙绳。每只救生圈均应有一抛掷牵引绳，长度15米。

可在水中漂浮的救生担架主要用于救助在水中受伤的溺水者。凡救助因跳水受伤的溺水者，为避免在水中救护拖带过程中因头颈背无法固定而使已伤部位再次受伤，应立即使用水中担架，在伤者以仰卧姿势平浮担架上时作头颈背固定，再脱离水面。

（三）安全线

安全线是浅水区与深水区的分界线，以提示游泳者勿擅自进入深水区。一般以分道线代用。

（四）水线绕线车。

（五）伤残人和高龄人士使用的入水起水升降座椅。

（六）潜水用器具。

（七）竞赛分道线。

（八）仰泳转身标志线。

（九）抢码召回线。

（十）电动计时装置与电子屏幕。

（十一）水下扬声器。

（十二）水球球门与场地线。

（十三）比赛用秒表。

（十四）比赛成绩牌。

除以上设备外，游泳池馆还应从自身的实际需要出发，并综合其他项目场馆设计布局的整体考虑，设置更衣室、存衣室、淋浴室、厕所、桑拿、蒸气浴室、出入通道、售票门厅、管理救护人员办公室、电气和水处理工作间、器材设备存储室、运动器材租赁室、小吃餐饮部、停车场等。

三、游泳教学训练常用器材

游泳教学训练用器材分为水上用器材和陆上用器材两部分。

（一）游泳教学训练水上常用器材

1．划水掌

塑料制品。使用时戴在手掌上，以增大手的截面，划水时阻力变大，达到发展上肢力量的目的，是游泳运动员水上训练的辅助器材之一。

2．浮板

供练习腿部动作用，也可夹在双腿间供划臂动作练习。规格可根据使用目的和对象而定。一般厚3～5厘米，常采用半月形和三角形浮板。材料一般为泡沫硬塑料、海绵板或空心塑料盒式板等浮力较好的原料，以体积轻巧、不吸水为佳。

3．脚蹼

橡胶制品。主要用于做上下鞭状打水的腿部练习，由于有加大打水负荷的作用，所以用来发展腿部力量和踝关节的柔韧性。在使用中要注意适当的运动负荷，否则容易造成踝关节损伤。

4．阻力衣、裤和腰带

阻力衣、裤和腰带是专供加强臂、腿力量训练用。可在游泳衣、裤上附着朝前开口的口袋，当游进时袋口张开，充满水后起阻力作用，增加游进的负荷。

5．浮漂

由于初学者普遍有怕水的心理负担，借助浮漂可以增加安全感，对学习游泳有一定的帮助。浮漂的种类很多，包括塑料制成的可充气的背心、套在两上臂上的浮袖和套在腰上的背浮等。

6．呼吸管

呼吸管是蹼泳的专用器材，由塑料或者金属制成。利用呼吸管可以帮助游泳者固定头部姿势和位置，专注于体会游泳动作，避免因呼吸动作不正确而造成的错误动作。

7．鼻夹

鼻夹由钢丝或高强度塑料制成，可以用来夹住鼻孔，从而避免用鼻进行呼吸产生的呛水。但不宜过多使用，以免影响体会正确的游泳呼吸动作。

8．护目镜

护目镜是游泳教学训练必备的辅助器材，由高强度塑料或硅胶做成。其种类繁多，可根据自己的脸形和眼眶的形状挑选适合自己的护目镜。现在有一些护目镜具有一些特殊的功能，如防紫外线护目镜、专为近视（或远视）游泳者准备的近视（或远视）护目镜。佩戴护目镜可以避免游泳池池水与游泳者眼睛的接触，从而减少传染眼部疾病的危险。此外，由于佩戴护目镜后可以在水中更清楚地看到水下的情况以及自己的动作，所以有利于减少危险事故的发生，对动作的学习和改进均有一定的促进作用。

9．救生杆

救生杆通常为红或橙与白相间的竹制或木制长竿，长 2～3 米。在游泳教学课中，救生杆既是救生器材，又是教学的辅助器材。

10．牵引类装置

根据条件自制或购置一些训练用的牵引装置，如高弹性橡皮牵引绳、池边滑轮配重架牵引、滑轮索道牵引等，作为训练的辅助设备。

11．池边电子大钟

训练时，池两端各放一个电子石英大钟。运动员依据训练课计划来给自己计时，掌握游进速度、间歇和脉搏的关系，进行自我训练评价，变被动训练为主动训练；还有助于教练员从计时中解脱，更多地关注运动员的技术和身体反应。

（二）游泳教学训练陆上常用器材

1．游泳练习凳

供陆上动作模仿用。练习者俯卧或仰卧在游泳练习凳上，体会游泳技术动作。

2．镜子

用途同上。便于练习者观察自己的动作，改进技术，提高陆上模仿动作的质量。

3．传统力量训练器材

哑铃、杠铃、壶铃、爬拉凳、卧推凳、肋木、实心球。特点：器材简单，价格便宜，练习方法手段变化多样，在专业力量训练指导者的科学安排下，力量训练可涵盖人体运动的各项力量要求的范围。上述器材虽然原始，却十分有效。针对游泳力量训练的特点，还可自制滑轮配重类的拉力器材，发展游泳的专项力量。

4．等动拉力器

等动拉力器由离心制动摩擦器与缠绕的尼龙绳和拉手把组成。练习器可固定在支架上或墙壁上，由上向下牵拉，也可置于游泳练习凳前方成水平状态牵拉。由于它的离心制动作用，牵拉时速度增加，阻力负荷也随之增加，可使参与动作的肌肉工作负荷也呈同步持续增加。

5．高弹性橡胶拉力带

是竞技游泳陆上训练的传统器材，适合蝶泳、仰泳、蛙泳、爬泳的臂部模仿性力量练习。拉力带携带方便，练习时不受场地制约，负荷的轻重可依据橡胶带的绷紧程度、练习站位与橡胶带的粗细股数作随机调整。而且橡胶带在绷紧后开始完成模仿动作时，肩带肌群的收缩顺序和负荷刺激更贴近实际水中的划臂时肩带肌群的用力过程。

6．联合力量训练器

随着联合力量训练器的不断改进与更新，自我选择功能和调节重量功能更强。根据力量训练任务与要求，在联合力量训练器上，可采用单一动作练习针对性地提高某局部力量水平；也可采用成套动作练习，把不同功能、不同身体部位力量训练有机组合和编排，按顺序进行练习。

7．肋木和防水垫

肋木是游泳运动员发展柔韧性和力量的必备器材，而防水垫可供运动员在游泳馆内进行专项性的垫上练习。

第二节　游泳场馆的水质处理与卫生管理

为保证游泳者身体健康与卫生安全，并节约水资源，池水过滤与循环净化是目前国内外普遍采用的游泳池给水方式。循环流程是：污染的池水收集→过滤→加氯消毒→加药使 pH 值平衡→室内池加热→经处理后的清洁水再进入游泳池。收集的污水经过滤罐反向冲洗排入污水管道。

一、游泳场馆的水质处理

（一）游泳池水源

在经过当地自来水管理部门许可的前提下，自来水是游泳池水源的最佳选择。如没有自来水作为游泳池的水源，游泳池水也可有用井水、溪水、泉水或河水，但必须是经过化验处理，达到饮用标准后才可使用。如游泳池将海水作为游泳池水源，游泳池设计和循环系统的所有结构必须是由耐腐蚀材料构成的。取海水的途径为打海井，使海水经地下的砂石过滤进入井内后再抽取入池，以此途径可提高海水的清洁质量和降低海水的盐度。

（二）常用循环方式

游泳池常用循环方式有顺流式循环、逆流式循环和混合式循环。

1．顺流式循环：游泳池的全部循环水量由设在池壁水面以下的进水口泵入池内，由设在池底的回水口返回循环管道，经过过滤净化消毒后再进入池内。

2．逆流式循环：将游泳池的全部循环水量，由设在池底的进水孔或均匀布置池底的孔眼配水系统注入池内，被污染的水由设在与游泳池水表面成完全水平的溢水减波槽流回进入循环净化管道。处理后经池底再进入池内。

3．混合式循环：将游泳池全部循环水量中的一部分，从与池水表面完全水平的溢水减波槽中溢流回循环管道，另一部分水量从池底水槽沟回流，一并进入循环净化管道，经处理后全部由池底或池壁底部送回游泳池内。

常用循环方式采用原则：配水均匀，不出现短流、涡流和死水区域，有利于全部池水的变换更新，有利于施工安装、维修、运行和卫生保持。

（三）游泳池水循环过滤系统的流量

游泳池水的循环流量和周期，应根据游泳池的使用性质、游泳人数、池容积、水面积和循环净化设备运行时间确定。

循环流量按以下公式计算：

$$W = aV/T = aNv - V/24$$

其中，W = 游泳池的循环流量，m^3/h（立方米/小时）。

a = 管道和过滤设备水容积附加系数，通常为 1.1～1.2。

V = 游泳池的容积，m^3。

T = 游泳池水的循环周期，即池水全部循环一次所需时间（单位：小时）。

N = 每天循环次数。

（四）吸污盘

室外游泳池和无循环过滤设备时，游泳池的池底清污需用吸污盘来完成。吸污盘按设备的不同，一般分为抽水泵式、潜水泵式和虹吸式（图 9－2）。

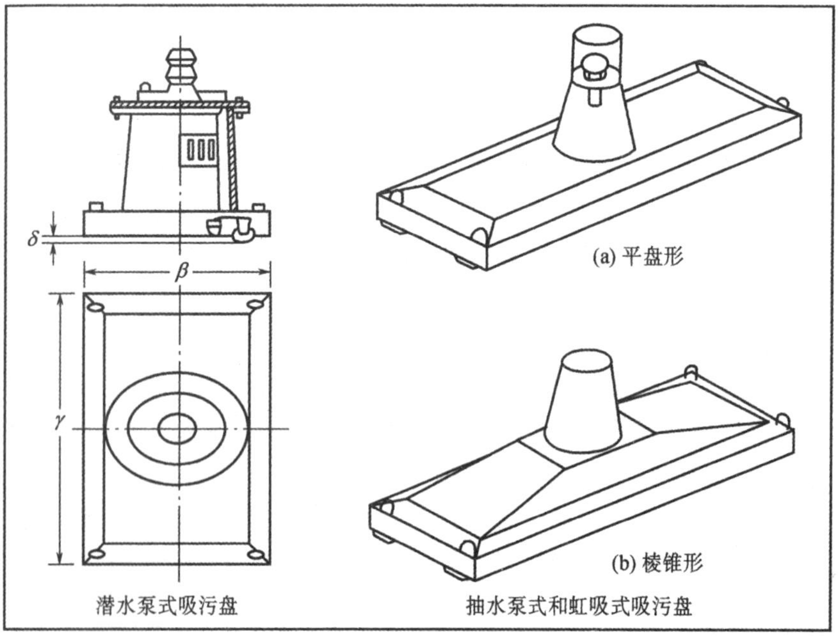

图 9－2　吸污盘的结构形状

1．泵式吸污盘

它的设备为电动机、抽水泵和开关，这些装置都在手扶小推车上，抽水管连接吸污盘，排水管口置于池边污水管沟。抽水管灌满引水后，即可开启水泵，拉动池底的吸污盘吸污。

2．潜水泵吸污盘

将潜水泵装在吸污盘上，排水管从潜水泵直接引向池岸上的排污管沟。缺点为吸盘自重增加，上下岸不便，且易损伤池沿瓷砖表面，牵拉时相对沉重，劳动强度大。

3．虹吸式吸污盘

利用虹吸原理，排水管道深度比池底最深处负 2～2.5 米，使用时将吸污排水管接在游泳池外或内沿的虹吸口上，向排水管内充水，待排水管内全部充水后，排水管略下沉，此时开启阀门即可开始吸污。优点是不需要使用其他能源动力。其虹吸排水量取决于池底与地下管道的负位差，以及管道的直径和长度，在使用时可通过控制阀门调整所需的排水量。

4．吸污泵

用于游泳池的吸污泵扬程不需要太高（小于 15 米），而流量要求较大，一般为 30～60 立方米/小时，因此，选用水泵可依据水泵工作原理选择轴流式即可满足要求。

5．胶管与漂浮支撑物

置于池内。用于吸污的吸水管长 30 米，直径 3～4 寸，可用于 50 米×25 米池，短池依池宽而定。可采用有挠性、不缠绕打结的 PVC 塑料管，或橡胶夹布钢丝管。接头可选用口径相同的消防水管接头。

胶管每隔 4～6 米系一漂浮支撑物，可用汽车车轮内胎、塑料打水板或已作废的篮、排、足球。

牵拉绳多为耐水泡、耐腐蚀的丙纶绳，它柔软结实，人工长时间牵拉而不磨手。

6. 操作要点

一般在清晨吸污，否则池水随气温的变化产生温差而上下对流，易造成沉淀物翻动上浮，降低沉淀效果。

从浅水处开始绕池周边先吸一圈，将池内周边的沉淀物吸排干净。然后由浅至深，使吸污盘沿池横轴往复移动，直至将整个池底的沉淀物全部吸完为止。

在吸污前，应认真检查电气线路和接地线，如需人员下水处理吸污盘内缠绕杂物，则必须先切断电源。如为潜水泵吸污盘，则吸污时严禁任何人员下水。

（五）游泳场馆的化学消毒处理

符合卫生标准的池水主要取决于以下三个环节：第一，过滤；第二，消毒；第三，水质的化学平衡。这三个环节中任一个环节出现差错，都会影响到水质的卫生洁净程度。游泳池所发生的溺水事故多与泳池水质不清相关，它导致救生员无法及时察觉和判断水下的异常情况，所以国家对人工游泳池池水水质提出了相应的严格卫生要求（表 9－1）。

表 9－1　人工游泳池水质卫生标准

项　　目	标　　准
室内游泳池池水温度（℃）	22～26，儿童池 24～29
pH 值	6.5～8.5
浑浊度（度）	≤5
尿素（mg/l）	≤3.5
游离余氯（mg/ml）	0.3～0.5
细菌总数（个/ml）	≤1000
总大肠菌数（个/l）	≤18
有毒物质	参照 TJ 36—79《工业企业设计卫生标准》中地面水水质卫生标准执行

儿童池水不得与游泳池相连，开放时不断加入含余氯 0.3～0.5mg/l 的新水。

浸脚消毒池含余氯量应为5～10mg/l，须4小时更换一次。

1．游泳池池水常用消毒剂

（1）液氯

氯气（Cl_2）是一种黄绿色的剧毒气体，比空气重2.5倍，在常压下液化点为－33.6℃。在0℃压力大于3.66个大气压时转变成液体，呈琥珀色，此时，每升液氯的重量为1468.4克。氯气在水中的溶解度与温度成反比，氯气液化后的比重比水约大1.2倍。液氯汽化后，在浓度为0.4PPm或0.6PPm时，是最为经济有效的氧化剂和消毒剂。

（2）臭氧

臭氧是由3个原子构成的另一种形式的氧分子，可称为氧的同素异性体，其分子式为PO_3，而空气中的氧分子只有两个原子。臭氧极不稳定，分解时放出新生态的氧。

$O_3 \rightarrow O_2 \rightarrow$［O］

［O］具有强氧化能力。作为氧化剂，臭氧可排除水中的异味和颜色。大量的研究结果证实，臭氧可杀灭水中所有已知的细菌和病毒。最新的医学研究发现，臭氧可使癌细胞死亡。

2．絮凝剂与絮凝处理

池水经过过滤和消毒处理仍呈现浑浊的现象，是一些悬浮在水中的很细微的黏土颗粒、微生物和有机颗粒造成的。

（1）混凝剂

混凝剂主要为铝盐和铁盐两大类，同属无机混凝剂，用于游泳池的处理，对人体没有影响和损害。

①硫酸铝

分精制与粗制两种，精制的硫酸铝含无水硫酸铝50%～58%，粗制的含无水硫酸铝20%～30%。

使用时配制成10%～20%的溶液，pH值约为4，为酸性溶液。游泳池水pH值要求在7.2范围内，如果偏低，则须补加碱液。

②聚合氯化铝（PAC）

又称碱式氯化铝或羟基氯化铝。其液体产品的氧化铝含量为10%～11%，固体产品的氧化铝含量约为硫酸铝3倍。聚合氯化铝净化效率高，用药量少，对水的 pH 值要求范围宽（pH = 5 ~ 9）。结絮大，沉淀快，沉淀物在阳光照射下不泛起，对非循环过滤的简易游泳池尤为实用。

（2）pH 值对混凝的作用

混凝剂由于水解作用，水中氢离子的数量增加，加之氯化处理消毒，更加提高了水的酸度，结果是水的 pH 值降低，在这种酸性状态下，投入的混凝剂难以形成更多的氢氧化铝悬胶体。因此，在作混凝处理前，应对池水进行碱化处理，使 pH 值上升，以保证混凝处理的效果。

（六）水藻及其预防控制

水藻是单细胞或多细胞丝状体绿色植物，进入游泳池的途径一般是雨水或风所携带的灰尘中有水藻孢子。当游泳池水游离余氯低于 0.2PPm、水温在 26.6℃以上、水中富含氨氮类化合物和溶解的 CO_2 时，在水中的 pH 值相对偏高的状态下，孢子的繁殖速度十分惊人，它可在 24 ~ 28 小时将游泳池水面全部覆盖成水藻，这种情况尤其是在夏季 7 ~ 8 月份多会出现。

按以下预防措施实施可以有效地控制藻类的爆发与生成：

1．平时，将水中游离余氯保持在 1.0PPm，pH 值保持在 7.2 ~ 7.6 之间。

2．每周保持一次 24 小时不间断的循环过滤。

3．非过滤游泳池，在 7 ~ 8 月份时，每天抽底一次。

4．在水质 pH 值检测时，发现 pH 值突然变高，又无其他影响原因时，预示水藻孢子在肉眼不能观察到的情况下开始进入大量繁殖阶段。

凡使用液氯作为消毒剂的游泳池，不鼓励使用硫酸铜作为除藻剂，原因是研究发现，硫酸铜对人体有潜在的不安全的影响因素存在。

二、游泳场馆的卫生管理

游泳池是个公共活动场所，开放期间出入人数众多。在游泳过程中，人们接触的机会多，对整个游泳池，尤其对游泳池内的水，如果管理不善，就会造成眼结膜炎、肠道传染病、真菌病的传播和流行。这样，游泳池就会成为传播疾病、损害身体健康的场所。因此，游泳池每年开放前必须取得当地卫生行政部门发放的卫生许可证。

（一）设施管理

1. 游泳用水水质处理设施的管理

放入游泳池的水质应符合国家《生活饮用水水质标准》。根据设备能力、池水使用时间及水质恶化程度来确定每日池水循环次数及运转时间。水质消毒人员，在开场期间应于每场及场中采样检测池水。游泳场馆常用测定指标为pH值、浑浊度、耗氧量、余氯、尿素、池水温度、细菌总数、大肠菌群、藻类、氨氮等。如不符合卫生要求，则应根据池水的实际情况，开始循环消毒。

2. 游泳者洗净消毒设施的管理

游泳者在入游泳池前，必须经过淋浴洗去体表污物。同时，为防止脚癣的传播，浸脚池内应保持有5～10毫克/升的有效氯，而且每4小时更换消毒池水一次。

3. 游泳池、涉水池及池外通道的管理

游泳池于每日开放或散场后，用专用工具将溢水槽、池壁、通道以及池边走道洗刷一遍。涉水池在开放期间，应不断有余氯0.3～0.5毫克/升的清水注入，并且至少两天彻底清刷换水一次。

4. 卫生设施的管理

开放期间，厕所应保持清洁，可以以含0.3%～0.6%有效氯的消毒液消毒。更衣室、售票厅、池边等处的痰盂、果皮箱应及时清理及洗擦。同时保证饮用水的供应。医务室应备有监护及急救的药品、器材等。更衣室、休息室、游艺室等应保持室内空气新鲜，地面清洁，以湿式方式清扫。

（二）人员管理

1. 对游泳者的管理

入池游泳必须持有当年的健康合格证，患有传染病和不适合游泳的疾病者，不得参加游泳。禁止酗酒者入池游泳，游泳者应穿着不脱色的泳衣、裤，禁止穿白色的泳衣、裤。在天然游泳场水域内，每一成人所占水面不低于$4m^2$，儿童不低于$3m^2$。游泳者要遵守游泳卫生制度，减少对池水的污染。

2．对游泳池工作人员的管理

游泳场馆的工作人员不但要熟练业务，更重要的是必须具有较强的责任感和事业心。游泳场馆的工作人员每年都要进行体检，取得健康合格证。此外，工作人员应加强业务和卫生知识的学习，每个人的工作都应该有明确的分工。

3．规章制度的建立

为了能使卫生安全工作顺利地进行，游泳池内必须有完整的、行之有效的各种规章制度及各个环节的工作程序规范，并且于每年在开放前，按照游泳场所卫生管理条例的各项要求核实部署一次。

第三节　游泳场馆的保养与维修

除了对游泳场馆的卫生进行管理外，对游泳池本身的管理也是重要的工作内容。因为游泳池的保养和维修是节约资金、延长游泳池使用寿命、保证游泳者安全的一项措施。同时，它对群众性游泳活动的开展以及教学训练工作的进行，都有直接的影响，因此必须充分重视。

一、游泳池给水、排水管道的维修与养护

加强对游泳场馆给水、排水管道的维修和养护，是保证游泳场馆正常使用的重要措施。维修和养护工作做得好，对提高经济效益和节省开支能够获得较好的效果，如果长期忽视维修和养护，不仅会造成很大的用水浪费，而且会因为管道常年失修出现故障而直接影响游泳场馆的正常使用。

（一）检修保养人员对负责检修的给水、排水管道应有全面的了解，如对各个管线的走向、各控制阀门（包括阀门井和设在地面以上的各个控制阀门）的位置，都应该知道得很清楚，以利于进行正常的检修保养工作。

（二）检修保养人员对所负责检修的给水、排水管道，应经常注意检查各上、下水井口（包括阀门井和下水井）封闭是否严实，以防杂物落入井中，给检修保养工作造成麻烦；注意楼板、墙壁、地面等处有无滴水、洇

水、积水等异常现象，如发现确有管道漏水情况，应及时进行修理，以防损坏建筑物和有碍环境卫生。

（三）厕所、漱洗室是卫生设施比较集中和管道纵横排列较多的地方，应作为检查的重点，而且做到勤检、勤修、勤养护。

（四）裸露的管道，须定期检查和涂刷防腐涂料，以延长管道的使用寿命。

（五）对一般的控制阀门，应经常进行开关实验和检查，以防启用时开不动或关不严。

二、游泳池停开季节和冬季室内游泳池的检修与保养

对停开季节的游泳池如果检修与保养不够，开放时容易出现故障。

（一）对游泳池本身的养护

对冬季游泳池保护，最难办的是池内是否放水的问题。游泳池一般建筑在地面以下，过了游泳季节，如果一段时间池内无水，因周围土压，池子容易出现裂缝。可是如果池中有水，势必会产生藻类，在寒冷地区甚至会结冰，这对游泳池也是一种损害。以下根据长江南北的气候特点，介绍几种游泳池的养护方法。

1. 室外游泳池的养护

(1) 干式养护法：游泳池停用后，将水放掉，刷洗干净。然后在气温下降到0℃时，可用以下两种方法对游泳池进行防冻措施和加强冬季结冰期的养护。

①用草垫子或稻草包铺盖在池底和悬挂在池壁上，然后用塑料薄膜再覆盖一层。

②用双层塑料薄膜覆盖池底和池壁。

(2) 水式养护法：在游泳池内注水过冬。此方法适用于冬季无结冰期或结冰期较短的地区，其优点是费用少，管理方便。也可在池中饲养一些适合本地区生长的鱼类，以增加收入。不足之处是藻类、水锈增多，给来年夏季游泳池使用前的刷洗工作增加一定的工作量。

采用水式养护，并不等于池子放满水就不用管理了。在气温0℃时，还

应加强对池子的养护，否则会因为池水的结冰而造成对泳池的损坏。水式保养游泳池的防冻方法：

①保持游泳池周围的环境卫生，经常打扫和打捞池内水面的杂物，减少杂物的漂浮和堆积。

②在游泳池四周的池壁上悬挂草垫，防止因结冰而冻坏泳池。

③结冰期内，使用大木槌砸碎浮冰，使冰层不能连接。

2．室内游泳池的养护

室内游泳场馆，应装有一套完整的加热、通风（冬季送暖风，夏季送冷风）和保暖设备，这样才能满足游泳池温度的需要。

水温的保持，除了每天要根据水温散发的情况适当加热外，还要依靠室内气温的保持。如果室内气温低于水的温度，池水热量的散发就快，而且室内顶棚和墙壁上会出现滴水的现象，容易腐蚀建筑物；如果室内温度过高，会出现闷热，使游泳者游泳时感到呼吸不适。一般室内游泳池的温度以室温高于水温 2～3℃为宜，这样，水温就不容易散发，池水就可以经常保持适当的温度。

（二）循环过滤系统的养护

用循环过滤装置净化水时，过季以后如保养不好，在来年开放时，容易出现问题。为了防止循环管内部的腐蚀，可以在金属管道内加剩余联氨，以防止因溶解氧引起的腐蚀。为防止沙土从进、排水口混入到配水管内沉淀，要在管道开口处堵上橡皮塞子。这样还能延长联氨在管道内的时间。

药品的溶解池、混合池、贮水池等都要用水冲洗干净，不能有药物残留，以防腐蚀。如果有水垢成型，可以用清灌剂去除。闭池后应将露天设备的附属设备，如喷头、饮水器等拆下保存好，以免被雨露所腐蚀。

闭池期间，过滤机要充分水洗，检查滤料情况，必要时更换。用铁、锰含量高或碱度含量高的水时，更应对滤料深部注意探查。

游泳场馆所使用的消毒剂应妥善保管，避免风吹日晒，以防止药品失效。

思考题：

1．画一个50米游泳池的平面图。
2．游泳场馆的分类。
3．游泳场馆的设备。
4．游泳池常用的循环方式。
5．游泳池池水常用的消毒剂。
6．游泳池池水的监测项目及其正常范围值。
7．游泳池循环过滤设备的保养。
8．人工游泳池水质卫生标准是什么？
9．游泳场馆卫生管理的意义何在？

附录一　世界、亚洲、中国游泳纪录(50 米池)

截止到 2006 年 12 月 31 日

	项　目	世界纪录			亚洲纪录			全国纪录		
男子	50 米自由泳	21.64	亚历山大·波波夫	俄罗斯	22.18	山野井智広	日　本	22.33	蒋丞稷	上　海
	100 米自由泳	47.84	霍根班德	荷　兰	49.56	陈　祚	中　国	49.56	陈　祚	北　京
	200 米自由泳	1:44.06	伊恩·索普	澳大利亚	1:47.51	朴泰恒	韩　国	1:47.85	张　琳	北　京
	400 米自由泳	3:40.08	伊恩·索普	澳大利亚	3:45.72	朴泰恒	韩　国	3:48.72	张　琳	北　京
	800 米自由泳	7:38.65	格兰特·哈克特	澳大利亚	7:55.11	松田丈志	日　本	8:04.10	张　琳	北　京
	1500 米自由泳	14:34.56	格兰特·哈克特	澳大利亚	15:00.27	张　琳	中　国	15:00.27	张　琳	北　京
	50 米仰泳	24.80	托马斯·拉普拉斯	德　国	25.18	欧阳鲲鹏	中　国	25.18	欧阳鲲鹏	江　西
	100 米仰泳	53.17	埃朗·佩尔索	美　国	53.85	森田智己	日　本	54.09	欧阳鲲鹏	江　西
	200 米仰泳	1:54.44	埃朗·佩尔索	美　国	1:57.17	中野高	日　本	1:57.91	欧阳鲲鹏	江　西
	50 米蛙泳	27.18	奥列格·利索戈尔	乌克兰	27.78	北岛康介	日　本	27.83	曾启亮	广　东
	100 米蛙泳	59.13	汉　森	美　国	59.78	北岛康介	日　本	1:01.66	曾启亮	广　东
	200 米蛙泳	2:08.50	汉　森	美　国	2:09.42	北岛康介	日　本	2:13.68	赖忠坚	海　军
	50 米蝶泳	22.96	诺兰德·斯其尔曼	南　非	23.86	周嘉威	中　国	23.86	周嘉威	广　东
	100 米蝶泳	50.40	伊恩·克洛克	美　国	52.27	山本贵司	日　本	52.70	周嘉威	广　东
	200 米蝶泳	1:53.80	迈克尔·菲尔普斯	美　国	1:54.56	山本贵司	日　本	1:55.78	吴　鹏	浙　江
	200 米混合泳	1:55.84	迈克尔·菲尔普斯	美　国	1:59.81	松田武	日　本	2:00.59	曲敬宇	解放军
	400 米混合泳	4:08.26	迈克尔·菲尔普斯	美　国	4:14.79	三木二郎	日　本	4:15.38	吴　鹏	浙　江
	4×100 米自接力	3:12.46		南非队	3:19.20		日本队	3:20.52		中国队
	4×200 米自接力	7:04.66		澳大利亚	7:13.60		日本队	7:21.74		中国队
	4×100 米混接力	3:30.68		美国队	3:35.22		日本队	3:39.29		中国队

(接续表)

（续表）

	项　目	世界纪录			亚洲纪录			全国纪录		
女子	50米自由泳	24.13	德布鲁因	荷　兰	24.51	乐靖宜	中　国	24.51	乐靖宜	上　海
	100米自由泳	53.30	亨利·朱迪	澳大利亚	54.01	乐靖宜	中　国	54.01	乐靖宜	上　海
	200米自由泳	1:56.64	范·阿尔姆济克	德　国	1:56.89	吕　彬	中　国	1:56.89	吕　彬	辽　宁
	400米自由泳	4:02.13	珍妮特·埃文斯	美　国	4:05.00	陈　妍	中　国	4:05.00	陈　妍	辽　宁
	800米自由泳	8:16.22	珍妮特·埃文斯	美　国	8:23.68	山田沙知子	日　本	8:25.36	陈　桦	浙　江
	1500米自由泳	15:52.10	珍妮特·埃文斯	美　国	16:06.13	山田沙知子	日　本	16:13.01	陈　桦	浙　江
	50米仰泳	28.19	简娜妮·皮基希 赫拉西梅尼亚	德　国 白俄罗斯	28.31	高　畅	中　国	28.31	高　畅	山　东
	100米仰泳	59.58	纳塔莉·库格林	美　国	1:00.16	贺慈红	中　国	1:00.16	贺慈红	解放军
	200米仰泳	2:06.62	艾盖尔塞吉	匈牙利	2:07.40	贺慈红	中　国	2:07.40	贺慈红	解放军
	50米蛙泳	30.31	佳德·艾蒂米斯基	澳大利亚	30.64	罗雪娟	中　国	30.64	罗雪娟	浙　江
	100米蛙泳	1:05.09	雷斯林·琼斯	澳大利亚	1:06.64	罗雪娟	中　国	1:06.64	罗雪娟	浙　江
	200米蛙泳	2:20.54	雷斯林·琼斯	澳大利亚	2:22.99	齐　晖	中　国	2:22.99	齐　晖	海　军
	50米蝶泳	25.57	安娜·卡琳·卡默林	瑞　典	26.30	周雅菲	中　国	26.30	周雅菲	解放军
	100米蝶泳	56.61	德布鲁因	荷　兰	58.32	周雅菲	中　国	58.32	周雅菲	解放军
	200米蝶泳	2:05.40	斯基佩尔	澳大利亚	2:06.52	中西悠子	日　本	2:06.77	刘黎敏	湖　北
	200米混合泳	2:09.72	吴艳艳	中　国	2:09.72	吴艳艳	中　国	2:09.72	吴艳艳	广　西
	400米混合泳	4:33.59	雅娜·克罗切科娃	乌克兰	4:34.79	陈　妍	中　国	4:34.79	陈　妍	辽　宁
	4×100米自接力	3:35.22		德　国	3:37.91		中国队	3:37.91		中国队
	4×200米自接力	7:50.82		德　国	7:55.97		中国队	7:55.97		中国队
	4×100米混接力	3:56.30		澳大利亚	3:59.89		中国队	3:59.89		中国队

附录二　游泳运动员等级标准(2001 年 9 月 1 日执行)

男　子	国际级健将		运动健将		一级		二级		三级		少年级	
	50 米池	25 米池	50 米池	25 米池	50 米池	25 米池	50 米池	25 米池	50 米池	25 米池	50 米池	25 米池
50 米自由泳	22.54	21.54	23.50	22.50	24.50	23.50	27.50	26.50	34.50	33.50	45.50	44.50
100 米自由泳	49.66	48.16	52.31	50.81	55.50	54.00	1:05.00	1:03.50	1:22.00	1:20.50	1:43.00	1:42.00
200 米自由泳	1:49.36	1:45.86	1:53.41	1:49.91	2:03.00	1:59.50	2:23.00	2:19.50	2:56.00	2:52.50	3:44.00	3:40.50
400 米自由泳	3:52.79	3:45.79	4:05.24	3:58.24	4:21.00	4:14.00	5:06.00	4:59.00	6:16.00	6:11.50	7:52.50	7:46.00
800 米自由泳	8:06.55	7:52.55	8:30.00	8:16.00	9:02.00	8:48.00	10:32.00	10:18.00	13:12.00	12:58.00		
1500 米自由泳	15:19.22	14:54.22	16:10.00	15:45.00	17:20.00	16:54.00	20:15.00	19:50.00	24:45.00	24:20.00		
50 米仰泳	26.29	25.29	28.03	27.03	30.50	29.50	35.50	34.50	43.00	42.00	51.00	50.00
100 米仰泳	55.68	54.68	59.08	58.08	1:04.00	1:03.00	1:14.00	1:13.00	1:30.00	1:29.00	1:52.00	1:51.00
200 米仰泳	2:00.51	1:58.51	2:08.56	2:06.56	2:18.00	2:16.00	2:41.00	2:39.00	3:16.00	3:13.00	4:04.00	4:02.00
50 米蛙泳	28.71	27.71	29.70	28.70	32.50	31.50	37.00	36.00	44.00	43.00	52.00	51.00
100 米蛙泳	1:02.29	1:00.29	1:04.91	1:02.91	1:11.00	1:09.00	1:20.00	1:18.00	1:34.00	1:32.00	1:55.00	1:53.00
200 米蛙泳	2:15.02	2:11.02	2:22.28	2:18.28	2:35.00	2:31.00	2:54.00	2:50.00	3:23.00	3:19.00	4:02.00	3:58.00
50 米蝶泳	24.45	23.45	25.67	24.67	27.00	26.00	32.50	31.50	41.50	40.50	52.00	51.00
100 米蝶泳	53.63	52.13	56.45	54.95	1:00.00	58.50	1:11.00	1:09.50	1:29.00	1:27.50	1:55.00	1:54.00
200 米蝶泳	1:58.66	1:55.66	2:05.71	2:02.71	2:14.00	2:11.00	2:38.00	2:35.00	3:18.00	3:15.00	4:02.00	4:00.00
200 米混合泳	2:02.81	1:59.81	2:09.68	2:06.68	2:19.00	2:16.00	2:40.00	2:37.00	3:15.00	3:12.00	4:04.00	4:01.00
400 米混合泳	4:21.19	4:15.19	4:37.85	4:31.85	4:48.30	4:52.00	5:31.00	5:25.00	6:56.00	6:50.00		

(接续表)

（续表）

女　子	国际级健将		运动健将		一级		二级		三级		少年级	
	50米池	25米池	50米池	25米池	50米池	25米池	50米池	25米池	50米池	25米池	50米池	25米池
50米自由泳	25.52	24.52	26.45	25.45	27.20	26.20	31.50	30.50	38.50	37.50	49.00	48.00
100米自由泳	55.41	53.91	57.44	55.94	1:02.50	1:01.00	1:13.00	1:11.00	1:34.00	1:33.00	1:53.50	1:52.50
200米自由泳	2:00.05	1:56.55	2:04.27	2:00.77	2:15.00	2:11.50	2:39.00	2:35.50	3:23.00	3:19.50	3:58.00	3:54.50
400米自由泳	4:11.60	4:04.60	4:21.70	4:14.70	4:44.00	4:37.00	5:46.00	5:39.00	7:06.00	6:59.00	8:24.00	8:17.00
800米自由泳	8:36.32	8:22.32	9:00.67	8:46.67	9:42.00	9:28.00	12:02.00	11:48.00	15:02.00	14:48.00		
1500米自由泳	16:50.87	16:25.87	17:25.00	17:00.00	18:35.00	18:10.00	23:45.00	23:20.00	27:45.00	27:20.00		
50米仰泳	29.63	28.63	31.23	30.23	33.00	32.00	38.50	37.50	46.50	45.50	51.00	50.00
100米仰泳	1:02.05	1:01.05	1:05.17	1:04.17	1:09.00	1:08.00	1:21.00	1:20.00	1:41.00	1:40.00	1:58.00	1:57.00
200米仰泳	2:12.44	2:10.44	2:20.70	2:18.70	2:29.50	2:27.00	2:53.00	2:51.00	3:38.50	3:36.50	4:08.00	4:06.00
50米蛙泳	32.14	31.14	33.52	32.52	36.00	35.00	41.00	40.00	48.00	47.00	55.00	54.00
100米蛙泳	1:09.38	1:07.38	1:13.29	1:11.29	1:18.00	1:16.00	1:29.00	1:27.00	1:44.00	1:42.00	2:00.00	1:59.00
200米蛙泳	2:28.04	2:24.04	2:37.41	2:33.41	2:51.00	2:47.00	3:13.00	3:09.00	3:48.00	3:44.00	4:08.00	4:04.00
50米蝶泳	27.32	26.32	28.57	27.57	30.50	29.50	36.50	35.50	45.50	44.50	55.00	54.00
100米蝶泳	59.30	57.80	1:02.81	1:01.31	1:08.00	1:06.50	1:20.00	1:18.50	1:39.00	1:37.50	2:02.00	1:59.00
200米蝶泳	2:10.78	2:07.78	2:17.59	2:14.59	2:25.00	2:22.00	2:54.50	2:51.50	3:38.00	3:35.00	4:08.00	4:05.00
200米混合泳	2:15.14	2:12.14	2:21.06	2:18.06	2:30.00	2:27.00	2:58.00	2:55.00	3:48.00	3:45.00	4:16.00	4:13.00
400米混合泳	4:46.15	4:40.15	4:58.61	4:52.61	5:18.00	5:12.00	6:21.00	6:15.00	8:06.00	8:00.00		

注：国际级健将，必须是在国内、国外举行的正式国际比赛和全运会、全国城市运动会中达到以上各项成绩标准者；运动健将，除以上比赛外，还包括在游泳运动管理中心举办的全国性比赛中达到成绩标准者。本标准由国家体育总局于2001年9月1日颁布执行。

主要参考文献

[1] 全国体育院校教材委员会．游泳运动．北京：人民体育出版社，2001．

[2] 全国体育学院教材委员会．体育学院专修通用教材 游泳．北京：人民体育出版社，1990．

[3] Ernest W．Maglischo，PhD．Swimming Fastest．Human Kinetics，2003．

[4] 体育词典编辑委员会．体育词典．上海：上海辞书出版社，1984．

[5] 凌绍森，王化龙．游泳池场的管理和保养．北京：人民体育出版社，1993．

[6] 凌绍森，等．游泳场所卫生管理．北京：人民体育出版社，1987．

[7] 严伟莉．怎样学游泳．北京：金盾出版社，2004．

[8] 中国游泳协会．游泳竞赛规则 2003．北京：人民体育出版社，2003．

[9] 梅雪雄．游泳．北京：高等教育出版社，1999．

[10] 中国游泳协会裁判委员会．游泳竞赛组织与裁判方法．北京：人民体育出版社，2005．

[11] 科斯蒂尔，等．运动医学与科学手册 游泳．温宇红，译．北京：人民体育出版社，2002．

[12] 布尔加科娃·尼·日．游泳训练学．迟爱光，译．广州：游泳季刊编辑部，2004．

[13] 陆一帆，等．游泳运动训练生理生化及运动医学的理论与实践．北京：北京体育大学出版社，2005．

[14] 全国体育院校教材委员会．运动训练学．北京：人民体育出版社，2000．

[15] 田麦久．论训练计划制定．北京：北京体育大学出版社，1999．

[16] 中国红十字会．自救与救人——危急应变指南．哈尔滨：黑龙江科学技术出版社，2004．

[17] 万德光，万猛．现代力量训练．北京：人民体育出版社，2003．

[18] 王保成，杨汉雄．竞技体育力量训练指导．北京：人民体育出版社，2003．
[19] 黄甫全，王本陆．现代教学论学程．北京：教育科学出版社，2003．
[20] 谢利民，郑百伟．现代教学基础理论．上海：上海教育出版社，2003．
[21] 全国体育学院成人教育协作组．学校体育学．北京：人民体育出版社，1999．
[22] 刘善言．学校体育学．济南：山东大学出版社，2001．
[23] 教育部基础教育司．全日制义务教育体育（与健康）课程标准解读．武汉：湖北教育出版社，2002．
[24] 全国体育院校教材委员会．体育学院专修通用教材 游泳．北京：人民体育出版社，1991．
[25] 吴河海，狄建．蝶泳技术与练习．北京：人民体育出版社，2001．
[26] 吴河海，谭政典．仰泳技术与练习．北京：人民体育出版社，2001．
[27] 吴河海，谭政典．蛙泳技术与练习．北京：人民体育出版社，2001．
[28] 吴河海，吕鹏．爬泳技术与练习．北京：人民体育出版社，2001．
[29] Dick Hannula，Nort Thornton．The Swim Coaching Bible，Human Kinetics，2001．
[30] 王慧丽．游泳健身法．北京：北京体育大学出版社，2003．
[31] Cecil Colwin．Breakthrough Swimming．Human Kinetics，2002．
[32] Dick Hannula．COACHING Swimming SUCCESSFULLY．Human Kinetics，2003．
[33] BILL SWEETENHAM，JOHN ATKINSON．Championship Swimming Training，Human Kinetics，2003．
[34] Fina．Swimming Manual．Swimming/Natation Canada，1988．
[35] 张厚粲，译．教育心理学．北京：中国轻工业出版社，2003．
[36] 张英波．动作学习与控制．北京：北京体育大学出版社，2003．
[37] 董奇，陶沙．动作与心理发展．北京：北京师范大学出版社，2004．

[38] 弗拉基米尔 M．扎齐奥尔斯基．运动生物力学——运动成绩的提高与运动损伤的预防．陆爱云，译审．北京：人民体育出版社，2004．
[39] 郑闽生，徐忠梁．康复游泳．上海体院教材，1997．
[40] 中国游泳协会．游泳年龄组教学训练大纲．北京：人民体育出版社，2006．
[41] 张彩珍．中国游泳运动史．武汉：武汉出版社，1996．
[42] 普拉托诺夫·弗·纳．现代运动训练．北京：人民体育出版社，1991．
[43] 马特维也夫·列·巴．体育理论与方法．北京：北京体育大学出版社，1997．
[44] 吉村丰，等．游泳技巧图解．北京：北京体育大学出版社，1999．
[45] Ernest W．Maglischo．Swimming Even Faster．Mayfield Publishing company 1993．
[46] 海尼斯．健身游泳．北京：人民体育出版社，2001．
[47] 中国游泳协会科研委员会．游泳信息．北京：国家体育总局体科所，2001—2005．
[48] 中国游泳协会科研委员会．游泳季刊．广州．游泳季刊，2001—2005．
[49] 中国游泳协会．游泳．北京：游泳杂志，2001—2005．
[50] 李仲明．游泳与实用游泳．广州：中山大学出版社，2004．
[51] 曲绵域，于长隆．实用运动医学．北京：北京大学医学出版社，2003．
[52] 张力为，毛志雄．运动心理学．上海：华东师范大学出版社，2003．
[53] 全国体育学院教材委员会．体育学院普修通用教材　游泳．北京：人民体育出版社，1990．
[54] 国家体育总局游泳运动管理中心．水中健身——全国水中健身教员教材．2003．